日本の南洋戦略

南太平洋で
始まった
新たなる
〈戦争〉の行方

丸谷元人 著
Hajime Marutani

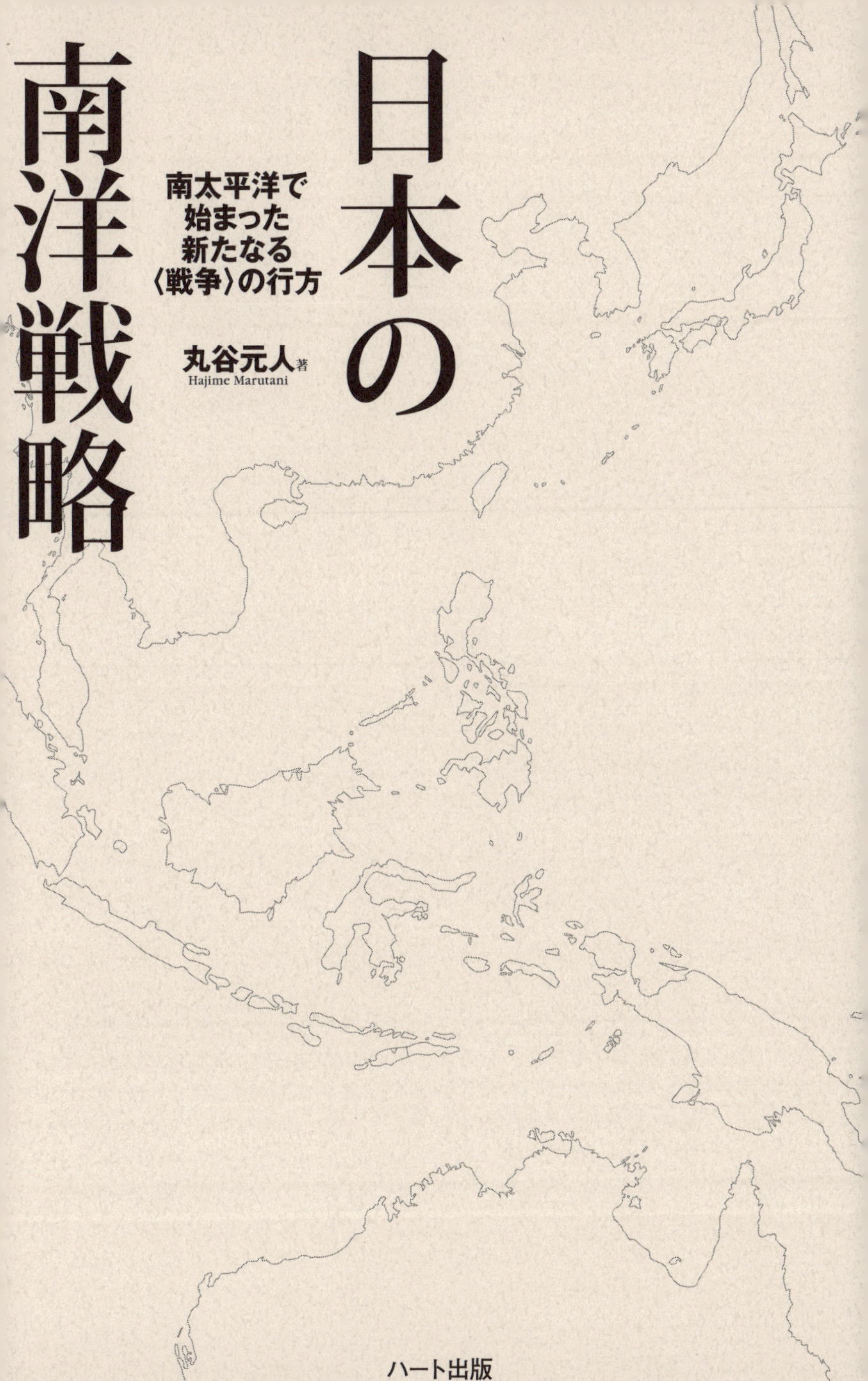

ハート出版

はじめに

あの美しい南太平洋が、これから資源戦争、そして米中覇権争いの「主戦場」となる。そしてその戦いの結果は、日本にとっては厳しいものになる……。

これは、この一〇年間、パプアニューギニアやオーストラリアを中心にして南太平洋情勢を見つめてきた者としての、確信に近い感想である。このことを七年以上も前から、いろいろな政治家や経営者たちに言い続けてきたが、関心を持つ人はごくわずかだった。なぜなら、ほとんどの日本人にとって、南太平洋といえば茫洋とした美しい海が広がり、ヤシの木々が茂る白い砂浜が続いているだけで、新婚旅行やスキューバダイビングに行くのはいいかもしれないが、それ以外にめぼしいものは何もない、という程度の場所だからである。

しかし、この認識は明らかに間違っているし、日本の将来を考える上では「危険」ですらある。なぜなら、地政学的にも日本の「裏庭」に位置している南太平洋地域は、日本に大量の食糧や資源を供給しているオーストラリアとの間の海上交通（シーレーン）の要所であると同時に、日本が必要とする資源の多くが手つかずのまま眠っている「未開発地域」でもあるからだ。事実、この地域は現在、世界有数の「巨大資源地帯」として注目されており、各国政府や資源メジャーが熱い視線を注いでいる。そしてそんな南太平洋地域の安定を脅かしつつあるのが、急激な海洋進出政策を推進する、中国の存在である。

南太平洋島嶼国といえば「親日国家」の集まりである。しかしここ数年、中国が「政・官・財・業・軍」のすべての資源を惜しみなくこの地域に投じ続けてきた結果、貧しかったそれら島嶼国の多くが中国の進出を受け入れるようになり、資源争奪戦の最前線と化しつつある。これによって、南太平洋地域は、かつては考えられなかったような「米中覇権争い」の新たな「主戦場」となりつつあるのだが、当の日本は充分な対策を打ち出すことができていないのである。一日も早くこの厳しい現実を直視し、ただちに具体的な対策を実行しなければ、日本はやがて取り返しのつかない過ちを犯すことになるだろう。

私は今、凄まじい勢いで変化する南太平洋の戦略環境やその重要性を何としても日本人に伝え、何がしかの提言をせねばならないとの思いからこの文章を書いているが、そんな本題に入る前に、なぜ私自身がここまで南太平洋の問題に関わるようになったのか、その「きっかけ」を説明させていただきたい。キーワードは「日本軍将兵とパプアニューギニア人が築いた絆」と、そこから生まれた「親日の情」であった。

◆　◆　◆

二〇〇三年七月二六日早朝、私はパプアニューギニア国オロ州ポポンデッタの空港にポツンと立っていた。この時までの二週間、私は防衛大学校の田中宏巳教授（当時。現在は名誉教授）が計画したニューギニア戦の戦跡調査における お付き通訳として、人生で初めてパプアニューギニアを訪問していたのであったが、最終日となったこの日、このポポンデッタ空港から首都ポートモレスビーに飛び、午後のニューギニア航空の便で日本に帰る予定であった。

ここは「空港」と言っても名ばかりであり、トタン板でできたボロボロの掘っ建て小屋が背の高いクナイ草の草原の中にポツンとあり、そこがチェックインカウンターになっているだけの「飛行場」だ。そして案の定、国内線の飛行機は「いつものように」遅延していて、まったく飛んで来る様子もない。仕方なく私は、その掘っ建て小屋から出て滑走路の方に向かい、朝日に赤く染まるレミントン山から、日本陸軍南海支隊とオーストラリア陸軍が死闘を演じたオーエンスタンレー山脈に続く山並みを見つめた。そして、これからの人生のことを考えていた。この視察旅行から帰国すれば、その翌週から東京にある一部上場の商社に入社することが決まっていた。

当時二八歳であった私は、翻訳通訳会社勤務を経てフリーランス翻訳者になったばかりの駆け出しで、キャリアも経験も何もない、つまり実力など皆無の「宙ぶらりん」の状態にあった。そして、翻訳通訳の仕事で食べていくということさえ、まったく考えてもいなかった。一方で、オーストラリアの大学を出たせいで多少の英語が使えるのだから、それを活かせる仕事でもしようかとも考えていた。すでに妻子もあったことなので、とにかく「金を稼いで安定させよう」という程度の考えで、仕事は大変だろうが給料も良いという商社系を中心に就職活動を開始したのである。おそらく、多くの人とほとんど変わらない、普遍的な「志望動機」だ。そうやっていくつかの筆記試験を通った私は、この年の五月、都内に自社ビルを有する、ある商社の最終面接に進んだ。そこで出てきた人事担当者は、こう言った。

「うちは年功序列ではないし、給料はいいですけれども、ある意味でとことん体育会系です。男芸者みたいなことをしながら夜中まで接待をし､その後にオフィスに戻って朝まで仕事をする者もいます。それができますか？　そうなると、今あなたの住んでいるところ（平塚市）は遠いので、毎日帰れなくなると思います。それも困るでしょうから、近くに引っ越しをすることはできますか？」

私は当然ながら、「もちろんです」と答えた。良い給料がもらえて、実力を発揮さえすれば昇進できるのなら、思いきりやってやろうじゃないか、と意気軒昂だったのだ。そうしたら相手は、「では、今からうちの常務が来ますので､そこで最終的な面接としましょう」と言って姿を消し、数分して「常務」という人がやってきた。ところがその常務は、コワモテの表情で開口一番、

「うちはね、あんたみたいな『英語屋さん』なんていらねえんだよ。だいたい二八歳にもなって妻子もいるのに、世の中を甘く見過ぎているんじゃないのか！」

と、頭ごなしにケチョンケチョンに言うのである。それでこちらもカンカンになって、

「そんな状況だから､今こうやって就職活動をしているんじゃないか！　それがダメだと言うのなら、大いに結構だ！」

というようなことを言った。相手は大企業の常務だが、そんなもん、関係あるものか、こちらが若いからと言って何を偉そうにふんぞり返っているんだ！などと思っていた。今から考えれば「大変に生意気きわまりない」態度である。

そうやって喧嘩して部屋を出てきたら、人事担当者が後から追いかけてきたので、一応「我が身の

無礼」を詫びて帰途についた。そして、駅に向かう途中になって初めて、「わざわざ片道二時間かけて来たのに、俺は本当にバカだな」と反省したが、「まあ、また新たな気持ちで就職活動をしよう」と思って帰宅した。そしたら、なんとその会社から自宅に「採用通知」が届いていたのであった。

つまり、あれは噂には聞いていた「圧迫面接」というものであり、あの常務はわざとあの嫌な役目を引き受けてくれていたのだ、ということがようやく判った。それで私は、その会社が一気に好きになってしまい、そこで思いきり働いてみるか、という気持ちに傾いていった。そして人事担当者と話をして、防衛大の田中教授と行く戦跡調査から帰国したら、すぐに就職しますということで話をつけ、パプアニューギニアに向かったのであった。

◆　◆　◆

首都ポートモレスビーの空港に最初に降り立った時のことは、あまり覚えていない。パプアニューギニアといっても、何から何まで未知の国であり、田中教授と一緒に計画した戦跡調査の内容すべてを満足にこなせるかどうか、そして途中で変な事故を起こさないかだけが気になっていたのである。

しかしそれからの二週間、私がパプアニューギニアの各地で遭遇したのは、かつて誰にも知られることなく戦場の露と消えた若き日本人がパプアニューギニア人の心に残した数多くの「良き思い出」であり、そんな現地の人々が今でも持っている、信じられないくらいに深い「親日の情」と「日本への期待」であった。そこで私は、「人生をすべて変えてしまうほどの感動」を何度も味わい、結果として商社マンになる道をあきらめることになるのだが、この時はそんなことなどまったく想像すらしていなかった。

パプアニューギニアに着いた私は、田中教授と共に、第二次大戦中、「世界最強」と謳《うた》われた日本海軍戦闘機隊が駐留していたラバウルやラエ、マダン、ココダなどを巡ったのだが、最初に心を打たれたのは、モロベ州ラエ郊外の密林の中を歩いていた時のことである。

日本陸軍が遺棄し、今も錆びついたまま残された高射砲を視察し終わった時、私たちを案内してくれていた地元民らがボソリと、

「日本の兵隊さんのお墓がある。見てみますか？」

と尋ねてきた。大雨が降りしきる中、おそらくマラリア蚊だろうが、ブンブン飛び回る虫を手で払い、筋骨たくましい現地案内人の背中を追って深い茂みをしばらく掻き分けると、暗い密林の中に突き刺された二つの古びた鉄製の十字架と、それに添えられた美しい花が目に飛び込んできた。

「戦争中、傷ついた二人の日本兵が、進撃してきたオーストラリア兵から逃れようとして撃たれました。遺体はそのまましばらく放置されていたのですが、オーストラリア軍が去った後に、日本の兵隊を哀れんだ我々の祖父らがここに埋葬したのです。以後、ずっとここにあります。時おり、村の女たちが花をあげていますよ」

案内者は、哀れむような眼差しを十字架に注ぎながらそう言った。地元の人々が添えてくれていた美しいピンク色の花が、雨に当たって小さく揺れている。それが痛いくらいに我が目を射るので、思わずその墓の前に立ち尽くして瞑目した。隣では田中教授が、

「こんな淋しいところで……。本当に哀れだねえ」

と漏らし、沈痛な表情を浮かべておられたが、まったく同感であった。

戦争が終わってすでに六〇年近くが経っていたが、この間、地元の人々はこの二人の兵士のことをずっと忘れていなかった。忘れていたのは、私たち戦後の日本人であり、私もまたその一人だった。それに気付いた時、私は無知だった自分をぶん殴りたいような気持ちに駆られた。

ここで死んだ名もなき二人の日本人兵士は、ただ静かにこの土の下に眠っていたのか。それとも、ただ鬼哭啾々、日本からの遺骨収容班が来るのをこの暗闇の中で待ち続けていたのだろうか。愛する人や妻子はいたのだろうか。この南海の果てで傷つき、迫り来る敵兵から必死に逃れようとしながら、その人生の最期にいったい何を思ったのか。その時の彼らの心には、「絶望」以外に何があったのだろうか。母の面影を思う暇くらい与えられたのだろうか。

なぜ、今まで誰も来なかったのだ！　なぜ、こんな不条理が許されているのだ！　そんな思いが、強烈な怒りとか悲しみのような感情として湧き上がってきた。そうして見上げた空は、密林の濃い木々に覆われていて、その間から差し込むわずかな白い光が、熱帯の冷たい雨と共にこの暗い密林の土の上にこぼれ落ちてくるだけだった。その雨が、私の心にも鋭く突き刺さるようであった。

ここに眠る戦没者たちのおかげで、今の日本がある。それなのに、我々戦後の日本人は、バブルだ、高級車だ、住宅だ、キャリアだ、収入だ、海外旅行だと騒いでいただけだった。そしてその間、これらの戦没将兵たちは、異国の冷たく暗い土の下でずっと我々を待っていたのだ。それだけではない。パプアニューギニアの人々が、今でも彼らの墓を守ってくれているのは、それだけの「尊敬」「信頼」「親近感」を日本の兵隊さんたちに感じていたからである。そんなことを考えていた私は、しばらくこれらの墓の前から動くことすらできなかった。これが、私がパプアニューギニアで得た最初の衝撃であった。

それから数日後、もう一つ衝撃的な事実を知らされた。それは、多くのパプアニューギニア人が、日本軍を助けたという理由だけで、戦後に戻ってきた連合軍によって処刑されてしまったということである。この話をしてくれたのは、日本軍が連合軍に対して徹底的な抵抗戦を演じた地域に住む州政府のガイドであったが、彼によると、そこで戦っていた日本軍が優勢な敵によってめちゃくちゃにやられ、三々五々退却していった時、村人たちはそのボロボロの日本兵らの後ろ姿を泣きながら見送ったのだ、と言うのである。それだけではない。その戦いでは、傷つき動けなくなった一人の日本の将校を、見るに見かねた近くの村の酋長が密林の奥にかくまったのである。

ジャングルという無慈悲な自然と敵の猛攻の前で、無力に倒れるしかない「文明国」から来た日本人将校を、教育すら受けたこともなく、目の前で行われている戦争の意味すら理解していなかった未開の地の一老人が、ただひたすら「人間として」、心底哀れに思って助けることにしたのだ。しかし、このことはやがて連合軍にバレてしまうことになり、その日本人将校と共に酋長も捕まってしまった。そして、二人は同時に処刑されてしまったという。

この話を聞いて再び頭を殴られるような感覚に陥った私は、しかしその次に、ある種の「恐れ」をも感じた。もしかしたらこの国の人々は、そんな目に遭う原因を作った日本人を恨んでいるのではないか、ということだった。

確かにこの地域に物理的な戦争を「持ち込んだ」のは日本であった。私の世代が受けてきた教育によれば、アジア諸国はすべて、日本の「侵略」や「残虐行為」を忘れていないし、日本は未来永劫、そのことをアジア諸国に対して、そして世界に対して謝り続けねばならない、ということであった。

実は、私がこの時に抱いた「恐れ」には、それなりの根拠があった。パプアニューギニアは、戦後もずっとオーストラリアの植民地であり、教育もまた、すべてがオーストラリア主導であったことである。私はかつて、オーストラリアの大学と大学院に留学していたことがあったが、そこでも戦前の日本はイコール「悪」であるとする歴史観が一般的であり、それに対して疑義を呈することは、アカデミズムの世界でもほとんど許されない行為であった。

もちろん、私はほかの多くの学生と違い、その状況に何度も立ち向かった。大学院時代、『大東亜共栄圏は正しかったか否か』という題で論文を書かされた時には、ほかの学生たちがこぞって、「あんなものは嘘だ、欺瞞だ、残虐な日本の行為を正当化する政治トリックだ」などと書いている間、私は一人で多くの一次資料を使用して、

「もちろん、政治的には約束が果たされなかったことも多いし、その概念すら日本の国益を最優先するためのものであったが、しかしそれは、どの国家においても同じことである。一方で、当時の指導層から末端の将兵に至るまでの多くの日本人が、本気で『欧米植民地主義からの有色人種の解放』を信じ、そのために戦い、命を落としたのは事実であるし、あの戦争があったからこそ、戦後、アジア・アフリカの諸外国は独立を果たしたことは歴史が証明している。つまり、日本は戦争には負けたが、その理想においては勝利したとも言えるのではないか」

というようなことを書いたのであった。しかしその採点をした講師は、「確かに論点は非常に明快

でよく整理できている。ただ、あの戦争を単純化し、正当化しているのではないか?」というようなコメントをし、その成績も、最高得点圏である「HD(ハイ・ディスティンクション)」に一点足りない七九点に留まったのであった。そのクラスを担当していた別の教官は、朝鮮研究では世界的にも名の知れたニュージーランド人研究者で、「朝鮮半島の女性史(ジェンダー史)」が専門であったが、彼はある日、私を部屋に呼び、

「いくらいろいろな資料を集めても、君は日本人だ。つまり被害者ではなく、加害者の側にいるのだから、そんな主張をするべきではない」

などと言い、最後には、

「つまり君は、狂信的な超国家主義者なんだ」

と言い放ったのであった。この瞬間、私は「アカデミズム」なる名前に隠された悪質な欺瞞とその限界を感じ、大学院でそれ以上勉強を続けようとする熱意を一気に失ったと言っても過言ではない。

学生時代の私が信じていた「アカデミズム」というものは、うさん臭い政治とは違い、いっさいの妄信的なタブーを疑い、むしろ信頼できるデータや一次資料を小脇に携え、そんなタブーにこそ斬り込んでいくべき手段であるはずだった。そして私はその論文で、あの戦争そのものが正しいとか間違っているという「評価」をしたつもりはなく、ただ、皆があえて見ようとしないあの戦争の重要な側面を事実に基づいて「指摘」しただけであった。しかし、世界でも一流とされる彼ら学者がやったのは、そんな指摘をしただけの一学生を「狂信的」とした、「レッテル貼り」だけであったのだ。

彼らは「日本の戦争」の歴史的意味合いについては、ついに私のような一劣等生に対してでさえ、

得意の「アカデミック」な土俵で対抗することはできなかったわけだが、まさにこの部分に、あの戦争を語る上でいつも出現する根源的な「問題」が隠されている。つまり、戦後の国際的枠組の中では、「日本イコール悪」が絶対的に正しく、有色人種たちはほとんど日本人を憎んでいる（または、憎んでいなければならない）という図式が、今日でも旧連合国における基本的な了解事項であり、「常識」であるということである。だから、私がパプアニューギニア人ガイドと話していた時に抱いた「恐れ」なるものも、結局のところ、「どうせ最後は『お前たち日本人は残虐だったし、悪かったのだから、謝罪すべきだ』と言われるに違いない」という「いつもの『お約束』的な結末」を意識したものであったのだ。

しかし、私が抱いていたのはまったくの杞憂であった。彼らはむしろ、かつての日本人を賞賛し、今でもその帰りを待っている、と言うのだ。

「なぜ、負けると判っていた日本兵を助けたのですか？」

不思議に思ってそう問うと、ガイドの男は、

「我々の祖父らは、目の前で苦しんでいるあなた方の国の人たちをとても放っておけなかったのだ」

と答えた。しかし、いくら哀れだからといって、命を賭けてまで見知らぬ外国人を救おうとするものだろうか。客である我々へのリップサービスなのではないか。そう思ったので、

「でも、もし日本を助けたら、必ず後で連合軍にやられるのは判っていたでしょう？」

と畳みかけると、相手はこう言った。

「戦争が始まるまで、我々はずっと白人のマスターたちに奴隷のように扱われていた。しかし日本の

兵隊は、白人とは違った。日本軍は、同じ有色人種として一緒に白人を追い出そう、そして独立しよう、そのために我々はここまで来たのだ、と言ってくれた。彼らは我々と同じものを食べ、同じ小屋に寝泊まりしてくれて、大変に子供たちをかわいがってくれた。真に人間扱いをしてくれたのは、ジャパンが初めてだったのだ。私たちはそのことが嬉しかった。だから、そんなジャパンの兵隊が死にかけているのを、我々は放っておくことはできなかった」

その話を聞いて、私は胸が締め付けられるような感覚に陥った。

瀕死の日本兵を助けたというような類似の話は、他の地域でその後何度も聞くこととなったし、凄惨な事実ではあるが、そんな人間としての情を我々の祖父たちにかけてくれたせいで、ほかにも何百人もの心優しき現地人が、戦後、ほとんど裁判も何もなしで連合軍に処刑されることとなった話も各地で聞いた。欧米人は、「未開の原住民」によるそのような行為を、許しがたい「裏切り」として捉えたのだ。それにもかかわらず、結局、パプアニューギニアの古戦場を歩いていて、明白な「敵愾《がい》心」や「反日」の感情にはまったく遭遇しなかったばかりか、彼らは、日本人だというだけで我々の周りに集まり、時には踊り狂わんばかりに喜んでくれたのである。

東部ニューギニア戦線に投入された一六万とも言われる日本兵のうち、最終的に八〇〇〇人ほどが祖国日本に帰ったとされているが、その中にはそんな現地民に命を救われたおかげで帰還した人も多い。今、日本の各地で普通に暮らし、町の中をスマートフォン片手に歩いている一般人の中にも、パプアニューギニア人によって命を救われた結果、生きながらえた人たちの子や孫は何千人、何万人といるはずなのである。しかし、我々はそのことを完全に忘れてしまっている。

我々日本人は、この国の人々に大変な「御恩」がある。返しきれないくらいの御恩がある。しかし、そのことをほとんど誰も知らないのだ。

いつまで経ってもやって来ない飛行機を待ちながら、そしてそんな「遅延」などまったく気にする様子もない地元の人々ののんびりした姿を見つめながら、私は過去二週間で経験したいくつかの衝撃的な瞬間を何度も思い出していた。そして、かつて多くの日本兵らが見上げたであろうオーエンスタンレー山脈を再び見上げながら、あと数日後には商社マンとなって都内で働き始めるであろう自分の姿を想像しようとした。しかし、そんな想像力は、もはやまったく働かなくなっていた。

こんな現実を見せられたのに、このまま黙って帰国し、自分のプライドを満たし、家族の将来のためだけに温々しい安定を追い求めるなど、少なくとも自分の信念とか美学のようなものに反すると思った。もちろん、こんな感覚は一般常識からは外れている。しかしいったい、すべては昔の戦争の話だと切り捨てて、その後の人生を知らぬ顔で歩むことなどできるわけもないのは明白だった。

一時間半ほど遅れてやってきたプロペラ飛行機に乗り込み、急上昇した機体の窓から外を眺めると、かつて我々の祖父たちが、病魔と敵の攻撃が襲い来る飢餓地獄の中で、ある者は母を思い、あるいは愛する妻子の面影を目に浮かべながら死んでいったに違いない海岸線が見えた。日本兵は、あの湾曲する海岸線に沿って日本の方向に向けて脱出していったが、ほとんどがその途中で人知れず消えてしまったのだった。あの密林の土の下に、そしてあの海の水底に、今でもまだ何千ものご遺骨が眠っているのだろうと思った時、涙がボロボロ流れた。そして、「自分は必ずまた帰ってきます」と心の中で誓った。

帰国後、内定していた商社に電話をし、入社を辞退する旨を伝えた。身勝手きわまりないこの心境の「変化」によって、大変な迷惑をかけてしまうことに対し、本当に申し訳ないという気持ちもあったが、しかし日本には私の代わり以上に、もっと優秀な人間はいっぱいいる。一方で、パプアニューギニアでのこんな現実を知ってしまった人間は、そんなにはいないはずだ。だったら、祖父の世代が何十万と命を落とし、また何百何千もの現地人が、我々日本人を助けようとして死んだこの国と日本を再び繋ぐため、何かをしようと思った。その孫の世代として、一人くらい自分のような「大馬鹿者」がいても良かろう。「賢い」者はほかにもたくさんいる。だったら自分はあえて「大馬鹿者」になろうと思った。そしてそのためには、日本における地位や安定を自らの安心のために求めることは、いっさいやめようと心に誓ったのであった。

以来一〇年、パプアニューギニアでいろいろなことをやろうとし、多くの人々に会った。失敗も多く、立ち直れないかと思ったこともあったが、しかし根本的な部分はまったく変わらずにいられたことは幸いであった。それはすべて、日本の兵隊さんが向こうの人たちと築いてくれた「信頼」のおかげであった。それで何度救われたか判らない。その間、パプアニューギニアが、実は知られざる「巨大な資源埋蔵国」であり、地政学的にも日本の「生命線」であるということにも気付くと共に、当の日本では官民ともにそのことにまったく気付かずにいて、しかも近年の中国の急激な進出によって、日本の安全が南太平洋から静かに、しかし大きく損なわれつつある現状を知るにつれ、大きな危機感を覚えもした。

パプアニューギニアには、私が関わるはるか以前から長年住んでおられるエキスパートの方がおられるし、今では、わずかだが資源ビジネスのために駐在する方もおられる。そんな方々からしたら、私の経験とそこから見えてきたいくつかの提言などは、まだまだ甘ったるいものかもしれない。しかし、今から書くことは、過去一〇年間パプアニューギニアに関わった三〇代の若輩が、上は首相や大臣クラスの閣僚から、下は奥地の村に住む老若男女に至るまで、様々な階層の人々と出会って寝食を共にし、またいくつかの「周辺国」の軍幹部や情報関係者らとも接触し、自身も危ない目に遭い、また何度も苦しい風土病に冒されながら得たわずかな経験と、そこから導くに至ったいくつかの確信についてである。

この本を読んでくださる皆さんが、少しでもパプアニューギニアを含む南太平洋のことを知り、私たち戦後日本人が無意識のうちにどれだけの「忘恩」を重ねてきたか、そして現地の人々が、今日でもなお、どれだけ私たち日本の「力」に期待してくれているかを知ると同時に、この地域が我が国の「生命線」であり、その安全保障環境の維持が、私たち一人ひとりにとってどれだけ重要な意味を持つのかを理解していただけるのであれば、これに勝る喜びはない。

もくじ

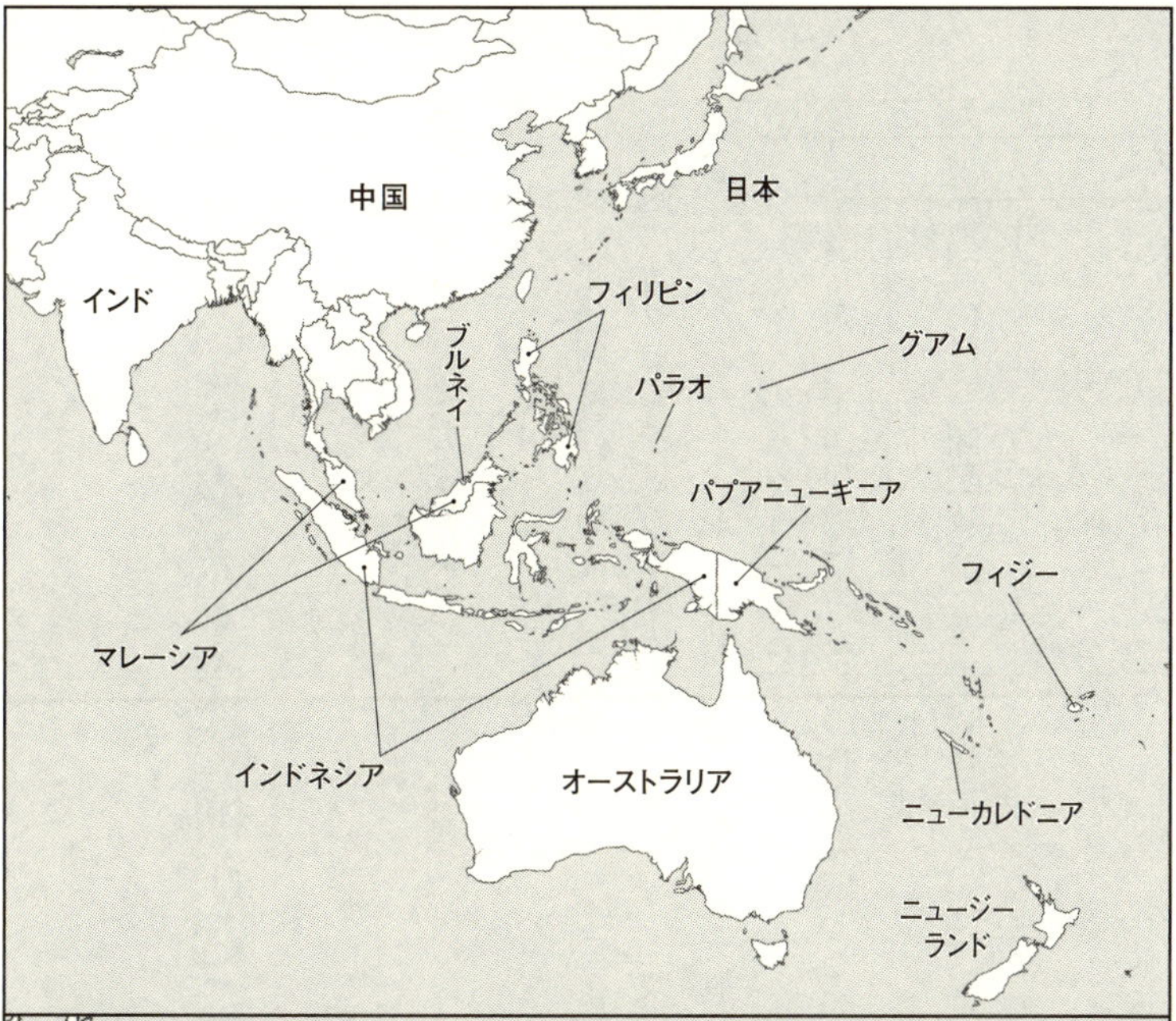
中国
日本
インド
フィリピン
ブルネイ
グアム
パラオ
パプアニューギニア
フィジー
マレーシア
インドネシア
オーストラリア
ニューカレドニア
ニュージー
ランド

マヌス島
ブーゲンビル
ラエ
ラバウル
ダーウィン
ポートモレスビー
ケアンズ
東ティモール
ニューカレドニア
フィジー
シドニー
キャンベラ
メルボルン
オークランド

第一章　いま、南太平洋で何が起こっているのか

南太平洋は「日本の生命線」

「南太平洋」といえば、どんなイメージを持つだろうか。白い砂浜と温かい風に揺れるヤシの木々が見え、浅くて透明度の高い海の中に伸びるコテージ風のホテルの上では、肌の浅黒い人々にサーブされた青色のカクテルを飲む欧米人がくつろいでいる。そのホテルはおそらく一泊何万円もするのだろうが、日本人が行けるとしたら新婚旅行程度で、それ以外はあまり行く機会もない。恥ずかしながら、かつての私も、このような「ぼんやりとした」イメージしか持っていなかった。

今日でも、南太平洋地域は、多くの日本人にとってなじみの薄い場所であるが、その感覚は、ほとんどの主要国政府の間でもまったく同じように共有されてきた。その理由は、オーストラリアを除く南太平洋地域には、国際政治・軍事・経済上、特に重要とされる地下資源や食糧などがそれほど存在しないと考えられており、したがってそれらを開発するためのインフラさえ初期投資としてほとんど投下されたことがなく、産業基盤も金融資産もなかった、ということにある。

しかしながら近年の調査によって、実はこの南太平洋が、石油、天然ガス、金、銅、レアメタル（ニッ

ケル、コバルト等）などを有する、世界でも有数の「巨大資源地帯」であることが明らかになりつつあり、各国政府や資源メジャーなどが熱い視線を注ぐようになっている。フィジーと並び、南太平洋島嶼国のリーダー的存在でもあるパプアニューギニアにしてみても、マグロ類の漁獲高は一国としては世界最大を誇るなど、世界的な人口急増と食糧不足が懸念される中で、将来の食料庫としての役割さえ期待されるまでになっている。パプアニューギニア政府水産庁の幹部に話を聞いても、彼らはそんな巨大なマグロ類資源に自信を持っているし、カツオに至っては、「仮にビスマルク海でごっそりとったとしても、三カ月もすればあそこはまたカツオだらけの海になる」と言っている。

詳細は後述するが、このように知られざる「巨大資源地帯」であることが明らかになったこの地域における各種資源の開発は、現在急ピッチで進められているが、そこに日本がもっと積極的に関与すれば、日本の裏庭でもあるこの地域は、将来の日本にとっての新たな地下資源や食糧資源の「備蓄倉庫」となる可能性すら秘めているのである。

南太平洋は一方で、日本にとっては死活的に重要なシーレーンでもある。なぜなら、南太平洋は日本が死守しなければならない、いくつかの石油供給ルートの入り口、またはその中心に位置しており、また日本が地下資源や食糧の多くを依存しているオーストラリアとの中間地点にあるからである。

しかし我が国の場合、この地域の重要性に気付いている人が少ないのは実に残念なことである。その証拠に、二〇一二年一〇月一〇日の「Wedge Infinity（電子版）」に掲載された、岡崎研究所の論評にはこう記載されている。

「この地域（著者注：南太平洋島嶼諸国）は、日本にとっては、シーレーンが通っているわけでもなく、戦略的にはそれほど重要とは言えません。しかしそうはいっても、まったく無関係とも言えない地域ですから、現状では、豪州の懸念を共有して、援助についても豪州と協調するなど、豪州と必要な協力をしていくという政策をとるべきでしょう」

これは、おそらく今日の日本の有識者の多くが有する平均的な姿勢であろう。しかし、南太平洋の国に実際に住んでみて、その地域における様々な政治問題や資源問題、外交問題を「現場感覚として」眺めてみると、「日本にとって戦略的に重要ではない」という指摘には、どうしても納得することができない。「シーレーンが通っていない」という指摘さえ、重大な認識の誤りだと感じる。あの地域から物事を見れば、南太平洋が間違いなく「日本の生命線」であるということは痛いくらいに感じるのであるが、そのことを論じる前に、今現在、日本が全面的に頼っている中東からの「石油・資源ルート」が、いかに脆弱な状態にあるのかを説明していきたい。

日本の石油ルートの運命を握る中国海軍の圧力

現在、日本は年間約二億バレルの石油を輸入しており、その一日あたりの石油消費量は、アメリカ、中国に次いで第三位（約四四五万バレル）となっている。つまり、三〇万トンクラスのタンカーの積載量が二〇〇から二二〇万バレルと換算すると、日本は毎日、タンカー約二ないし二・五隻分の原油を消費している計算になり、今後もこの供給量は維持されなければならない。特に福島での原発事故の後は、天然ガス等の需要が一気に急増しているから、これらの数値も増加している。ペルシャ湾から日本周辺までは約一万二〇〇〇キロも離れており、石油タンカーの航海日数は往復で約五〇日とさ

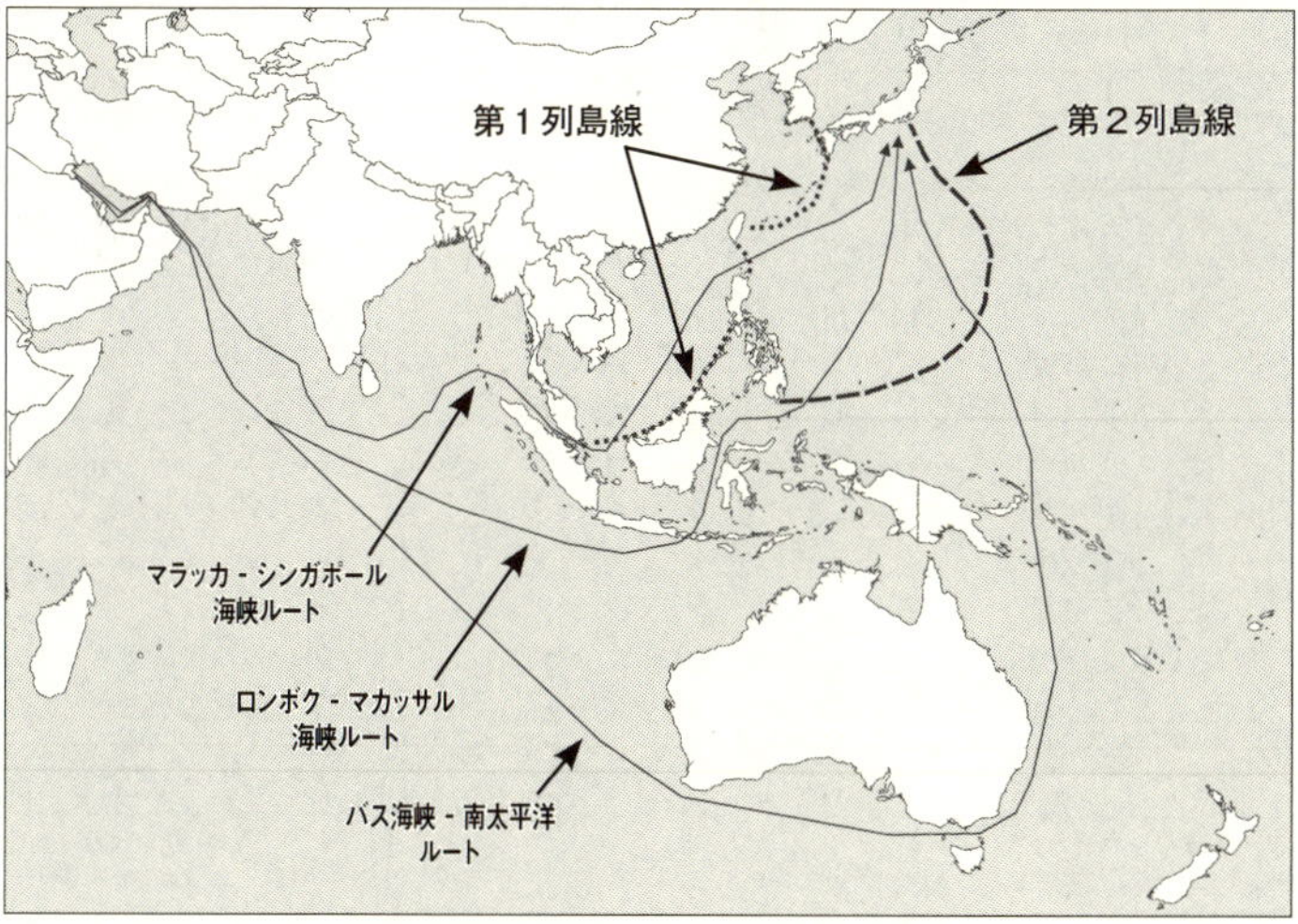

中国海軍の進出線および対日石油ルート

れている。

中東から日本への石油ルートには主に、インド洋からシンガポール沖を抜け、南シナ海を目指す「マラッカ・シンガポール海峡ルート」と、インド洋からインドネシア、フィリピン南部を抜けて行く「ロンボク・マカッサル海峡ルート」の二つがあるが、これらの地域はいずれも日本の経済的安定と存立に欠くことのできない、戦略的に重要なチョークポイント（隘路）である。東アジアの経済成長に伴い、海上輸送量が増加するにつれて、チョークポイントに関する安全保障問題はさらに重要性を高めてくるだろう。

特に、前者の「マラッカ海峡ルート」は、中東やアフリカ、欧州から各種資源や物資を運ぶ日本商船隊の主要な航路であるが、一四億人もの国民を食べさせなければならない中国にとっても海上輸送の戦略的要衝であり、エネルギー資源の潜在性からも、その権益を絶対に確保しておきたい場所である。つまりこの海峡は、日本のみならず、中国にとっても極めて重要なチョークポイントなのだ。

水深は極めて不規則で、わずか二〇メートル以下の浅瀬もあり、航路幅は最狭部で六〇〇メートルと極めて狭く、また雨期には視界を遮るほどの豪雨に見舞われるという地理的特性が重なり、そんなところを毎日数百隻もの船舶がひしめき合いながら航行しているため、オイル・ロードの難所となり、海難事故を含めた多くのリスクが存在している。のみならず、同海峡を年間に通過する船舶は劇的に増加し続けており、二一世紀初頭には年間九万隻強であったが、二〇二〇年には五〇パーセント増の一四万隻以上に達するだろうとする専門家もいる。また、一四世紀から同海峡周辺に跋扈《ばっこ》し、貧しい地元民らの伝統的な生業とされ続けてきた海賊の存在も懸念されている。「世界で最も危険な海峡の一つ」と言われるゆえんである。

二〇一五年には石油の対外依存度が七〇パーセントを超え、アメリカを抜いて世界最大の石油輸入国になるだろうと言われている中国にとっては、最近サウジアラビアやイラク、アンゴラなどからの石油輸入を増加させていることもあり、このマラッカ海峡は死活的に重要だ。彼らは、この海峡をアメリカ海軍に封鎖されれば大変なことになると考えており、胡錦濤前国家主席はこの状態を「マラッカ・ジレンマ」と呼んだ。

実際、すでに中国はこの海峡を支配下に置き、アフリカや中東からの物資の安定供給を図るため、中国人民解放軍海軍（中国海軍）をして南シナ海における覇権を一気に拡大している。南シナ海は、石油・天然ガスが豊富に埋蔵されており、その原油埋蔵量は約七〇億バレル（米エネルギー省）から最大で二一三〇億バレル（中国政府）と見られていて、石油やガス田はすでに約一〇〇〇もあるが、「自分たちのものは一つもない」と考えている中国は、それらを実力で獲りにいこうとしている。

この海域において中国は長年、周辺国との小規模な軍事的紛争を繰り返し、強引な手法による領土拡張意欲を明確にしてきた。二〇〇七年一一月には、中国政府は、中沙、南沙、西沙の諸島群すべてを含む南シナ海の大部分を、中国海南省の行政区「三沙市」に指定、周辺国に深刻な懸念を与えた。この三沙市は、スプラトリー諸島（南沙諸島）のほか、パラセル諸島（西沙諸島）、中沙諸島にある二六〇の島や珊瑚礁、干礁などで構成され、東西九〇〇キロ、南北一八〇〇キロ、総面積二〇〇万平方キロ（領海含む）に及ぶ広大な行政区域となる。これは、中国の総陸地面積の約二一パーセントに相当する。

これと同時に、中国海軍は海南島を根拠地とする核ミサイル搭載潜水艦の配備数を増やし、南シナ海におけるミサイル演習などを実施している。二〇一〇年七月には、中国海軍の南海艦隊のみならず、東海艦隊、北海艦隊を含む三個艦隊が南沙諸島周辺で大規模合同軍事演習を実施し、一一月には海軍陸戦隊が上陸演習を行った。二〇一一年になってもこの動きは止まらず、二月二五日、南沙諸島のジャクソン環礁で中国海軍フリゲート『東莞』がフィリピン漁船三隻に威嚇射撃を行い、五月には中国艦船がイロコイ・パラワン島沖のイロコイ礁付近に杭とブイを設置、フィリピン外務省がこれに抗議し、中国大使館に詳細な説明を求めた。

また同年五月二六日には、ベトナム沖（西沙諸島と南沙諸島の周辺海域）で、中国監視船三隻がベトナム国営石油会社の探査船『ビンミン〇二号』の活動を妨害し、調査用ケーブルを切断するという事態が発生、翌月九日にも同社がチャーターした探査船『バイキング二号』の調査用ケーブルを中国漁船が切断している。これに対し、ベトナム海軍は同海域において実弾射撃演習を実施した。

二〇一一年九月二七日、中国共産党機関紙・人民日報系の環球時報は、「今は南シナ海で武力を行使する好機だ。（中略）この好機を逃さず、迅速に行動を取るべきだ。（中略）他国への見せしめとして、フィリピンとベトナムを先に制圧する」とする評論を掲載した。また、アメリカに対しても、「米国は現在も対テロ戦争から抜け出しておらず、中東問題も膠着しているため、南シナ海で第二の戦場を切り開く余裕はまったくない。米国のいかなる強硬姿勢も虚勢だ」と主張した。まさに、「イケイケどんどん」の状態である。

このように近年、その「強気の度合い」を急激に増している中国海軍は、過去約二〇年近くにわたり、伝統的な沿海防衛型海軍からブルーウォーター・ネイビー（遠洋型海軍）への転換を第一目標として、軍の急速な現代化を図ってきた。特に一九八二年、中国人民解放軍海軍司令官・劉華清が中国人民解放軍近代化計画の中で初めて示した「第一列島線」および「第二列島線」の概念は、今や中国海軍の拡大における指標となるものであるが、それ以来、中国海軍はこの戦略に基づいて着実に拡大を続けてきたと言える。

一九八〇年代後半以降の中国における国防予算は、二〇年連続で二ケタ増を実現し、二〇〇八年は日本を超えて「世界第二位」に達しているが、中でも特に海軍増強の動きが顕著である。周辺国は、いずれ中国海軍が南シナ海から「マラッカ海峡」、インド洋、ペルシャ湾に至るシーレーンを確保し、太平洋地域における政治的影響力拡大と権益支配を目指すのではと考えているが、この懸念は、初の航空母艦『遼寧』の就役や潜水艦部隊の増強によって急速に現実味を帯びている。

特に、「マラッカ海峡」から「南シナ海」に至る石油輸送ルートは、中国海軍が二〇一五年までに域内覇権の確立を目指すとした「第一列島線」の内側に位置しており、こうした中国の過激な「南方政策」が周辺諸国との紛争を引き起こした場合、この海域にある海上交通路（ＳＬＯＣ）によって石油、液化天然ガス（ＬＮＧ）、液化石油ガス（ＬＰＧ）の供給を受けている日本は、大きな打撃を受けることになる。つまり、南シナ海のシーレーン確保は、日本のエネルギー安全保障にとって重要なポイントなのだ。

しかし当の日本は、この海域の安定を「国家の生命線」の一部と認識しているくせに、この周辺地域に対して特段の軍事的、政治的影響力を持っていない。そのため、日本の商船隊は引き続き「丸裸」の状態であり、仮に中国海軍がこの海域での海上覇権を完全に確立した場合、同海峡を通過する数多くの船舶による輸入に依存する日本は、たちまちその安定的存立を、中国海軍の動向いかんによって左右されることになる。

このことは中国もよく知っており、最近では香港の新聞『信報』が、「仮に中国と日本が開戦した場合、中国は日本の主要な海上交通路を絶つことで、日本に砲撃を行うことなく飢え死にに追い込むことができる」と主張しているが、これはある意味で正しい指摘だ。つまり、日本に対するＳＬＯＣさえ封鎖してしまえば、「石油や石炭、銅に鉄、餃子に至るまで輸入に頼っている日本」は飢え死にするわけで、まさに日本国民にとっては「待ったなし」の状況なのだ。

先述の通り、もし中国海軍の封鎖によって南シナ海が「中国の海」となれば、日本は「マラッカ海峡ルート」からの資源調達をあきらめねばならなくなる。その場合、頼みの綱はインドネシア島嶼群からフィリピン・ミンダナオ島南部を通過し、西南太平洋を通過して日本に向かうもう一つの航路、「ロンボク・マカッサル海峡ルート」ということになるのであるが、しかし残念ながら近い将来、そのルートの周辺地域も相当不安定になる可能性がある。その原因になりかねないのが、マカッサル海峡に面するカリマンタン島北部の資源国「ブルネイ」の存在である。

「ロンボク・マカッサル海峡ルート」の安全を脅かす「ブルネイ」の行方

ブルネイは、一九八四年に英国から独立した国であり、人口はわずか四〇万強、三重県とほぼ同じサイズのイスラム教国で、膨大な地下資源を埋蔵することでも知られている。イギリスにとっては周辺における影響力を維持する上でも非常に重要な拠点であり、一九六二年に発生したブルネイ人民党による独立運動を鎮圧し、フォークランド紛争でも戦った英陸軍ロイヤル・グルカ連隊のほか、最近香港から引き上げた退役グルカ兵二千名も配属されている。英軍最強とされる彼らは、石油メジャーの油田権益を防衛するために展開しているのだ。また英豪軍の特殊部隊もここを拠点とし、過去、隣国に対する様々な越境作戦に従事してきた。

この国の元首は、六六歳になるハサナル・ボルキア国王（第二九代スルターン）であり、首相と国防、財務の両大臣を兼務する絶対君主として君臨しており、国民からの支持も高い。世界有数の大富豪でもあり、ベンツやフェラーリなど二千台もの高級車のほか、ボーイングなどの大型機を保有し、あの北京の紫禁城よりも巨大な世界最大の宮殿「イスタナ・ヌルル・イマム宮殿」（床面積二〇万平米）に住んでいる。また、ブルネイ国民に納税の義務はなく、教育も無償であり、ＩＭＦ統計による一人当たりの購買力平価換算ＧＤＰは、日本を上回る五万ドルに達している。そのため、ブルネイは極めて豊かだというイメージが強いが、その経済基盤は脆弱であり、唯一の国家収入は、同国で莫大な利益を稼ぎ出している石油メジャーのロイヤル・ダッチ・シェル（ＲＤＳ）とその系列企業からだけであり、年間予算は日本円でわずかに三九〇〇億円ほどしかない。

また、政府の方針も議会や国王が決めるのではなく、一九二九年にＲＤＳが開いた名門「パナガ・ゴルフクラブ」における石油メジャーの役員会によってすべて決まると言われており、国名を石油会社のそれにした方が良いのではと揶揄《やゆ》されている。つまり、政治の意思決定プロセスも極めて不透明な国家であるブルネイは、実際は独立などしておらず、国王には何の政治的権限も与えられていないということが判るのである。

「イスラミック・マラユ連邦」と、その背後に見える中国の影

このように「石油メジャーの傀儡《かいらい》」でしかない現状に対して大きな不満を持っているボルキア国王は、スルターンとしての実権回復を実現するために描き続けてきた「ある夢」がある。それが国王自身が「イスラミック・マラユ連邦」と呼ぶ構想だ。かつてブルネイは、マレーシア領サラワク州とサバ州、ミンダナオ島の一部などを領有していたが、この「イスラミック・マラユ連邦」構想は、それら失われた領土を取り戻し、シンガポールまで吸収して大イスラム連合を建設しようというものである。

これには、スールー諸島のスルターンであり、現在マニラに在住するキラム三世が参加することになっており、またミンダナオ自治地域のイスラム系住民のみならず、ソクサージェン地方の住民も大きな期待を寄せているなど、決して絵空事ではない。事実、そんな住民の悲願を象徴するがごとく、

数年前にはボルキアの名前を冠した世界最大規模のモスクが、フィリピン・ミンダナオ島コタバトに建設されるなど、政治的にはすでに看過できないほど大きなうねりが起きつつあるのだ。

しかしいくら大富豪とはいえ、国王一人で「イスラミック・マラユ連邦構想」を実現できるわけはない。そこで、自分の「夢」を叶えられそうな相手に工作資金を提供することになるのだが、問題はそれら「出資先」の中に、モロ・イスラム解放戦線（ＭＩＬＦ）やフィリピン共産党新人民軍などが含まれているらしいことである。特にＭＩＬＦについては、二〇〇七年以降弱体化したアブ・サヤフの残党を吸収しており、また数々のテロ事件を起こしたとされるジェマ・イスラミアからも軍事訓練を受けているとの情報もあるなど、その背景は決して穏やかなものではない。

また、中国の影が見え隠れしているのも問題だ。南シナ海にある膨大な資源を狙う中国は、周辺の反政府勢力に謀略資金を投入しているが、その相手の多くがボルキアの「出資先」と重なっているらしいのだ。しかし欧米の情報機関ですら、この地域における中国の工作活動の全容をつかんではいない。

この、石油メジャーの支配から脱却し、民主主義を核としたイスラミック・マラユ連邦を作りたいと願うボルキア国王と、それに便乗するかのような中国の動きを、英米が危険視するのは当然だ。その彼らの焦りを示すかのように、欧米メディアがボルキア国王に関する様々なスキャンダル報道を流すのであるが、事件化したその多くは、石油メジャーによるマッチポンプでさえあるだろう。しかし、これにさんざん苦しめられてきたボルキア国王は、すでにそのことに気付き始めている。

もし、イスラミック・マラユ連邦構想によってこの地域が不安定化すれば、「スルターンの先祖は中国人だった」と主張する中国は、一気に進出してくるだろう。さすれば、ロンボク海峡からスールー諸島、ミンダナオ島南部を通過して日本に石油を運ぶ商船隊の安全航行さえ怪しくなるのは時間の問題だ。このブルネイ国王の「夢」が、我が国の経済的安全保障に大変な支障をきたす可能性があるということを、日本政府はもっと強く認識すべきであろうが、この状況に気付いている人はあまりに少ないと言わざるを得ない。

こんな心配をしていた矢先の二〇一三年二月、ついに深刻な事件が発生した。フィリピン・ミンダナオ島を出発した二〇〇名以上のイスラム系武装集団が、突然マレーシア・サバ州に上陸、近くの村に立てこもったのである。M16自動小銃などで武装した彼らは「スールー王国軍」を名乗っていたが、つまりは前述のキラム三世の配下の者たちであり、MILFの元メンバーも含まれていたという。

これに対し、マレーシア政府は警察と国軍をただちに派遣、しばらく膠着状態を続けたが、三月になってついにこの武装集団に対する一斉攻撃を開始した。F18戦闘機三機による空爆から始まったこの作戦では、「スールー王国軍」とマレーシア側に七〇名近くの死者を出すこととなったが、これはまさに、今や日本の主要石油ルートとなった「ロンボク - マカッサル海峡ルート」のすぐ目の前で、その安全を脅かしかねない新たな展開が始まったことを意味している。

一方、この「ロンボク-マカッサル海峡ルート」を不安定化させるもう一つの深刻な可能性がある。それが、その「時期」まで明確に指定されている、中国海軍の進出である。

二〇一五年、日本は窮地に追い込まれる

中国海軍が戦略目標のマイルストーンとして設定した「第一列島線」および「第二列島線」の概念

は、先述の通り、一九八二年に中国人民解放軍海軍司令官・劉華清が初めて示したものであるが、一九九七年に中国海軍の司令に就任した石雲生が打ち出した『海軍発展戦略』では、この概念が一層強調されており、しかも、その基本ラインは以下の通り、「まったくぶれることなく」今日に至っている。

一、再建期（一九八二～二〇〇〇年）
　中国沿岸海域の完全な防衛体制を整備〔→すでに達成〕
二、躍進期 前期（二〇〇〇～二〇一五年）
　第一列島線内部の制海権確保〔海上・航空自衛隊を圧迫→現在実行中〕
三、躍進期 後期（二〇一五～二〇二〇年）
　第二列島線内部の制海権確保、空母による制空権の拡大
四、完成期（二〇二〇～二〇四〇年）
　米海軍による太平洋、インド洋の独占的支配を阻止
五、二〇四〇年以降
　米海軍と対等な海軍建設

（米海軍情報局『China's Navy 2007』）

最近、東シナ海から尖閣諸島周辺にかけての軍事的緊張が急激に高まっており、尖閣諸島沖で海上

自衛隊の艦艇が中国海軍艦艇から「レーダー照射」を受け、また中国空軍戦闘機約四〇機が接近するという事件まで発生しているが、この中国の『海軍発展戦略』に従えば、それが単に「予定の行動」に過ぎないことが判る。中国は、この二年以内に沖縄周辺における日本の防衛ラインを突破（または有名無実化）し、台湾海峡からマラッカ海峡の通行権を確保するつもりなのだ。

そしてこの計画によると、ミンダナオ島南部から「南太平洋」の入り口付近を通過して日本に向かう第二の石油ルート「ロンボク - マカッサル海峡ルート」もまた、「第二列島線」の内側に存在するため、二〇一五年から発動される「躍進期 後期」における作戦において、空母『遼寧』や、現在急ピッチで建造中の潜水艦・ミサイル駆逐艦等によるプレゼンスの拡大で圧迫され、「完全に遮断」されることになる。つまり、前述の中国によるフィリピンの反政府組織に対する支援は、この「二〇一五年」という時期を見据えた、用意周到なものである可能性さえあるのである。

英シンクタンク・国際戦略研究所（IISS）は、「戦略概観二〇一二」の中で、「中国は（中略）領土や海洋権益をめぐって恫喝的な外交や行動を展開し、国際社会の常識に挑戦するのが日常茶飯事になった」と指摘、記者会見した同研究所の関係者は「（隣国との）軍事衝突に発展する可能性もある」と警鐘を鳴らしているが、実際、中国人民解放軍の機関誌『解放軍報』によると、二〇一三年二月四日、甘粛省で蘭州軍区を視察した習近平国家主席は、そこで重要講話を行い、「軍事闘争への備えの拡充と深化に力を入れ、部隊の即応、即戦、必勝の態勢を確保しなければならない」と強調したという。すでに彼らは戦略物資や食糧の国家備蓄を急増させており、ロシアからのエネルギー資源輸入をも増加させているが、これを戦時備蓄ではないかと見る向きもある。

南太平洋の防衛こそ、日本の生きる道

このように、日本の石油輸送ルートの脆弱性がますます深刻化する状況の中で、いったい日本はどうすればよいのだろうか。その答えは二つあって、一つは当然ながら、南西諸島の防衛を徹底し、第一列島線を死守することであろうが、もう一つ日本が必ずやるべきことは、「南太平洋地域の防衛」である。

何度も言うように、「マラッカ海峡」を放棄せざるを得ない場合、日本が次に頼るのは「ロンボク - マカッサル両海峡ルート」である。そしてフィリピン・ミンダナオ島南部を抜けてくるこのルートの出口は、パプアニューギニアの西側に広がる西南太平洋地域であるため、この地域の安全は何がなんでも死守せねばならない。そのためにも、日本はこのルートの出口付近となる「南太平洋」の安全保障に関与することが重要だ。

ではもし、この「ロンボク - マカッサル海峡ルート」にまでも重大な危機が迫ったらどうなってしまうのだろうか。すでに指摘した通り、中国は二〇一五年以降、この海域に対しても明白な圧力をかけると宣言しており、日本がその時までに有効な対策を打ち出せるという保証はどこにもない。そうなると、危機管理の観点からも、このルートの安全航行が脅かされるのは時間の問題であるとして、悲観的に想定しておいた方が安全である。

実は、「ロンボク - マカッサル海峡ルート」の安全航行が揺らいだ場合における「最後の緊急避難的な」資源輸送ルートがある。それが、「バス海峡 - 南太平洋ルート」である。これは、インド洋か

らオーストラリアの南部、南氷洋近くをぐるりと回り、メルボルン沖とタスマニア島との間の「バス海峡」を抜け、シドニーやブリスベン沖を北上、そのままパプアニューギニア沖、ブーゲンビル島の東を通って日本を目指すルートである。

ある試算によれば、「南太平洋のど真ん中」を通過してくるこの遠大なルートは、マラッカ海峡ルートより二週間以上も余計に輸送日数を要してしまい、日本国内の石油需要を一定に満たすためには新たに八〇隻ほどのタンカーを投入せねばならないことになるため、日本国内における石油価格の高騰は必至であるとされている。しかし、これはまさに準戦時状態にほかならないから、この「南太平洋ルート」さえ守っていれば、その間だけでも食いつなぐくらいはできるだろう。逆に、この「最後のルート」さえ守れなくなった場合、香港紙『信報』が指摘する通り、間違いなく日本は飢え死にすることになる。

かつて、第二次世界大戦後の一九四八年六月、ソ連が西ベルリンに向かうすべての鉄道と道路を封鎖し、生活必需物資の供給が途絶えた二〇〇万人の西ベルリン市民が生命の危機に瀕したという事件があったが（ベルリン封鎖）、中国海軍が将来、日本のSLOCを圧迫して「マラッカ海峡」「ロンボク・マカッサル海峡」経由の二つの石油ルートを封鎖した場合、最後の土壇場で日本の存立を救うのは、南太平洋のど真ん中を抜けて日本を目指すこの「バス海峡・南太平洋ルート」しかないのである。このルートは、まさに現代の「ベルリン空輸回廊」のようなものだ。この点から見ても、「南太平洋」はまさに日本にとっての「生命線」と化しているのは明らかである、したがってこの地域の防衛は、今後の日本の安全保障政策における「至上命題の一つ」とさえ言えるだろう。

そもそも、南太平洋は伝統的にオーストラリアの「シマ」であり、アメリカは、アジア・太平洋地域を見る時、フィリピンを中心にして物事を考えている。しかし日本には、日本国外からその安全を見つめようという発想そのものがない。これは実に危険なことである。

日本は、南太平洋を支配しているオーストラリアを支援する形でこの海域の安全保障を考える必要があるのだ。幸い、南シナ海と違い、この海域であれば、日本の海軍力はまだまだ活動可能である。

二〇一五年以降、もし日本が南太平洋における安全保障体制の維持に「失敗」すれば、中国は南太平洋にまでその勢力を一気に拡大し、二〇二〇年以降には、アメリカによる太平洋とインド洋の独占的支配を阻止するという、「もう一つ上の段階」に移行していく。この時、西南太平洋上における通行権をも完全に喪失する日本は、そんな強大な中国という「新たな皇帝」に対し、かつての朝貢制度よろしく「臣下の礼」をとり、その「恩賜」によって資源を分けていただく、という状態に陥るだろう。だからこそ、今から南太平洋の防衛を日本は真剣に考えるべきなのだ。

こんな南太平洋地域には、いくつかの島嶼国群が点在している。いずれも、人口が小さく、インフラもほとんど整備されていないようなところだ。中でも日本にとって重要なのが、フィジーやパプアニューギニア、ソロモン諸島といったメラネシア系の国々であるが、これまでこの国々を実質的に管理してきたのは、かつて宗主国としてこの地域を直接統治してきたオーストラリア（英国）である。そのオーストラリアにとって、独立した後も伝統的な部族社会から抜け出せず、紛争やクーデターなどを繰り返してきた南太平洋諸国の不安定な政治状況は、常に外交上の頭痛の種であり続けてきたが、彼らは近年の中国の急激な進出に対しても、日本と同様に頭を悩ませている。日本はこのあたりの事情をしっかりと把握し、オーストラリアと手を組むことで、互いの弱点を補完し合うことを考えるべきであろう。

南太平洋で「宗主国」として君臨していたオーストラリア

南太平洋の国々を訪れて感じるのは、現地におけるオーストラリアの影響力の強さである。第二次世界大戦で日本を太平洋から駆逐した旧連合国は、一九五一年に『太平洋安全保障条約』を締結し、この海をアメリカとオーストラリア、およびニュージーランドで管理するという形を取ってきた。A（オーストラリア）、NZ（ニュージーランド）、US（アメリカ）の頭文字を取り、これを『アンザス（ANZUS）体制』という。

その中でも特に南太平洋地域に関しては、オーストラリアが主体的に管理し、ニュージーランドがそれを支えるという体制が維持されてきた。前述の通り、南太平洋諸国の不安定かつ「未熟」な政治体制は、オーストラリアにとっては常に頭の痛い問題であったが、最近までこの地域の管理について重要な役割を果たしてきたのが、オーストラリア国防軍（ADF）である。彼らは小規模ながらも、南太平洋諸国における政治的混乱や紛争が発生した際には、ただちにその中枢に送り込まれ、実際に様々な問題を解決してきた。

その好例が、内戦状態に陥ったソロモン諸島に対し、オーストラリア政府主導の多国籍軍が実施した治安回復作戦である。多くの日本兵が命を落としたガダルカナル島のある国といえば、イメージが湧く方も多いと思う。

一九七八年にイギリスから独立したこのソロモン諸島では、一九九八年末にガダルカナル島にある首都ホニアラで発生した部族間対立が内戦に発展、独自での解決を困難と見たケマケザ首相（当時）が、二〇〇三年四月にオーストラリア政府に支援を要請する、という事態になった。

同年七月、オーストラリアとニュージーランドを中核とする太平洋諸島フォーラム（ＰＩＦ）加盟国の警察と軍からなる約二二〇〇名の部隊がソロモン諸島に派遣され、現地で組織的な治安回復作戦を行った。この部隊派遣は、『ソロモン地域支援ミッション（ＲＡＭＳＩ）』と呼ばれている。この部隊は展開後、ただちにゲリラから武器を押収するなどして、現地の治安回復に極めて高い成果を上げ、オーストラリア政府と国民に大きな自信を与えることとなった。

二〇〇六年一二月三一日、ジョン・ハワード豪首相（当時）は、「我々は、フィジー、東ティモール、ソロモン群島、パプアニューギニアの治安回復に協力するという任務を負っている」という発言をしたが、それはまさにオーストラリアが有する自信の現れであっただろう。オーストラリアの南太平洋における態度は、この言葉に象徴される。彼らは第二次世界大戦後の国際的枠組における南太平洋の管理者、もっと言うならば、事実上の「宗主国」として振る舞い続けてきたのである。

反オーストラリア連合としての『メラネシア急先鋒グループ（ＭＳＧ）』

しかし、ジャングルや島単位での小さな部族生活と、ある日そこに入ってきて自分たちをムチで打ち始めた恐ろしい白人植民地経営者（マスター）の存在しか知らなかった七〇年前と違い、今の南太平洋諸国の知的エリートたちは、充分な海外情報も持っているし、独立国家としてのプライドも持っている。しかし、そんな国々に対し、オーストラリアが見せる態度は、いつまでも旧宗主国のそれを臭わせるものがあり、端から見ていても「ちょっとまずいのではないか」と思わせるものも多い。

二〇一一年、ウィキリークスから流出した機密文書の中で、オーストラリア政府がパプアニューギニア政府のことを、「機能不全のアホ間抜け（Dysfunctional Blob）」と呼んでいたことが明らかになり、現地で一気に反オーストラリア感情に火がつくという事態が起きた。

また、これは第二章で詳述するが、この年の八月にパプアニューギニアで発生した議会クーデターと、その結果生じた「二人の首相」という異常事態によって、翌二〇一二年における同国の総選挙の開催自体が危ぶまれていた際、ボブ・カー豪外相が、「もし、パプアニューギニアが（二〇一二年）六月の総選挙を予定通り実施しないのであれば、オーストラリア政府はパプアニューギニアを孤立化させるため、制裁措置の発動に踏みきる」という強硬発言をし、案の定、これも現地人を怒らせる結果となった。南太平洋諸国の人々からすれば、「いったい、いつまでご主人さま気取りでいるつもりだ」ということである。

こんなオーストラリアの「態度」に対する反発は、実はかなり以前からくすぶり続けてきた。今でも一部オーストラリア人の間では、かつての「古き良き」植民地時代をノスタルジックに懐かしむ感情が残っているが、現地人の多くはまったく反対の感情を持っている。

独立前、オーストラリアの植民地下にあった南太平洋諸国では、オーストラリア系白人は例外なく現地人を農園等で働かせ、自分は管理者としてその上に君臨し、白亜の家で召使いを使いながら、まったく別世界の生活をしていた。この記憶は、「偉い人間は働かなくてもよいのだ」という「怠惰イコール特権階級」だとする間違った感覚を現地人に与える一方で、そんな「ご主人さま気取り」の白人に対する強い反感をも生んだ。

この「宗主国」としての傍若無人に見える振る舞いが、戦後も多くのオーストラリア人の態度に色濃く残っていたため、南太平洋の人々の感情は著しく傷つけられ、その結果、この地域において反オーストラリア・ニュージーランド的国家連合が形成されることとなった。それが、一九八八年三月、パプアニューギニア、ソロモン諸島およびバヌアツの三国が結成した『メラネシア急先鋒グループ（MSG）』である。近年ここにフィジーが加わったが、これはまさに、これまで南太平洋を「アンザスの湖（Lake ANZUS）」、つまり「（アングロサクソン系）白人の所有物としての海」として我が物顔で振る舞ってきたアンザス諸国、特にオーストラリアに対する強い反感の現れでもあったのである。

フィジー問題で「外交的敗北」を喫したオーストラリア政府

近年、南太平洋外交においてオーストラリアが最も頭を悩ませているものの一つが、フィジー問題である。フィジーと言えば、多くの日本人にとっては青い海の広がる平和なリゾート地というイメージしかないが、イギリス植民地時代からの負の遺産に苦しんできたこの国では、一九八七年以来、数度のクーデターが発生し、政治的には極めて不安定な状態にあった。一方でフィジーは、最大の援助国であるオーストラリアの強い影響下にあり、オーストラリア政府もクーデターや混乱が起こるたびに、フィジー問題に積極的に介入してきたのである。

しかし二〇〇六年一二月、フィジー国軍のフランク・バイニマラマ司令官が軍事クーデターを実行して、時の首相を追放して以来、すべてが変わった。今日まで続いているこのバイニマラマ政権は、最初からオーストラリアの介入をことごとく拒絶したのである。

もちろんオーストラリアはバイニマラマ政権を強く批判し、「民主的な選挙を実施せよ」と要求。それが拒否されると、ニュージーランドなどと共同で、ただちに制裁を発動することを決定した。とはいえ、オーストラリアはすでにフィジーと経済的にも深い相互依存関係を有しており、足元の経済界の反対もあったため、あまり強硬な経済制裁に踏みきれないというジレンマもあった。その結果、この制裁自体はかつてアメリカがキューバに対して課したような厳しいものではなく、そのため「スマート制裁」と呼ばれた。スマートという単語を諧謔的に使用したのかどうかは判らないが、とにかくこのオーストラリアの制裁はヘビー級ではなく、ライトかつスマートで、詰まるところ「中途半端」なものであった。

しかしフィジーの受けとめ方は違った。バイニマラマ政権は、そんなオーストラリアによる相変わらずの「上から目線」に激しく反発した。それに対してオーストラリアは、今度は国際社会と共同で、「ムチ」ではなく「アメ」をぶら下げる作戦に出た。フィジーの最大の産業の一つであり、かつ最大の輸出品目である砂糖（粗糖）産業への支援をちらつかせたのである。

こういう時、西側の「欧米民主主義諸国」はよくまとまる。特に、砂糖産業をターゲットにしたのも、キューバ制裁にそっくりだ。

フィジーでは、この粗糖生産と輸出が国内雇用を長らく支え、また貴重な外貨獲得源として機能してきた。粗糖はフィジーの輸出総額の二〇パーセント以上を占めているが、二〇〇七年に欧州連合（E

U）との特恵的輸入価格協定が廃止されて以降、価格は三六パーセントも下落し、これに土地のリース問題や肥料価格の高騰などが追い打ちをかけた結果、製糖業自体が大打撃を受けていたのである。オーストラリアはここに目を付けた。二〇〇七年、EUはフィジー政府に対し、「公正なる選挙の実施を条件に、フィジーの製糖業に対し、三億五〇〇〇万ユーロの援助を拠出する」と申し出たのである。いつもなら、これでフィジーは言うことを聞くはずであった。

しかし驚くべきことに、フィジー政府はこの申し出をあっさりと、かつ、きっぱりと拒絶したのであった。それどころか、その後もフィジーのオーストラリアに対する強硬な態度に変化はなく、オーストラリアによる軍事介入の可能性を制するため、あえて強い警告を発したりもしている。その結果、フィジーは二〇〇九年九月には英連邦の一員である資格を剥奪されたが、その直後の一一月三日、バイニマラマ政権は、オーストラリアの高等弁務官や外交官らに対し、二四時間以内に全員国外退去するように命じたのである。

もちろん、大きな産業のないフィジーにとって、最大の援助国かつ投資国でもあり、第二の貿易相手国でもあるオーストラリアから制裁を受けることは、経済的にも大きな痛手であった。実際、フィジーの民間投資の対GDP比は大きく減少し、二〇〇〇年から二〇〇五年には一一・三パーセントあったものが、二〇一一年には二パーセントにまで落ち込んでいる。しかしそれでもフィジー政府は、オーストラリア重視の外交政策を見直し、代わりに全方位外交を行って他の諸外国との関係構築を積極的に行ったのである。

これによりオーストラリアとフィジーの二国間関係は、かつてないような断絶状態に陥った。オーストラリア政府は当初、「民主的な選挙を実施せよ」という葵の御紋を出し、圧力をかけさえすれば、仮にフィジーを孤立化させても国際社会はオーストラリアを支持するだろうし、バイニマラマ政権もまた、最後には自分たちの言うことを聞くであろう、と考えていた節がある。オーストラリア政府による経済援助や政治的支援などで食いつないできたはずのフィジーが、まさかここまで強い態度に出るとは思ってもみなかったのだが、そんなオーストラリアに対し、フィジーはきっぱりと「ノー」と言い放ったのだった。

これによって、「南太平洋の宗主国」として君臨してきたオーストラリアの国際的地位が急に揺らぎ出すこととなった。これまで盤石と思われていた南太平洋におけるオーストラリア主導の管理能力に対して疑念が生じたのだ。このあたりから、オーストラリアの対フィジー外交の歯車が狂い始めていく。

この影響は、これまでオーストラリアに対して強いことを言えなかった他の南太平洋諸国の間にも及んだ。彼らはオーストラリアやニュージーランドのいないところでは、明確にフィジーへの支持を口にするようになり、また当初、オーストラリア政府の対フィジー政策を支持していた他地域の国々も、独自の外交を活発化させるフィジーを見直し、新たな関係を結ぶようになった。つまり、フィジーに関しては、もはやオーストラリアを介さなくても良いとする、外交通商上の「中抜きビジネス」が始まったのである。

オーストラリアにしてみれば、相手を孤立させるつもりが、気がつけば自らが孤立化していた、ということになる。このことは、オーストラリアにとって完全なる「外交的敗北」と言えるだろう。

「キューバ化」するフィジーを支える中国

この強気のフィジーを物心ともに支えていたのが中国である。二〇〇六年大晦日の『オーストラリアン』紙週末版は、フランク・バイニマラマ司令官が、「オーストラリア政府が、バイニマラマ政権反対のキャンペーンを続けるなら、我々は中国や他のアジア諸国に支持を求める」と発言したことを伝えており、フィジー政府が最初から中国からの支援を強く期待していたのは明瞭であった。

それどころかフィジーは、オーストラリアのスマート制裁に対する当てつけのように、最初から中国だけを念頭に置いた「ルックノース（チャイナ）」政策を掲げ、軍事的、経済的にも中国と急速に緊密になってしまったのである。以来、フィジーに対する中国の援助額は以前の一五〇倍に増加した。

このシナリオを裏で描いている中国にしてみれば、オーストラリアのスマート制裁発動のおかげで、南太平洋に対する最初の本格的な突破口ができたことになり、一方のオーストラリアにとっては、わざわざ自分の裏庭に「巨龍」を呼び込んでしまう結果となった。

それからというもの、中国の対フィジー外交は一気に加速していった。二〇一〇年二月九日には、習近平が公式発表のないままフィジーを突然訪問したが、これもオーストラリア政府に大きなショックを与えた。なぜなら、オーストラリア側が習近平一行のフィジー行きを知ったのは、「フィジー渡航のためのオーストラリア通過ビザ」を中国政府が申請してきた時であり、時期的には習近平のフィジー訪問の直前であったからだ。これに驚愕したオーストラリア政府は、習近平の訪問自体を何とかして阻止しようと躍起になった形跡があるが、習は予定通りフィジーを訪問した。

一方、フィジー政府はこの習の訪問に対し、「オーストラリアやニュージーランドとは違い、中国は我々を見捨てなかった」とし、また、フィジー政府の頭を悩ませていたスマート制裁による問題を中国が解決してくれた、として大きな喜びを隠さなかった。

その後、二〇一二年九月には、中国の呉邦国・全国人民代表大会常務委員会委員長がフィジーを訪問し、フランク・バイニマラマ首相と面会したが、そこでは、フィジー国内における道路などのインフラ建設のために必要な資金として、中国政府から二億ドルもの無利子融資の拠出が約束された。また、時を同じくして、中国政府のソフト戦略機関である『孔子学院』が首都スバに開設され、その除幕式も盛大に行われた。

呉邦国はスバにおけるスピーチの中で、「中国は、フィジー人民が独自の方法で発展を遂げる権利を支持し、できる限りの援助を継続していく（中略）中国はいくつかの国によるフィジー孤立化措置に反対する」などと発言し、名前こそ出さなかったものの、明らかなオーストラリア政府批判を行った。

このように中国は南太平洋に対する外交攻勢を強めており、同時にオーストラリアに対する積極的なネガティブ・キャンペーンを張っているが、これに対し豪側は、後手に回らざるを得ない状況に陥っている。

フィジー内外における中国軍の動きも極めて活発化している。中国軍はここ数年、フィジー軍への無償資金援助や将校に対する軍事教練を行ってきたが、欧米の情報機関は、現在フィジー沖で操業している中国漁船団が、実はミクロネシアの米軍基地の通信を傍受しており、その漁船団の下には中国潜水艦が隠れて行動していると見ている。

この地域にいつか恒久的な通信傍受施設が作られ、中国艦隊が展開するようになれば、太平洋における米豪軍の動きはすべて筒抜けとなる。事実、二〇一〇年八月には練習艦『鄭和』とフリゲート艦『綿陽』からなる練習艦隊が、初めて南太平洋諸国を訪問、中国海軍がすでに「外洋型海軍」として遠洋に展開可能であることを証明した。以来、中国艦隊は頻繁に南太平洋に出現している。

ジェトロ・アジア経済研究所の塩田光喜氏は、フィジーの地政学的な重要性を指摘し、「(フィジーからは)オーストラリアにもニュージーランドにも、ハワイにも、軍事的ににらみを効かすことができる。仮にここにミサイル基地を配備したら、豪ダーウィンを容易に攻撃できる」と指摘している(『日本だけが知らない~太平洋資源外交の現実』日経ビジネスPLUS、二〇一二年五月二三日版)。

つまり、フィジーは今、オーストラリアを始めとするアンザス諸国と中国の覇権争いの最前線と化しており、急速に「キューバ化」しているのである。このままでいけば、キューバ危機ならぬ「フィジー危機」が発生してもおかしくない状況でさえあるのだ。

第二次大戦中、太平洋での戦いを有利に進めたいと考えた日本軍は、米豪の連絡線を遮断するため、フィジー・サラモア作戦(通称FS作戦)を発動したが、それと同じことを今、まさに中国がやろうとしているのである。

アメリカに政治的主導権を奪われたオーストラリア

この中国に対して敏感に反応したのはアメリカであった。習近平がフィジーを電撃訪問した約半年後の二〇一〇年九月二九日、ヒラリー・クリントン国務長官がフィジーのイノケ外務大臣とニューヨーク国連本部で会談、米政府として、一九九五年に閉鎖したフィジーの合衆国国際開発庁（ＵＳＡＩＤ）の事務所を一五年ぶりにオープンし、当初予算として二七五〇万ドルを投入する決定をしたことを正式に伝えている。また、ＦＢＩのチームが地元警察の訓練を担当するようにもなった。これでアメリカは何とか、フィジーにおける中国の動きを監視できる最低限の体制を整えることに成功した。

さらにその翌月、クリントン長官はパプアニューギニアなどの南太平洋諸国を歴訪、同じように中国との関係を急速に深化させているこれらの地域に対し、本格的な外交交渉を活発化させている。

このアメリカの迅速な動きは、この間、フィジー問題について何ら有効な対策を講じることのできなかったオーストラリアとは対照的であったが、これまでフィジーを含めた南太平洋を「統治」してきたオーストラリアとしては、「スマート制裁」という強力な拳を振り上げてしまった以上、習近平の電撃訪問を始めとした中国の動きが急に活発化したからと言って、ただちにフィジーに対していい顔をすることはできなかったという事情がある。

こうして、振り上げた拳を下ろすタイミングが見つからないオーストラリアをよそに、対中国を意識したアメリカの太平洋地域に対するコミットメントは、以後急速にその勢いを増していく。

二〇一一年秋にはオバマ大統領がオーストラリアを訪問し、同国の北部準州ダーウィンに二五〇〇名規模の米海兵隊を常駐させることでオーストラリア政府と合意。これによってオーストラリア陸軍もまた、第二次世界大戦中から常に軽装備であり続けた歩兵部隊を一部改変することを決定し、現在、揚陸強襲艦の整備を含めた重装備の「海兵隊化」を進めている。

そして、そんなアメリカの動きに押されるようにして、ついにオーストラリア政府も、二〇一二年七月三〇日、ニュージーランドと共同で、凍結していたフィジー軍事政権との外交関係を三年ぶりに修復させることでフィジー側と合意した。二〇〇九年に互いに大使クラスの外交官を国外追放にして以降、フィジーとの公式な対話窓口を失っていたオーストラリアにとっては、ようやく交渉のテーブルに戻れた感があるが、留意すべきなのは、今回の外交関係修復は決してフィジー側がオーストラリア政府の民主化要求を呑んだ結果ではなく、むしろオーストラリアがやむにやまれず折れた、という点である。

つまり以前と大きく変わったのは、中国をバックにし、その他の国々からの支持をも独自で取り付けたフィジーにとっては、もはや何をするにあたっても、金輪際オーストラリアの意向など気にする必要がなくなった、ということである。この点から見ても、かつてオーストラリア自身が振り上げた拳の「代償」はあまりに大きかったと言わざるを得ない。

アメリカは、そんな過去のしがらみに囚われて身動きの取れなかったオーストラリアの姿を見て、もはや南太平洋の管理を任せていられないと判断したのだろう。そこで、クリントン長官自らがオーストラリアの代わりに迅速に動いたのであるが、それは結果として、中東における長年の戦争にかまけた結果、ブッシュ政権下において喪失しかけていた太平洋地域におけるアメリカのプレゼンスを何とか取り戻すことに繋がったし、オーストラリアにしてみても、そのおかげで自国の権益を最低限守り得たと胸を撫で下ろしたというのが本音であろう。

しかしこのことは同時に、南太平洋における政治的主導権が今や完全にアメリカに移行し、オーストラリア自身は第二次大戦時のようにアメリカのサポート役に回らざるを得なくなってしまったことを意味している。

オーストラリアのこの対フィジー政策の失敗は、南太平洋諸国がもはや旧宗主国・オーストラリアの言うことを聞かなくなりつつあるという意味において、オーストラリアの域内における指導的な地位や権威、影響力の著しい低下を大きく印象づけるものであった。

「巨大資源国」パプアニューギニアの戦略的重要性

フィジーが急速に「キューバ化」しているのと同様、近年、同じメラネシア圏に属するパプアニューギニアもまた、南太平洋の安全保障における地政学上の要衝と化している。

これらの国々には近年、膨大な地下資源が眠っていることが明らかになりつつあるが、特にパプアニューギニアは、オーストラリアを除けば南太平洋最大の資源国であり、現在、「未曾有の好景気」に沸いている。

二〇一二年一二月にアジア開発銀行が発行した最新版の『パシフィック・エコノミック・モニター』によると、パプアニューギニアは引き続き、アジア大洋州の中で最も成長著しい国家の一つであるということであり、同国の二〇一一年のGDP成長率は、なんと一一・一パーセントであった。

この国は、石油、天然ガス、金、銅、レアメタル（ニッケル、コバルト等）などの豊富な地下資源に加え、マグロ類の漁獲高は一国としては世界最大を誇る。日本からは直行便でわずか六時間半の距離にあるが、ここは知る人ぞ知る「大の親日国」でもある。彼らの「親日さ」については第四章で詳述する。

フィジーと並んで南太平洋島嶼国のリーダー的立場にあるパプアニューギニアは、オーストラリアを除けば、太平洋諸島フォーラム（ＰＩＦ）加盟国の中でも最大の国家である。人口は六七〇万人以上、約八〇〇の部族と八〇〇の言語を有し、地理的には世界で二番目に大きな島であるニューギニア島の東半分と、ニューブリテン島、ニューアイルランド島、ブーゲンビル島などの島嶼地域で構成されている。

国家元首に英エリザベス女王を戴く英連邦の一員であり、外務省の説明によると、ＰＩＦ諸国のうち唯一のＡＰＥＣ加盟国として、「太平洋島嶼国のリーダーとして強い主体性を発揮」している国家である。

前述の通り、この国は現在、各種地下資源開発プロジェクトが牽引役となり、未曾有の「バブル経済」に沸いている。中でも最も注目されている資源プロジェクトは、「エクソン・モービル社（アメリカ）」主導で開発が進められている、液化天然ガスの巨大プロジェクトだ。

このプロジェクトは、パプアニューギニア国のハイランド地方という、標高数千メートルに至る峻険な山岳地帯において産出する膨大な天然ガスを採取し、それを山間部から海中を通して敷設する七〇〇キロ以上ものパイプラインで首都のポートモレスビー近郊まで運んだ後、そこで液化して輸出するという、総額一兆数千億円規模の巨大プロジェクトである。これが今日の、パプアニューギニアにおける「未曾有の好景気」を作り出したのだ。

プロジェクト期間は三〇年間で、年間六六〇万トン、合計で九兆立法フィート以上もの天然ガスを産出するが、その半分が日本に輸出されることが決まっており、東京電力や大阪ガスが購入契約を済ませている。また、残りのガスは台湾や中国にも輸出される。日本企業は、このプロジェクトに四・七パーセントほど出資している。

この急峻な山岳地帯から得られる天然ガスの輸出プロジェクトは、もともとアジア向けとして想定されていたわけではない。これは当初、「パプアニューギニア・クイーンズランド・ガス・パイプライン計画」と呼ばれ、スーパー石油メジャーのシェブロン社主導で、三八〇〇キロにも及ぶパイプラインを敷き、オーストラリアのクイーンズランド州に供給しようという壮大なものであった。

一九九六年当時、シェブロン社の幹部の一人は、この頃までに収集した厚さ一五センチにも及ぶ膨大な事前調査資料を前にして、「一九九八年にはパイプラインの建設が開始され、二〇〇一年上半期にはパプアニューギニア産の天然ガスがオーストラリアに供給されることになるだろう」と自信たっぷりに答えていた。

しかし、何年経ってもこの計画は一向に進行せず、建設コストは当初の予想をどんどんと上回って行き、二〇〇一年初頭の段階では、すでにこの計画自体、本当に実現性があるのかさえ疑わしいという状態に陥っていた。しかしこの年の四月、突如、エクソンモービル社がこのプロジェクト計画そのものを、シェブロン社から買い取ると発表、プロジェクトの牽引者が入れ替わることとなった。

これに対し、先の見えないプロジェクトに自信を喪失していた関係企業の幹部たちは一安心し、大いに喜んだ。オイルサーチ社の社長にいたっては、巨大豪華客船「クイーン・メリー号」に引っ掛けて、こう発言した。

「エクソンはクイーン・メリー号のようだ。スピードアップに時間はかかるが、いったんエンジンがかかったら最後、そう簡単に止まりはしない」

この客船は第二次大戦時、ニューヨークからオーストラリアにやって来て、多くのオーストラリア兵やニュージーランド兵をイギリスに運ぶことで戦争に貢献したばかりでなく、その航海の途中に突如襲ってきた高さ二八メートルもの異常な大波に対しても沈没寸前のところで乗りきり、また、その高速性からドイツ海軍のUボートさえ追いつけなかったという伝説の客船である。

しかし、そんな「クイーン・メリー号」と呼ばれたエクソン・モービル社もまた、大きな悩みを抱えることになる。それは、時間的な制約であった。プロジェクトの見直しのためには予想以上に長い時間がかかるものだが、その間、オーストラリア国内の天然ガスの購入先がどんどん時間切れとなって契約を取りやめる事態となり、最後には最大顧客の一つであった資源メジャー「BHPビリトン社」も契約の延長を打ち切るなどしたため、このプロジェクトは結局、中止に追い込まれてしまったのだ。

しかしこの「クイーン・メリー号」は、前任者とは違い、やはり止まることはなかった。彼らは、今度はこのハイランド地方の天然ガスを、より短いパイプラインでポートモレスビーに運び、その郊外に建設された工場で液化し、そこから船で海外市場に売り出すという方向に転換した。やがてこれが具現化し、現在のエクソンモービル社のプロジェクトへと繋がっている。

現在、この計画は何とか前進しており、ポートモレスビー郊外では日本の日揮と千代田化工が、世界最高の技術を駆使しながら、この液化天然ガス工場を建設中である。七〇〇キロに及ぶパイプラインも着々と建設されており、二〇一四年か一五年には最初のパプアニューギニア産天然ガスが、日本などに向けて輸出されることになるだろう。

経済は未曾有のバブル状態

この天然ガス・プロジェクト開発のために投じられた金は、パプアニューギニア政府の国家予算をはるかに上回るものであるが、そんな大量の資金が流入したことで、ここ数年のパプアニューギニア経済は一気に開花、バブル状態となっている。

そんなバブル経済の一例が「住宅価格の急騰」である。この液化天然ガスのプロジェクトのために、パプアニューギニアには新たに数万人の外国人労働者が流入することになったが、最初に発生した問題は、彼らのための住居が充分に確保されないことであった。そのため、首都ポートモレスビーでは住宅価格が暴騰した。例えば、おそらく八〇平米ほどの新築マンションの家賃（三ベッドルーム）の家賃は、毎月八〇万円ほどに達した。

また、いくつかのホテルが新たにサービスアパートメントを数百軒単位で増設したが、それらも向こう四年間はすべて予約で一杯になってしまっている。これは、地方都市でも同じことで、例えば第二の都市であるモロベ州ラエでも、三ベッドルームのアパートの家賃が五〇万円を下らない、という状況が発生したし、レストランの料理の価格さえも、数カ月単位で上昇していった。民間企業の求人数も一〇年前に比して二倍になっている。

二〇一三年のパプアニューギニアの国家予算は前年比で二三パーセント増加するとされているが、これらの予算が地方の州政府やそれ以下のレベルにスムーズに流れて行くことができれば、そしてより重要な問題として、それを誰かがポケットに入れることなく、スムーズに運用されれば、パプアニューギニアの地方に住む人々は有史以来初めて、多少なりとも、本物の近代的発展を目撃することができるかもしれない。

世界銀行の試算によると、パプアニューギニア人の一人当たりのGNI（国民総所得）は一四八〇米ドル（二〇一一年）である。日本円で一四万円程度ということだ。あれだけ石油や天然ガス、鉱物資源が出る国で、しかも人口が六〇〇万人程度しかいないのに、なぜ国民はこれだけの収入しか手にできないのか、ということであるが、理由は二つあって、一つはもちろん、「多国籍企業による利益収奪構造」であり、もう一つは、その多国籍企業と仲良くすることで政治家や官僚が多額の「賄賂《わいろ》」を手にしているからである。つまり、国民の財産である国家の富は、外国人と一部のエリートたちに収奪されてしまっているのだ。もう一つ追加するなら、天然ガスの生産地とパイプラインが敷設される地域の周辺地主だけには、「補償」という名目での現金が、どっさり落ちているということだろうか。しかしそれ以外の地域では、発展などまったくない。

かつて、ある政党のパーティに呼ばれ、そこで驚かされたことがある。ポートモレスビー市内の中華レストランを貸し切って開かれたそのパーティには、エクソンモービルの天然ガスプロジェクトで一夜にして「富豪」となったハイランド地方の地主らを含む多くの人が集まっていた。私は、ある政治家から突然誘われて、とにかく見るだけ見てやろうという思いでそのパーティに参加しただけだったが、そこで「バブル」の何たるかというものを露骨に見せつけられることになった。

中でも特に驚いたのが、「オークション」である。そこでは様々な絵画や美術品が出品されたのだが、いずれもそんなに大したモノに見えなかった。だが、そんな「美術品」が、異常なくらいの値段で次々

ハイランド地方の村

と落札されていったのである。

例えば、ハイランド地方の村人の生活を描いた絵画であるが、最初の値段は日本円で五〇万円からのスタートであった。最終的にそれは、三五〇万円くらいで落札されたのであるが、審美眼ゼロの目玉しか持ち合わせない身とはいえ、どの角度から見てもあんな絵が三五〇万もするはずがないだろう！と思わざるを得なかった。

その場で大金を積んでいた成金地主は、いずれもボロボロの草履を履き、汚れたTシャツを着ているだけで、美術館に足を運んだり、豪勢な自宅で絵画をコレクションしているような人たちでもない。辺境のジャングルにある、今だって上下水道どころか電気さえ無縁の「藁ぶき家屋」に住んでいるような「ど田舎《いなか》のおっちゃん」たちである。

仕事で忙しく、その日の時間内に銀行に行けなかったため、財布の中に五千円くらいしか入っていなかった私は、あの二〇〇人はいたであろう「成金現地人」だけのパーティの中で、おそらく唯一の外国人であったと同時に、最も「持たざる者」であったことは間違いなかった。

世界的な「銅不足」とパプアニューギニアの「金」「銅」資源

パプアニューギニア経済の中でも、鉱業・石油ガス部門からの収入はかなり大きなウエイトを占めており、同国輸出額の八〇パーセント、税収入の三分の一に上る。過去二〇年間にわたって順調だった経済を支えてきた鉱業であるが、その傾向は今後もしばらく続くであろう。何しろ、まだ手をつけられていない大規模鉱山も複数あり、将来の開発を目指して資源メジャーなどが動き出しているのだ。

一方で、今後の不足が懸念されている資源といえば「銅」である。世界最大の資源メジャーであるBHPビリトン社の試算によると、二〇二〇年までに世界は毎年一千万トンの銅不足に陥ると言われている。これは、中国などにおける経済発展がこの調子で増加すれば、という話であるが、しかし現実的に見ても、近い将来における銅不足は深刻だという話はあちこちで囁かれている。

現在、日本人など先進国の人間が使用する銅の量は、一人あたり八キロほどであり、中国人のそれは四キロ相当だそうだが、二〇二〇年までには中国人の使用量も先進国並みになるというのだ。そしてこの状況は、「銅産出大国」であるパプアニューギニアにとっては、朗報以外の何ものでもない。なぜなら、パプアニューギニアでは今日でも新たな銅鉱脈が次々と見つかっており、その潜在埋蔵量は増加しているからである。

実際に、多くの外資系企業がこの国で鉱山開発を行っているが、現在操業中の銅鉱山は、ウエスタン州で過去数十年にわたって大規模な操業を続けてきた「オク・テディ金・銅鉱山」である。インドネシアの国境からわずか一八キロのところにあるこの鉱山では、一九八四年に金が発見され、その三年後には銅鉱脈が発見された。

この鉱山は、ＢＨＰビリトン社（英）が開発を担当し、一九九〇年代後半までパプアニューギニア政府予算の一〇パーセントを支えるほどの莫大な利益を上げていた。後で少し触れるが、この鉱山では大規模な公害問題が発生したため、ＢＨＰはすでに表面上は撤退している。一方、その膨大な地下資源量が徐々に明らかになっているため、操業閉鎖予定の時期がさらに一〇年以上も先延ばしにされることが決定している。二〇〇八年には、年間約一六万トンの銅と約五二万オンスの金を産出しており、我々日本人の生活もまた、ここから大きな恩恵を受けている。

一方、ニュークレスト鉱業社（オーストラリア）と、銅の生産量では世界第五位を誇るハーモニー・ゴールド社（南アフリカに本社）は、モロベ州の山岳地帯にある「ワフィ・ゴルプ鉱山」において大規模操業を予定している。両社は合弁で約四三〇〇億円（一ドル＝九三円換算）をかけ、二〇一九年から銅生産の本格操業を行う予定であるが、寿命二六年と言われているこの鉱山では、年間三三万トンの銅と五五万オンスの金の産出が見込まれており、現在の価格からすれば、年間売り上げは二三〇〇億円以上にも達するだろう。パプアニューギニア政府は、最大三〇パーセントまでの株式を取得することができるとされており、うまくいけば、同国は年間八〇〇億円以上の追加的収入を次の二五年間にわたって得ることができることになる。これが実現すれば、パプアニューギニアの国民は一層富めることになるから、とても良いことである。

もう一つパプアニューギニアで有名なのは、その膨大な金の資源量である。二〇一〇年には、金の生産量においては世界第一一位に達しており、数多く存在する世界クラスの鉱山が現在操業を継続している。

先述の「ワフィ・ゴルプ鉱山」と同じモロベ州には、「ヒドゥン・バレー」という鉱山がある。この鉱山は、操業開始が二〇一〇年と比較的新しく、推定鉱石埋蔵量は六八七万トンで、「ワフィ・ゴルプ鉱山プロジェクト」を担当するのと同じ鉱山会社が五〇パーセントずつの株式を保有しながら運営している。

ニューギニア本島にあるもう一つの巨大金鉱山といえば、エンガ州にある「ポルゲラ鉱山」だ。ここは、一九九〇年よりカナダ系資源企業「バリック・ゴールド社」がオペレーターとして操業を行っており、二〇〇八年には六二万オンス以上の年間金生産量を達成している。金の推定埋蔵量は七九〇万オンスにものぼる。

しかし、これらの中でも、世界最大級の規模を誇る金鉱山といえば、やはり「リヒール鉱山」ということになるだろう。「リヒール鉱山」は、首都ポートモレスビーから北東へ約九〇〇キロに位置するニューアイルランド州リヒール島にある。この鉱山は、一九八三年からオーストラリアの資源会社などによって探鉱が行われ、巨大な金鉱脈が発見された。その後、BHPビリトン社と並ぶ世界最大クラスのスーパー資源メジャー、「リオ・ティント社」によって開発が行われ、一九九七年から本格操業に入っている。

この鉱山の推定鉱物資源量は、なんと八億三〇〇〇万トン（！）と言われており、二〇〇九年の年間金生産量だけでも約八五万オンスに達した。現在、年間産金量を一〇〇万オンスに持っていくためのプロジェクトが進行中である。この島には、オーストラリア・ケアンズからの直行便さえ出ており、その便が出発する日には、ケアンズ空港のロビーには鉱山労働者らの姿が多く見られるようになる。景気が良いのだな、と思わせる一瞬だ。

欧米列強が「触手」を伸ばしたパプアニューギニア

パプアニューギニアは、今日においてもオーストラリアの様々な影響を極めて強く受けている国である。例えば、言葉にしてもそうだ。オーストラリア英語というのは、ご存知の方も多いはずだが、かなり「訛《なま》って」いる。それがパプアニューギニア人の言葉の隅々に出てくる。かく言う私自身も、英語は完全な「オーストラリア仕込み」だ。だから、時々アメリカ人あたりからは笑われる。しかし、オーストラリア英語はいったん覚えてしまえば、非常に愛着を持てる言葉であるし、オーストラリア人らがある種の誇りを持って使っているのも頷ける。私自身も、アメリカ英語の番組よりも、オーストラリア訛りの番組の方が見ていてよく判る、という具合でさえあるが、実はこのことはある意味で、その後のパプアニューギニア理解を大いに助けるものでもあった。

例えば、パプアニューギニアの人々は、よく物が壊れたりすると、「バカラップ、バカラップ」と言う。これは、現地のピジン英語で、「壊れてしまった」という意味だが、オーストラリアで勉強していた者として、最初からそれが何を意味しているのか判った。すなわち、英語でいうところの「バガード・アップ」（buggered up ＝壊れてしまった）という意味であるが、それがメラネシア人の訛りに混じって「バカラップ」となるのだ。

かつての植民地時代、苦労して外から持ち込んだ機械や車が壊れる度に、オーストラリア系白人たちが、あの強い訛りで「It's buggered up!」とやっていたのを、パプアニューギニアの現地人は周りでしょっちゅう聞いていて、それを一生懸命に真似《まね》しようとしたのだろう。もしかしたら昔は、この「buggered up」という言葉も、白人と接触して暮らした経験のある「一部先進的な現地人」が広めた、ある種の「流行語」だったのかもしれない。それが、彼らの中で日常の言葉として定着したのだろう。日本でいうなら、「ビフテキ（＝ビーフステーキ）」とか、「ラムネ（＝レモネード）」などのたぐいだ。

こんなパプアニューギニアを一層理解していただくためにも、以下に彼らの歴史を簡単に紹介したい。

ニューギニアに人類がやってきたのは今から五万年ほど前であり、メキシコと同じく、彼らは人類で初めて農耕を行った人々だったと言われている。しかし、元来過酷な環境にあるため、特に大きな王朝ができたとか、何らかの政治体制が発展して周辺に影響を与えたといったことはまったくなく、あくまで部族ごとにそれぞれ定着した先祖伝来の地域に住み続けただけであり、たとえば山岳地域（ハイランド地域）の部族が海岸地域に住む部族らと積極的に交流した、というようなことはあまりなかったようだ。そんなハイランド地域の人々は、ほとんど「塩」を摂取することができなかったため、彼らの体は次第に、塩がなくても健康に生きていける体質へと変質していった。これは、生態人類学的にも極めてめずらしいことらしいが、海岸から遠くない地域に住んでいたにも関わらず、第二次大戦の頃にやって来た日本軍に教えられ、初めて効率的な塩の作り方を知ったという人々までいたのだから、この国がつい最近までいかに「未開の地」であったかが判る。

この地域にヨーロッパ系の白人がやって来たのは一六世紀以降のことであり、以後、オランダや大英帝国は、宣教師や学者、商人らをわずかに送り込んだものの、彼らは過酷な自然環境に阻まれたせいで大した調査を行うこともなく、したがってこの地域には有望な資源さえ何もないだろうと考えられていた。しかし、一九世紀後半になると、現在のパプアニューギニア周辺にドイツ人が姿を現すようになり、それまで「のんびり」していたニューギニアの状況が大きく変化していく。

元来勤勉で合理的なドイツ人らは、東部ニューギニアの北部海岸を中心にすばやく展開し、ラバウルやマダン、ウェワクなどといった地域を一気呵成に開拓した。これらの地域では次々と組織的に港や町が作られ、ドイツ人の探検家が時おり奥地にその姿を現すようになった。今でも、ニューギニアの多くの地域に、「ビスマルク海」や「ウィルヘルム山」などのようなドイツ風の名前が残っているのは、この頃のなごりである。

このドイツの急激な勢力拡大活動を見て初めて事態の深刻さに気付いた大英帝国は、あわててドイツ、オランダを交えての三者でそれぞれの「シマ」を明確にするための領土交渉を行った。一九〇一年、オーストラリア大陸に英国国王を国家元首とする「オーストラリア連邦」が正式に建国されたため、英領ニューギニアがオーストラリアの領土の一部として移管された。

その後、第一次世界大戦でドイツを打ち破ったオーストラリアは、それまでドイツが領有していたニューギニアの一部地域をもすべて吸収、現在のパプアニューギニア領の全体がオーストラリアの委任統治領として確定していくことになる。とはいえ、この頃は白人が奥地に入って行くことはほとんどなく、ニューギニアは相変わらず「この世の果て」であった。

しかし一九二六年、その後のパプアニューギニアの運命をすべて変えてしまう事態が発生する。それが、有望な「金鉱脈」の発見である。

ゴールドラッシュから始まったパプアニューギニアの「近代」

一九二六年に始まったパプアニューギニアでの「ゴールド・ラッシュ」では、多くの白人がパプアニューギニアの沿岸地帯から山岳地帯に入り込んで行ったが、それから六年後の一九三二年以降、現在のモロベ州ブロロ地区が世界最大クラスの「産金地帯」となっていく。この年に設立されたオーストラリア資本の「ブロロ金浚渫《しゅんせつ》社（ＢＧＤ）」が、砂金を採取するための巨大な「浚渫装置（ドレッジ）」をブロロの川に投入した結果、この地域から莫大な金が産出されるようになったのだ。

ＢＧＤ社のこの巨大ドレッジは、「アメリカ製の浚渫部分」と「スウェーデン製タービン」を基幹とし、それに「イギリス製電気設備」と「スイス製電気モーター」を集めてオーストラリアのシドニーで組み立てた、いわゆる「多国籍マシーン」であった。これを、ユンカースG31という「ドイツ製飛行機」に載せて、ブロロ地区まで空輸したのであるが、この事業の「大成功」を支えたのは、まさにこの航空輸送力であった。

このＢＧＤ社のユンカース機は、その後、ブロロからラエまでの航空輸送に大活躍し、その後一一年間で、ブロロから約三七トンもの「金」と、一六トンの「銀」を運び出している。現在の価値でいうなら、金だけでも一五〇〇億円ほどになるだろうか。今風にいうなら、ＢＧＤ社は一気に「スーパー資源メジャー」となったわけだ。今もパプアニューギニア国内には数百もの草原飛行場があるが、その多くはこれら金などの資源を運び出すために作られたものであった。その結果、一九四〇年頃には、ニューギニアの産金量は、世界中の英連邦におけるそれの六割以上を占めていたと言われているが、そのほとんどは、モロベ州ブロロ地区で産出したものである。噂によると、エリザベス女王の金の王冠も、このブロロ地区で産出した金で作られたものらしい。

もちろん、当時パプアニューギニアを統治していたオーストラリアの植民地行政府にとっても、BGD社などの鉱山会社からのロイヤリティ収入は莫大なものであった。今でも現地人から、「(オーストラリア北部の町)ケアンズやシドニーのハーバーブリッジは、パプアニューギニア産の金から得た富で作られたのだ」という話を聞かされることがある。

しかし、この空前の利益構造は、日本軍の侵攻作戦によって一気に閉鎖されることとなる。一九四一年の段階で、すでに英連邦情報部は日本が戦争を始める可能性が高く、開戦になればニューギニアが最初の攻撃目標の一つになると分析していた。そのため、BGD社は戦争が始まる前から、綿密な撤収計画をもって航空機による機材搬出作業を行っていたのである。

やがて、日本陸軍の精鋭「南海支隊」のラバウル上陸前夜である一九四二年(昭和一七年)一月二一日、日本海軍の航空母艦『瑞鶴』の攻撃隊がラエとブロロを空襲し、BGD社の残余の施設は破壊されてしまい、同年二月五日には、すでにラバウルに展開していた海軍航空隊の陸上攻撃機が再度ブロロを爆撃し、ここに栄華を極めた「資源メジャー」BGD社のオペレーションは閉鎖されてしまったのである。

日本の諜報機関も知っていた「ゴールドの島」

戦争が始まってすぐ、突然ブロロに空襲にやって来た日本軍機であったが、当時の日本軍はこのニューギニアの資源について、特に海軍を中心にしてかなりの情報収集を行っていた。元オーストラリア国防省の戦史研究官であったピーター・ウイリアムズ博士は、近著『ココダ：その神話と現実』（ケンブリッジ・プレス）の中で、戦前の日本がニューギニア、特にラエやブロロ地域に対し、複数の諜報員を派遣していたことを指摘している。

例えば日本が戦争を始める三年も前の一九三八年（昭和一三年）、オーストラリアの国防省は、首相府に対して、「日本海軍の士官が日本の客船に乗り、一般の乗客としてラバウルを訪問したが、その後、船員の制服に着替えて同地に上陸し、周辺を偵察した」ということを報告している。

また、一九三九年に英連邦で作成された報告書では、「コバヤシ、イイダ、ヤシという英語の堪能な三名の日本人」が、ラバウル、サラモア、ワウ（ブロロの近く）を訪れたことを確認しており、現地で飛行機をチャーターして上空から写真撮影を行うと同時に、周辺での「草」をサンプルとして採取していたことが報告されている。

「草」のサンプルというのは奇妙に聞こえるかもしれないが、実はこれは、今でいうなら「輸送トラック」に相当する軍馬に供するための「干し草」の現地調達が可能かどうかを調べるための「大変重要な調査項目」なのである。事実、これら諜報機関要員らによるこの種のサンプル採取活動は、日本軍が中国大陸において大規模な作戦を実行する前に行った偵察活動と同じ手法であったという。

こんな当時の「軍隊の常識」と、過去の日本軍の行動特性を当然ながら知悉していた英連邦情報部は、これら「怪しい日本人」が自国領土内にやって来たと知って、相当に緊張したことであろう。

ちなみに英連邦情報部では、これらの地域を回った三人はおそらく、当時の日本外務省ならびに帝国海軍と深い関係を持っていた『南洋興発株式会社』の社員であったことだろうと見ていたが、この推測は正しいであろう。

『南洋興発株式会社』とは、大正から昭和にかけて存在した「国策会社」であり、南満州鉄道（通称「満鉄」）に対比する形で、「海の満鉄」とさえ形容されていた会社だ。東南アジアから南太平洋にかけて、精糖、水産、農業、製酒業を中心とする事業で拡大し、その後、鉱業、油脂工業、交通運輸業、貿易業にまで手を広げた、まさに「日本株式会社」であった。実際に、彼らが当時有していた国際的な視野は極めて広いものであり、それらの経験と知識は、戦後の未曾有の経済発展の牽引役となった「総合商社」へと引き継がれていくことになる。

従業員とその家族ら総勢約五万人の日本人は、第一次世界大戦で日本がドイツから獲得したサイパンやテニアンなど、南洋の日本の信託統治領のみならず、当時欧米列強の植民地下にあったインドネシアやフィリピン、ティモール島などの「僻地《へきち》」にも住み着き、現地で様々な事業を黙々と遂行していた。それと同時にそこから上がってくる現地情報は、量・質ともに相当のものであったので、この組織が事実上の「諜報機関」と化していったのは、ある意味で当然の成りゆきであった。

英連邦情報部が尾行した、例の「コバヤシ、イイダ、ヤシという名の英語の堪能な三名の日本人」は、ブロロやワウ、ラエを視察した後、やがて第二次世界大戦の勃発後に帝国陸軍の精鋭「南海支隊」が上陸することになるバサブアやギルワ（現在のオロ州）といった地域をも訪れ、様々な現地調査をしたことが確認されている。

その後、例えばラバウル占領やサラモア攻撃、ポートモレスビー作戦、岡部支隊によるワウ攻略作戦など、まさにこの三人が「歩き回った」地域において日本軍の大型作戦が発動された事実を考えると、これら『南洋興発』社員らの情報がいかに重宝されたであろうかは、疑問の余地がない。

川の水で下痢をして「地下資源の存在」を知った日本兵

パプアニューギニアが資源大国であるのは、当時現地に上陸した将兵たちの間でも一部知られたことであった。昭和一七年に今のオロ州に上陸し、ココダからオーエンスタンレー山脈を踏破してポートモレスビー攻略を目指した「南海支隊」の一部隊では、ある川の近くに宿営地を張り、その水を煮沸して飲んだ自動車輜重隊の全員が下痢になってしまった、という記録がある。どうやら川の水が怪しいということで早速支隊の防疫給水部を呼び、水質検査をしたところ、非常に銅の成分が多いため、「飲料不適」という診断が下されたという。

この検査を行った防疫給水部の少尉は、「この川の上流には、日本では考えられないほどの立派な銅山があるはずだ。そこを通って流れるのがこの川の水だ。戦争が終わって平和になったら、探しに来るか? 大儲けできるに違いないぞ」と言ったというが、事実、このオーエンスタンレー山脈周辺には、今も大小いくつかの鉱山が操業しており、この山脈全体が金と銅を多く埋蔵していると考えられている。実際、今でもココダ周辺の村人たちは、一生懸命に川で砂金を掘り、定期的に地元のマーケットに出して金の仲買人に販売して生計の足しにしているのだ。

また、金以外の地下資源も豊富だ。かつて南海支隊が連合軍と激しい戦闘を行ったオロ州の沿岸地域（ブナ、ギルワ周辺）に行くと、途中から急に密林がなくなり、背の高いクナイ草ばかりで湿地の多い草原地帯となる。初めてそこを訪れた時、なぜこんなに樹木が突然なくなるのだろうかと不思議だったが、ふと、「もしかして、この地面の下には大量の天然ガスや石油があって、その影響で木々が生えないのではないか」と、ひらめいた。そして、その「素人のひらめき」が間違ってはいなかったことが後に証明されることとなる。それから七年後、地元選出の国会議員で、中央政府で高等教育大臣を務めているデービッド・アロレ氏に招待されて、オロ州東部の丘陵地帯をあちこち案内される機会を得た。黒光りしているが、一発の弾丸も入っていない六連発の回転式ピストルをベルトに差して意気軒昂なアロレ氏と、その秘書が運転するトラックの荷台に乗り、オロ州南部の高台から壮大で美しい海岸線をカメラで撮影していた時、アロレ大臣が、

「今、この海岸地帯で、オーストラリアの資源探査会社が、ずっと石油などの調査している。どうだい、日本はまったく興味はないのかね?」

と、おっしゃったので、「ああ、やっぱりこの下は石油と天然ガスなんだ」と密かに膝を叩いたものであった。

「建国の父」マイケル・ソマレ首相

原始時代から突然、欧米諸国の植民地にされたものの、特段の発展さえ実現することができなかったこのパプアニューギニアを、長年の政治運動を経て「宗主国」であるオーストラリアから「独立」に導いたのは、初代首相となった「建国の父」、マイケル・ソマレ氏だ。一九七五年のことである。今では、現地通貨のお札にも印刷されている人物で、子供の頃は日本陸軍宇都宮連隊の将校が作った

学校で初めて近代教育を受けて感化され、青年期は日本各地を旅行した。

一九六三年、ソマレ氏はオーストラリア政府指導による教育省のプログラムに参加し、東セピック州ウェワクにおけるニュース番組を担当したが、彼はそこでパプアニューギニア人公務員とオーストラリア人公務員との間の著しい賃金格差に不満を抱いた。また、世界中の旧植民地国家が次々と独立していく中で、なかなか独立を認めようとしないオーストラリアに業を煮やし、同じ目標を共有する若き仲間たちと熱心な政治運動を重ね、ついに国としてオーストラリアからの独立に導いたという、非常に立派な人である。

ソマレ氏は、大の親日家である一方、大のオーストラリア保守派嫌いでも有名で、そのせいもあってか、当初は日本を意識した「ルックノース政策」を押し進めた。しかし、現実的に見れば、確かにソマレ氏やその取り巻きである「独立の元老」らの大きな努力があったものの、パプアニューギニアの独立そのものは、当時の世界的な潮流を見極めたオーストラリア政府が最終的に「許可」したもの、という側面が非常に大きい。

事実、新たに独立国となったとはいえ、パプアニューギニアにはかつて原住民だけによる組織的で近代的な権力集中型政府が樹立されたことは一度もなく、したがってソマレ氏らリーダー層は、この国において欧米的な民主主義による近代政府を作り、運営することとなった歴史上最初の人々であった。つまり、前例として学ぶべき要素が何もないので、そこに多くの混乱や遅滞が生じるのは火を見るより明らかであったし、「旧宗主国」であるオーストラリア政府が、この生まれたての国家を大きく「支援」することになるのもまた、時間の問題であった。

新生パプアニューギニア独立国の領土内では、まともなインフラもなければ、九割以上の国民が文盲であり、充分な貨幣経済すら存在しなかった。今でも地方に行けば、物々交換が当たり前のように行われているくらいの国である。

かつて、パプアニューギニアの各村にいて、それぞれの地域を統治していたのは、酋長（ビッグマンやチーフ）と呼ばれる人たちであったが、彼らは自分の下にある村人たちに対して親が子を見つめるような「思いやり」の心を持っており、それが彼らの支配に「権威」を与えていた。しかし、欧米人たちはそんな伝統的な「人治主義」は、欧米式の「法治主義」よりもはるかに劣るものであり、「著しく前近代的であり、改革されねばならない」と考えた。そして、そんな「石器時代なみ」と見なした文化圏に対し、欧米で何百年もの試行錯誤を経て作られた「多数決による民主主義」をすぐに根付かせようとしたのであるが、この制度の「押し付け」こそが、今日に至るまでパプアニューギニアの不安定な政治体制の最大の原因となっている。

もちろん、独立を認め、その一人歩きを直接支援しようとしたオーストラリアは、この国を一生懸命に「教育」しようとしたのだが、いくら純粋で良心的な動機をもってしても、その目標が常に「欧米型の政治制度」に従うことを基本とする以上、それが結局は「新たな形の植民地経営」に過ぎないと見なされていくことは避けられず、結果的には今日に至るまで、地元民の間に大きな不満を残すこととなった。まさに悪循環である。

一九九一年当時、外務大臣の職にあったソマレ氏は、この状況を「投票箱による専制政治（Tyranny of Ballot Box）」と呼び、独立そのものも、そしてその後の政治的な国家運営についても、すべて欧米の都合によって影響されざるを得ず、パプアニューギニアの部族社会における伝統的な統治システムや価値観が破壊されていくしかない状況を嘆いてみせた。

彼は、各人が一票を有し、多数決によって物事を決定していく民主主義は、「地球の裏側であるイギリスで『六〇〇年もかけて』作り上げた政治システム」であるとした上で、そんな近代的な政治システムを理解しないまま導入してしまったため、パプアニューギニア人らは、「身動きできないほどに縛られてしまった」と言ったのである。

この指摘は、パプアニューギニアのみならず、現在の南太平洋における様々な政治的諸問題を理解する上で、極めて重要である。今日のパプアニューギニアが苦しんでいるとしたら、その姿とはつまり、長い歴史の中で独自のルールによって暮らしていた人々が、ある日突然、外からやって来た欧米人によって、彼らの政治システムの導入を強引に求められ、それがすぐにできないからといって、あちこちから「無能」だの「怠惰」だの言われている、それである。

つまりパプアニューギニア人は、かつて政治や貨幣経済、社会システムなど、総合的な文明レベルでも相当に発展していた日本でさえ、明治の開国以降に苦しみ抜いた「欧米近代主義」という名の大波に飲み込まれ、今でも上から下までアップアップしているのだ。そう考えると、そんな自分たちの伝統的なルールしか知らなかった人々をまとめ、個人的にも大いに悩みつつ、それでも一応の「近代国家」としての独立に導いたマイケル・ソマレという人物が、いかに偉大であったかが判る。

私自身、そんなソマレ首相には個人的にも良くしていただいたこともあって、特別な思いを持っている。かつては、普通の人なら絶対に乗れない首相専用車の隣に乗せてもらって、市内を走りながら

「建国の父」ソマレ氏と著者

いろいろと政治の話をさせていただいたこともあった。

日本で、鳩山由起夫首相から菅直人首相に変わった時、私はセピック地方にいてそのことを知らなかったが、その翌日にソマレ首相の車に乗せられ、そこで、「君の国、また首相が変わったね」と言われ、「え？　またですか？」と間の抜けた答えをして、「オイオイ、いいかげんにしてくれよ」と恥ずかしく思ったことを覚えている。

そうやって、自国の情けない政治体制を恥じるこの日本の若輩者に対し、いたずらっぽい笑みを送っていたソマレ首相であるが、眼鏡の奥からのぞくその目は静かに、かつ優しく包み込むようにこちらを見つめていた。そんな慈愛に満ちた目で見つめられると、人はなかなか忘れられないものである。

やがて、首相と共にホテルのレストランに一緒に入った私が、「日本とパプアニューギニアはもっと政治的、経済的に手を取り合うべきです。日本人は、戦争中、パプアニューギニアの人々に大変にお世話になり、多くの命を救ってもらいました。そのことを、私は忘れずに伝えていきたいと思っています」と主張すると、ソマレ首相は一気に身を乗り出し、「君のような若者が日本にいることは、とても嬉しい」と言ってからニンマリと笑い、「マッカーサーなんてやつがニューギニアに来なかったら、君たち日本は、戦争に負けていなかったはずだ。返す返すも残念なことだとは思わんかね？」と、おっしゃったのであった。

それから私は、二時間もの間、首相と二人で熱い議論を交わさせていただいたのであるが、このことは今でも大切な思い出として残っている。パプアニューギニアを独立に導いた「建国の父」マイケル・ソマレ氏とは、政治家としては極めて凄みのある人物であるが、実際にそばにいると極めて温かいお人柄であり、非常に人間的な魅力のある方である。

「植民地からの解放者」として振る舞う中国

元来、メラネシア系の人々の「白人嫌い」というのは有名である。中でもパプアニューギニアは一九七五年まで、「白豪主義」であったオーストラリアの植民地であったこともあり、白人（特にオーストラリア人）に対して本能的に反発する人も多い。私自身、多くの現地人から、「ホワイトマンは良くない」という話をよく聞いたし、この地では戦前からすでに、植民地政府や農場経営者などの白人と現地人との間では、いざこざが頻繁に起きていたようだ。

実際に田舎に行けば、今でも肌の白い人を「マスター」と呼ぶ習慣が残っているが、最初にそれを聞いた時は、その前近代的な習慣に衝撃を受けたものであった。かつてのオーストラリアは、南太平洋の島嶼国の独立後においてもなお、彼らに対して長らく「白人のご主人さま」という振る舞いを続けていたのは否定しがたい事実なのだが、学生時代、オーストラリアで時に人種差別的な罵声を浴びせられたことのある身としては、現地人のそんな「反白人感情」もよく理解できる。

一度、モロベ州ラエ出身で、複数の内閣で大臣職を務めた経験のある政治家、バート・フィレモン氏の演説を聴きに行ったことがある。一九九二年以来、パプアニューギニアの未来について、ことあるごとに現実にある深刻な諸問題を直視せよと訴え、相手を構わず辛口の批評をし、時に最高権力者である首相に向かって明確にその間違いを指摘してきた人物である。複数の人から聞いたところによると、彼はパプアニューギニアでは最もクリーンな政治家の一人であるとのことであった。

このフィレモン氏はまた、白人に対するコンプレックスの除去にも懸命に取り組んでいたが、その話を聞いていても立派な人だな、と思わせる人物である。彼は、「かつて白人は私たちにこう言った。白人はお前たち黒人より優れている。お前たちには車も飛行機も操縦できはしない、と。しかし見てみなさい。今、パプアニューギニアでは地元の女性パイロットが操縦桿を握って、毎日この空を飛んでいるではないか」というようなことを言う。すると、地元の人間たちは口々に、「そうだ！ 俺たちだってできるんだ！」と叫ぶのであるが、フィレモン氏があの静かな口調で、しかも非常に優しく懇々《こんこん》と語りかけると、不思議と外国人であるはずの私もまた、「そうだ！ もっと言ってやれ！」と拍手喝采をしたくなる感覚にとらわれたのだから不思議である。

この穏やかで辛口なフィレモン氏は、残念ながら二〇一二年の総選挙で、まさかの敗北を喫してしまったのが残念でならないが、このフィレモン氏を破ったのが、オーストラリア政府から選挙戦術の「ノウハウ」を含む、物心両面における「手厚いサポート」を受けた「無名の女性候補」であったことを見ると、その背後にあった政治的な意図から何から、なかなか考えさせられることが多い。ここにオーストラリア政府の意志が強く働いていることは、彼女の経歴を見ただけでもよく判る。

日本人からすれば、こんなオーストラリアのやり方を批判することは実に簡単なことであるが、しかし一方で、当のオーストラリアからしてみれば、問題はそれほど単純ではないだろう。確かに、白人特有の傲慢さがあるのは明らかであるし、パプアニューギニアに暮らすオーストラリア人の一部には、本土では見られないくらいに程度の低い人たちもいる。昔から、「植民地」には程度の低い人間も多く流入するものだ。しかし、オーストラリアが何を置いてもパプアニューギニアの独立を支援しようとしてきたことは事実であるし、戦後、この地域に対して何もやってこなかった日本は、実際に努力をしてきたオーストラリアに対して、なんだかんだと偉そうに言える立場でもない。

パプアニューギニアは、地政学上オーストラリアにとってみれば、安全保障の面からも極めて重要な拠点であるが、当のパプアニューギニアの政界は、確かに凄まじい腐敗が横行しているし、まともに機能していない部分も非常に多い。この不安定な状況を何とかせねばならないと思うのは、旧宗主国として当然のことである。しかし、それに対して干渉しすぎると、今度は厳しい反発を食らうことになる。「近親憎悪」のようなものだろう。

一方で、ソマレ氏にせよ、フィレモン氏にせよ、パプアニューギニア国独立の前後に青年期を過ごし、植民地に君臨したオーストラリア白人に対する反骨精神をバネにパプアニューギニアという国を作り上げた「元老クラス」の政治家は、オーストラリアに対しては極めて手厳しいが、その反面、中国に対しては脇が甘いところがあるようだ。その「脇の甘さ」を中国はよく知っていて、すでにそこに付け入り始めている。実際、中国は自らを「新植民地主義からの解放者」として位置づけ、パプアニューギニアや南太平洋諸国の指導者らに対し、「いつまでオーストラリア人にやりたい放題されているのですか？　いいかげんに目を覚ましなさい。我々があなたたちを、事実上の植民地から解放してあげましょう」と囁いているのである。

これはかつて、日本が「大東亜共栄圏」を目指したやり方のコピーにほかならないが、日本の場合は多くの人がその理念に賛同し、最後はその精神に殉じたのであるが、中国人は腹の底ではそんなことはハナから信じていない。そこに今日のパプアニューギニアの悲劇がある。

こんな「植民地解放の英雄」を気取る中国が、膨大な地下資源を狙って、静かに音を立てることなく、しかし凄まじい勢いでパプアニューギニア政財界に浸透してきているのだから、オーストラリアがそのことを大変に恐れているのは当然であり、それを阻止するためにも思いきった干渉をせざるを得なくなる。つまりオーストラリアは、ここでも厳しい覇権争いを強《し》いられているのだ。

ここまでオーストラリアを追い込んだのには、日本にも「かなりの責任」がある。前にも述べた通り、「建国の父」であるマイケル・ソマレ氏は、大の親日家である一方、大の豪保守派嫌いでも有名であり、かつては日本を意識した「ルックノース政策」をも押し進めた。しかしオーストラリアの顔色をうかがってばかりの日本政府が積極的に反応しなかったせいもあり、ソマレ首相はやがて急速に中国に近づいていったのだ。

もう五年以上も前になるが、日本政府のある外交関係者とポートモレスビーで食事をしたことがある。その際、こちらから、「なんで日本政府はもっと南太平洋に打って出ないのか。これからの資源戦争の時代、ここを押さえないでどこを押さえるのか。そのうち、中国が怒濤の勢いでやってきますよ」と言ったことがあった。

するとその人は、半分困った顔をしながら、「日本政府が全面に出て、この国で何かを積極的にやることは難しいんですよ」と、本心を漏らした。その理由を尋ねると、やはり、「オーストラリアの影響が強すぎる。敗戦国である日本はオーストラリアに気兼ねせざるを得ない」ということであった。

つまり、今のパプアニューギニアをして、中国をあそこまで入れさせてしまったのは、オーストラリアの白豪主義的態度の記憶のほかに、「日本の救いがたい臆病と怠慢」が生じさせた結果にほかならない。そうしてパプアニューギニアに醸成されたのは、「オーストラリアの言いなりには絶対になりたくない。一方、日本は時々『おこずかい』をくれるが、肝心な時にはまったく当てにならない」という空気だった。

我がニッポン国は、こうやってパプアニューギニアに元々あった、かつての強い日本、つまり、「欧米に立ち向かい、敗れはしたものの、再び不死鳥のごとく甦った日本」というものへの期待を見事に裏切り、現在も裏切り続けているのである。

そうして心底がっかりしていた現地人のところに、「毛沢東カラーの人民元」を大量に詰め込んだズダ袋をいくつも担ぎ、「あなたたちを白人の新植民地主義から解放してあげましょう！」という魅力的なスローガンと共に颯爽と現れたのが、中国だったというわけだ。

今のうちに一気に成長したいパプアニューギニア人たちとしてみれば、「日本は何もしてくれない。一方の『チャイナマン』は、強欲で人を騙《だま》し、物を盗んで商売するという噂があって評判は悪いけど、見たところは悪そうには見えないし、当面、お金はバンバン出してくれそうだ」という感覚になる。

だから、とりあえずそんな「高利貸し」に頼ろう、という判断が下され、そうしてパプアニューギニアを始めとする南太平洋諸国はみんな、「ジャブジャブの借金漬け」となっていくのだ。

その結果、パプアニューギニアに対する中国の大規模投資が急増し、今や中国国営企業群は、マダン州における巨大なレアメタル鉱山の開発や水産工業団地の建設などに参入しているだけでなく、石油や天然ガス、レアメタルが多く産出される地域への道路インフラについても、二〇一二年秋に中国政府から出されることとなった七〇億キナ(約三一〇〇億円)ものソフトローンを元手に建設することが決まっているのである。

リゾート地「マダン」にあふれる中国人労働者

ニューギニア本島の北岸にあるマダンは、かつて第二次大戦中に日本陸軍の根拠地があった地域であり、今日でも戦跡が多く残る場所である。海と山が大変に美しい観光地であり、治安も比較的穏やかなところであるため、日本人のみならず、多くの欧米人ダイバーも訪れるパプアニューギニア国内最大の「リゾート地」だ。私自身、何度かスキューバダイビングに行ったが、潜ってすぐのところに美しい珊瑚礁が広がり、そこに大きなアカウミガメがべったりと張り付いていた、夢のような光景を今でも思い出す。こんな美しいマダン州の山奥に、中国は二〇〇八年以来、世界最大クラスの「ニッケル・コバルト鉱山」を建設し、現在も操業を行っている。

この鉱山の操業が本格化するにつれ、美しかったマダンの街には、英語もろくに話せない中国人労働者が増えている。私自身が最後にマダンを訪れたのは三年以上前のことだが、その時も確かに中国人の数が増えたなと感じたので、今はもっと多いのだろう。地元民いわく、治安も徐々に悪化しているようだ。彼らの多くは、まともなビザを有していないと言われており、中には夜間、沖合にやって来た貨物船から一気に上陸し、そのまま現地に「溶け込んで」しまう連中も多いと聞く。彼らがいったいどのような背景を持ち、誰のどういう意図で動いているのか、まったく不明だが、こんな連中の中に、「軍関係」「情報関係」の人間が混じっていないなどと、いったい誰が断定できるだろうか。

この「ラム・ニッケル鉱山」プロジェクトの最大の問題は、その大量の鉱山廃棄物である。それらは、山の中から長いパイプラインを伝ってマダンの対岸の海に直接「投棄」されることになっている。その量たるや、二〇年間で一億トンにものぼるというから驚きである。もちろん、それらは強酸性の猛毒（鉱毒水）であり、さすがに地元民が「大反対」をして一時期パイプラインの稼働について裁判所から中止命令が出た。だが、地元の反対派代表が「拉致されて暴行を受ける」という、きな臭い事件も発生しており、二〇一二年の頭になってパプアニューギニア最高裁は鉱山の稼働容認の判決を発表、五月からは実際に月間数十万トンもの鉱毒水がビスマルク海に流されて始めている。これはやがて、あの美しいマダンの生態系を大きく破壊することになるだろう。当地出身の私の友人も、このことを本気で恐れている。

もう一つ、同じマダンで中国に「やられっぱなし」と言える事案がある。それが、「太平洋海洋産業地区（ＰＭＩＺ）」と呼ばれる、「海産物加工工業団地」の建設である。これは、一般的な工業団地の「海産物版」であるが、やはりすべて中国の金で中国の企業が建設することになっている。この建設によって近い将来、中国の食糧関係企業もマダンに押し寄せ、そこで得られた海産物は、そのまますべて中国に運ばれることになるだろう。

このプロジェクトでは、パプアニューギニア政府は中国輸出入銀行から「七九〇〇万米ドル」を借り入れるが、その条件は「最低七〇パーセントの建設工事を中国企業が受注する」というものである。この工事を受注するのは「瀋陽國際經濟技術合作公司」という会社であるが、実質すべての設備や製品は中国からの輸入になるであろうから、地元の産業がこれで潤うということも、ほとんどない。

しかもここは経済特区でもあるために、この「公司」には建設事業から上がる利益に対する税金もいっさいかからない上、将来パプアニューギニア政府は中国の借入金に対して総額一六〇〇万ドルの利息を付けて返済することになっているから、中国にしてみれば「坊主丸儲け、しかも利息つき」ということになる。さらにすごいのは、このプロジェクトにおける資金の取り扱いはすべて中国側が行うことになっており、また、これらの一連の借入契約はすべて「パプアニューギニア国内の事業のために同国内で行われるもの」であるにも関わらず、適用されるのは「中国の国内法」であるというから驚きである。

この問題については、当然ながら「乱獲」と「周辺珊瑚礁などの環境破壊」を懸念する地元民からの反対運動が起きているが、その先頭に立っているのがマダン選出のオーストラリア系白人議員、ケン・フェアウェザー氏である。彼は、この中国企業丸儲けの構造と、周辺における乱獲を懸念して、徹底的な反対運動を起こしたのであるが、二〇一二年二月、元漁業大臣であるベン・セムリ氏（同じくマダン州選出）に国会議事堂で「暴行」を受け、それに対して拳で反撃、「熱き男どうしの殴り合い」を演じたという熱血漢である。

フェアウェザー議員は、オーストラリア生まれの白人であるが、後述する二〇一一年八月の政変以降、一時期は大臣に就任し、オーストラリアの支援する白人ハーフのピーター・オニール首相を支えてきた人である。一方、殴り掛かったベン・セムリ氏は、同じマダン州でも、中国のラム・ニッケル鉱山があるラム地方選出の議員であり、漁業大臣としてマダンにおけるPMIZを積極的に推進してきた。中国に傾斜したマイケル・ソマレ氏の「忠臣の一人」でもあり、ソマレ氏の息子のアーサー・ソマレ元公共企業大臣とも非常に仲が良かった人物だ。

つまり、一方はオーストラリアの意向を強く受けた議員（＝豪州派）であり、もう一方はソマレ派（＝中国派）ということが言えるだろうが、要するに彼らの間には、「白人支配のなごり」VS「パプアニューギニア人のアイデンティティ」という、別の意味での戦いもあったのだろう。この二人の殴り合いは、豪中覇権争いの「縮図」とも言えるが、それにしても、マダン地主の反対派が「拉致・暴行」され、フェアウェザー氏まで「ぶん殴られた（こちらはやり返したが）」ことを考えると、中国がらみのことは何かと「暴力ざた」になることが多い。

南太平洋版「真珠の首飾り」を危惧するオーストラリア

さて、これだけの金をかけて作ったインフラ設備を、中国が丸裸のままで置いておくとは考えられない。これからあらゆる形で多くの人間を投入してくることになるだろう。事実アフリカには、二〇〇九年の段階で約七五万人の中国人がいたとされており、そんな中国人労働者の多くが資源開発やインフラ整備などに従事している（米『ニューヨークタイムズ』紙、二〇〇九年七月一八日）。そして彼らの多くが、元軍人である可能性は極めて高いのであり、いざ自国の権益が危機に晒された場合には、現地で「即席民兵」となることだって可能なのである。

もちろん、急に進出してきた中国が、パプアニューギニアを始めとする南太平洋諸国の人々に歓迎されているわけでは決してない。むしろ、商売に無知な現地人を騙してあくどく金儲けをしたり、安い賃金で危険な重労働を課したりするため、かなり嫌われていると言った方が正しい。事実、二〇〇六年にはトンガとソロモン諸島で、また二〇〇九年にはパプアニューギニアで大規模な反中国人暴動が発生し、中国人商店などへの焼き討ちなどが発生している。

しかし、こんな騒擾事件も中国にとっては決して悪い話ではないという見方もある。なぜなら、大規模な反中暴動が発生した場合、中国は「自国民の保護」という名目で人民解放軍を現地に派遣するかもしれず、それがきっかけとなり、南太平洋における中国軍のプレゼンスを許してしまう事態に繋がる可能性があるからである。

オーストラリアは、この「人民戦争」に対する危機感を強く持っている。二〇一二年六月一二日付の『オーストラリアン』紙によると、二〇〇九年のオーストラリアの国防戦略の一部として、フィジーとパプアニューギニアに対し、有事の際にはオーストラリア軍が出動する計画があったことが指摘されているが、その「想定有事」とされる状況の中には、現地に進出している中国の影響によって、市民の間に何らかの騒擾が起こされる可能性も含まれているのである。

この際に「課題」として残されたのは、ポートモレスビーにオーストラリア軍部隊を速やかに展開し、オーストラリア国籍の人々を救出し得るだけの輸送補給能力が現実に維持できるのか、という点のほか、その民間人救出任務と同時に行わねばならない「現地政府」の防衛という任務が果たして両立可能であるか、という極めて「現実的」かつ「実戦的」なものであった。

一方、周辺海域における中国海軍の「根拠地作り」も心配の種だ。中国は最近になって、パプアニューギニア最大のラエ国際港の拡張工事を落札しているが、これも日本は今後注視すべき事案である。実際、インド洋から中東・アフリカにかけて「真珠の首飾り」と呼ばれる軍事関連拠点を作り続けてきた中国は、近い将来、ポートモレスビーに海軍基地を作ることも本気で検討している。

中国は当然ながら、将来の潜水艦作戦を有利に進めるため、いずれはパプアニューギニア周辺海域の水温分布図の測定なども行うことが予想されるが、最も恐るべき事態の一つは、この周辺において中国が海軍の根拠地となり得る拠点を構築すると同時に、周辺海域でのプレゼンスを強め（おそらく、漁船と漁業監視船、海洋調査船の組み合わせという、尖閣周辺で行っていたのと同じ方式）、練習艦隊の遠洋航海などの際における寄港を常態化させ、気がつけば中国海軍の潜水艦部隊まで進出していた、という状況ができあがることだろう。

そうなれば、日本やオーストラリアにとってはまさに一大事である。オーストラリアに反旗を翻したフィジーには、すでに中国軍関連施設ができ始めている、という指摘もあるが、これらはつまり、「南太平洋版・真珠の首飾り」とでも言うべきものになる。

前述のジェトロ・アジア経済研究所の塩田氏は、「グアムから豪ダーウィンに物資を運ぶためには、パプアニューギニアの海域上空を飛ぶことになります。ハワイからダーウィンに行くためにはソロモン諸島の上空を通過します。これらの国が中国の側について妨害したら、米軍のロジスティックスが寸断されることになります」として、この地域の重要性を指摘している。

このようにして、パプアニューギニアには、中国の影がじわじわと迫っており、オーストラリアは全力でその浸透を阻止しようとしている。

やがて、この水面下での激しい戦いが、「豪中戦争」とも言えるような事態として、オモテの世界に現れることとなった。それが、中国をバックにしたソマレ首相に対し、オーストラリアの息のかかったピーター・オニール財務大臣（現・首相）が反旗を翻した、二〇一一年の政変である。

第二章　謀略渦巻く「豪中戦争」

「二人の首相」を誕生させた二〇一一年夏の政変

バブル経済に沸くパプアニューギニアで、「前代未聞の政変」が起きたのは、二〇一一年八月のことであった。

この年の四月頃、「建国の父」と呼ばれているマイケル・ソマレ首相が心臓に大きな疾患を抱え、シンガポールの病院に入院した。それから数カ月もの間、ソマレ首相は病院から出ることができず、一時はもう政権に復帰できないのではないかという憶測も流れ、また身内からもそれを臭わせるような発言が飛び出したりした。

一方、首相が空席状態のままで政権運営をしていたソマレ内閣では、水面下で様々な権力闘争のための政治工作が行われていた。そして八月二日、ソマレ首相の不在を突く形で、かつてオーストラリア植民地政府の警察官であった白人を父とする、現地人のハーフである、ピーター・オニール財務相が突然、過半数の議員の支持を得てソマレ氏を首相の座から追放、自ら「新首相」となってその権力を奪取したのである。病気とはいえ、何カ月も公務を休むようでは、ソマレ氏はもはや国家のリーダー

ピーター・オニール氏

マイケル・ソマレ氏

として機能していない、という理由であった。

これに対し、オーストラリアを始めとする諸外国首脳らも、ただちにオニール氏を正統なパプアニューギニア国の首相として認めるに至り、オーストラリア寄りだと見られている現地新聞『ポスト・コーリア紙』も、さかんにオニール首相を「素晴らしいリーダーだ」などと褒めちぎった。

やがて、オーストラリアのジュリア・ギラード首相はオニール氏をキャンベラに迎え、欧米諸国への追随が得意な日本政府も、ただちに氏を正式な首相として認定したのである。

そもそも、二〇〇二年の総選挙で首相に返り咲き、二〇〇七年の選挙でも改めて首相として信任されたソマレ氏は、かつては独立の象徴であり、「建国の父」と言われている人物だ。しかし、年を重ねたせいもあるのか、権力を握り続けるうちにだんだんと身内びいきが激しくなり、ついに彼の親族は「国家利権」を一手に握るような存在となっていった。

彼らは地元の人々から「セピックマフィア」などと揶揄されるまでになり、ソマレ首相とその一族に対する反発は強まっていった。

もちろん、議員の買収工作のため、オニール首相側で何百億円単位の「裏金」が動いたことは間違いない事実であるようだが、しかし今回の議会クーデターで多くの議員が、心情的にもいとも簡単にソマレ氏のもとを離れたのは、ある意味で当然だったとも言える。

しかし、これに対して、ソマレ氏は激しく反発、病の身を押して急きょ本国に戻り、自分はまだ首相であると主張した。さすがはかつての独立の闘士である。帰国後、ソマレ首相は自ら国会に乗り込んで自身の正統性を声高に叫ぶなど、七五歳の重篤な心臓病患者とは思えないほどの激しい抗議行動を見せた。ここに至って、パプアニューギニアでは歴史上、初めて「二人の首相」が出現することになったのである。

この前代未聞の議会クーデターの際に注目されたのが、イギリス王室とパプアニューギニア最高裁判所の判断であった。この国は英連邦の一員であるため、こんな時の英王室の判断を、多くの人が見守ったのは当然のことであった。その英王室は、まずオニール氏を正式な首相と認めた。

しかし同年一二月、最高裁判所は、オニール氏の政権奪取のプロセスを「憲法違反」と判断、その正統性を完全否定したのである。その結果、ソマレ氏は一二月一四日に首相の座への復帰を宣言したが、オニール氏は政権の明け渡しを拒否するなどして、政治的にかなり緊張する事態となった。

この政治闘争の背景には、「大国」どうしの大きな意志が働いていたと見て間違いはない。前述の通り、ソマレ氏は大のオーストラリア白人嫌いであり、その一方では「大の親日派」であった。氏はこれまで、日本を見習う形でパプアニューギニアを発展させようとしてきたし、日本からの投資や援助を最も歓迎したいという意向も持っていた。しかし、オーストラリアの顔色をうかがってばかりの日本政府が積極的に反応しなかったせいもあり、ソマレ首相は日本への期待をあきらめ、急速に中国

マーティン・ナモロン氏

に近づいていったのである。ここが、「ボタンの掛け違え」の始まりである。気がつけば、パプアニューギニアに対する中国の大規模投資が急増し、今や多くの産業インフラが、中国政府からのソフトローンによって建設されることが決まるまでになっている。これにオーストラリアは大きな危機意識を持った。

この背景については、パプアニューギニア人の側からも、いくつかの指摘が出ている。そのうちの一人が、有名政治ブロガーで、パプアニューギニア大学の元医学生でもあったというマーティン・ナモロン氏だ。まだ二八歳だが、なかなかに聡明で鋭い意見を言う人で、なによりも良い顔つきをしている。元医学生であったナモロン氏は、二〇一一年までポートモレスビーの街角で、ビートルナッツ（檳榔《ビンロウ》の実。石灰などを付けて噛むと化学反応を起こして口内が真っ赤になり、軽い覚醒作用がある。現地人はこれを好んで噛む）を販売しながら、インターネット上で政治ブログを書いていた人物だが、そのコメントはとても鋭く、興味深いものだ。

オーストラリア国営ラジオに出演したナモロン氏は、オ

ニール首相とソマレ首相という「二人の首相」という事態を引き起こした昨年八月二日の「首相交代劇」について、

「オニール首相擁立は、オーストラリアを始めとする欧米諸国による中国への対抗策に過ぎない。ニッケル鉱山などでパプアニューギニアに侵入してくる中国の動きを封じ、その中国に近づくソマレ首相を排除しようとするものだ。つまり、オニール首相の政権奪取は、欧米の支援を受けた議会内クーデターにほかならない」

と指摘したが、この見方は間違っていない。一方、この「爆弾発言」に対して、公正を装うオーストラリア人の司会者は、多少あわてた感じで、

「あなたの言っていることは、ちょっと『陰謀論』のようにも聞こえますが」

と返した。これは世界各国どこにおいても、視聴者のいる前で都合の悪い指摘をされた時に、メディアが相手を一瞬でやり込める「常套テクニック」だ。マスコミによって「陰謀論」と指摘されたとたん、発言者の言葉の信頼性は一気に失われ、本人の人格を含めた評価にまで無意識に色が付けられてしまう。それが事実に基づいていようがいまいが関係はない。一種の「キャラクター・アサシネーション（人格の暗殺）」である。この司会者は続けて、

「オーストラリア政府はそんな風には見ていない。ただ単に、誰が最もまともなリーダーであるかを見ていただけ。もっとも、私は政府の代弁者ではないが」

と発言をしたが、これもまた至極当然のことだろう。パプアニューギニアの国家権力に関して、外国勢力、しかも旧宗主国のオーストラリア自身が関与しているなどと視聴者に思われてはまずいのだ。

しかし、ナモロン氏はそれに対して、

「オニール氏は『憲法違反状態』のまま首相になったのに、欧米諸国はそれに対して非難をしなかった。それに、オニール首相の最初の外遊は、ここオーストラリアのキャンベラであったが、ジュリア・ギラード首相はオニール首相を迎え入れたではないか。我々現地人はそう見ている」

という鋭いコメントを入れた。事実、オーストラリアは、自らが推すオニール氏が「議会クーデター」を起こして政権を奪取することをかなり早い段階で見越しており、氏と水面下で話し合いをしていたのだろうと信じるに足りる根拠もある。その一つの例が、近年、急増して社会問題化している、「オーストラリアへの移住を希望して世界中から押し寄せる難民」らを、パプアニューギニアのマヌス島に「強制隔離」するという案件である。しかもこの施設には、少数のオーストラリア陸軍部隊が常駐して事実上の「対中国監視哨」の役割も果たすため、オーストラリアにとっては「一石二鳥」となる。

いつもなら何を決めるにも大層のんびりしているパプアニューギニア政府なのだが、ソマレ氏を追放したオニール政権は、早速オーストラリア政府とこの問題について非常にスピーディに話し合い、わずか「三週間」という極めて短期間で、この案件での合意に至っているのである。

ちなみに、オーストラリアは、将来のパプアニューギニアのリーダー候補として、この一介の「無職の若者」であるナモロン氏に注目しているようだ。そのことは、ラジオ司会者の、

「私は将来の首相と話をしているのかもしれませんね」

などという発言からも感じられる。一方、このラジオ出演を含むオーストラリアでのメディア露出によって、これまで何年もポートモレスビーの街角で、「食っちゃ寝て、起きてはブログを書き、腹

が減ったら檳榔の実を売って食べものを買い……」という生活をしていたナモロン氏は、一躍「有名人」になった。そして、誰が斡旋《あっせん》したのかは知らないが、今では欧米系の大手鉱山会社の系列団体に職を得るまでになっている。もし、本当にオーストラリアが、辛口だが頭の切れるこのナモロン氏を「将来の首相候補」と見立て、これから何年も手塩にかけて育てて行こうとしているのではないか、という私の推測が正しいとするならば、それはなかなか懐の深い、優れた「人選」であると思う。私たち日本人も、パプアニューギニアの現在と未来を知るために、このナモロン氏の存在を知っておくことは重要だろう。

オニール氏を首相にした「豪腕」ベルデン・ナマ副首相

さて、この二〇一一年八月の「議会クーデター」で、財務大臣であったピーター・オニール氏を首相の座にまで担ぎ上げた「最大の功労者」は、過去にソマレ内閣で一時期大臣職にあった野党党首、ベルデン・ナマ氏であった。その功績により、ナマ氏はオニール政権で「副首相」に任命されている。

ナマ副首相は元々パプアニューギニア国防軍の将校であったが、激動の人生を歩んできた人物でもある。かつてより、欧米諸国や巨大な多国籍企業がパプアニューギニアの地下資源を食い荒らし、タダ同然で原住民をこき使い、最後にはその富をすべて持ち去っていく現実に激しい怒りを抱き続けていたというから、元来、正義感の非常に強い人物でもあったのだろう。そしてその政治手法は、「強引」「豪腕」として知られている。

今回の「議会クーデター」に際して、買収を必要とした他の議員らに対する工作資金は、ほとんど

© Chris McGrath / Getty Images

ジュリア・ギラード豪首相（左）とベルデン・ナマ氏（右）

ナマ副首相が用意したものだとも噂されている。そしてこの頃、ナマ氏も自分自身を「キング・メーカー」だと位置づけていたが、要は、木材利権で得た潤沢な資金と中国系のバックアップを受けて、政界の「汚れ役」を引き受けたと言われる人物である。

元来、綺麗ごとでは済まない政治の世界のことである。ナマ副首相のような「胆《きも》の据わった豪腕プレーヤー」がいなければ、あのように見事な議会クーデターを行うことはできなかっただろう。

一九八八年に勃発し、その後一〇年間続くこととなった「ブーゲンビル内戦」（第六章で詳述）の当時、ナマ氏は陸軍大尉として革命軍ゲリラと戦った経験がある。この内戦の解決のため、当時のパプアニューギニア政府は、南アフリカの白人傭兵を金で雇って投入し、ゲリラを鎮圧させようと試みたのだが、身内である陸軍司令官らがこの決定に大反対し、大きな政治問題となったことがあった。この時、ナマ大尉もまた、「ブーゲンビル内戦は我々の内政問題だ。これら白人傭兵部隊のブーゲンビル攻撃を許さない」と主張、他の将校らと共にパプアニューギニア大学に立てこもり、多くの学生らを率いて一大反対運動を起こしたのである。

その結果、攻撃ヘリコプターまで装備していた白人傭兵らは全員身柄を拘束されて国外退去処分となり、当時のジュリアス・チャン首相は辞任を余儀なくされた（サンドライン事件）。しかしその一方で、ナマ大尉も反乱を起こそうとしたと見なされ、逮捕・服役することになった。

約六年後に刑務所から出てきたナマ元大尉は、引き続き白人欧米諸国や多国籍企業に対する怒りを有しつつも、他方では身元の怪しい中国人などとも付き合いを深め、やがて、マレーシア系華僑が経営する木材会社との関係を深めることで、ビジネスマンとして「大成功」し、巨万の富を手中にする。このあたりが、彼の政治家としての力の根源だ。

「政商」という言葉があるが、パプアニューギニアの政界を牛耳っている「政商」的な大企業と言えば、この、国の木材輸出の大半を独占しているマレーシア華僑系の「リンブナン・ヒジャウ社（RH社）」である。かつてこの国の林業を長年かけて開発し、一時、大きな勢力を誇っていたのは、商社・日商岩井であった。しかし日商岩井は、ある日突然そこから撤退し、その後に「RH社」は日本が開発した利権を一気に手に入れ、瞬く間に巨大企業へと成長したのである。

同社は、今では本業のほかに、巨大スーパーマーケットやレストラン経営、不動産業、ビジネスセンターやホテル経営にまで進出し、一大コングロマリットを形成している。そして多くの現役閣僚が、このRH社から多額の「おこづかい」をもらっていたのである。閣僚らは、金がなくなるとモレスビーのRH社のオフィスに足を運び、そこでマレーシア華僑の経営幹部が机の引き出しからドンと出した分厚い札束を

「ありがたく」受け取ってくるのだという。もちろん、それらの閣僚はRH社の言いなりだ。

このRH社の主要ビジネスである林業を管轄するのは林業省であるが、ナマ副首相は二〇〇七年以降、しばらく林業大臣を務めており、ここでもさらなる蓄財をしたと見られている。すでに数年前の段階でも、ナマ林業大臣の名前を聞くと、「ブライバリー（賄賂）」というキーワードをとっさに口にする現地人は何人もいた。今回の議会クーデターを成功させた功績により、ナマ氏は副首相と兼任する形で再び林業大臣に就任しており、かつての「巨大利権」を取り戻したと揶揄されている。ナマ副首相については、サモアにおける土地取引がらみの「資金洗浄」の噂も根強かったが、いずれにせよ、彼は手元の「巨額資金」を元手として二〇〇七年に政界に進出、国会議員の地位を手に入れ、さらに膨れ上がったその潤沢な資金を駆使してオニール首相のための「議会クーデター」を起こしたのである。その点から見れば、彼はまさに「キング・メーカー」そのものであった。

盛り上がるオーストラリア軍派遣論

一方、南太平洋諸国を管理するオーストラリアにとってみれば、中国に傾斜するソマレ氏を排除してくれたピーター・オニール政権は、大変に頼りになる「トモダチ」であったが、当然、追放されたソマレ氏側はしぶとく抵抗し、パプアニューギニアの国論は真っ二つに分裂して「大混乱」することとなった。そしてこの頃、オーストラリアの国内では、「オーストラリア軍をパプアニューギニアに展開させ、全国の治安と政治回復を行い、国全体をコントロールすべきだ」とする強硬論が出始めていた。事実、オーストラリア軍が近くポートモレスビーに展開するらしい、という、まことしやかな噂も流れたが、実際、軍や各情報機関は、不測の事態に備えて、密かにポートモレスビーに先遣要員を派遣していたようだ。

そんな「オーストラリア軍投入」を望む声の中でも一番話題となったのは、オーストラリア国防省に近いリチャード・ベーカーという記者が、『オーストラリアン・フィナンシャル・レビュー』に投稿した記事である。ベーカー記者はこの記事の中で、かつてのRAMSI（ソロモン諸島地域派遣ミッション）方式での軍の派遣を主張している。このRAMSIが、争乱状態になったソロモン諸島の治安回復に高い成果を上げたのは前述の通りであるが、ベーカー記者は、この「成功体験」をもって、現在政治的混乱状態にあり、治安も悪化しているパプアニューギニアに対しても「RAMSI的な形でオーストラリア軍の派遣を行うべし」と主張したのである。

ソロモン諸島に対するRAMSIには、ニュージーランド警察やパプアニューギニア軍など、他の国々も軍や警察機関を派遣したが、これらの部隊の中枢を占めていたのは、オーストラリア陸軍特殊空挺連隊（SASR）であった。SASRはその開設以来、戦闘での戦死者よりも、訓練中の事故による死亡者の方が多いという部隊であり、ベトナム戦争では、ベトコンから「密林の幽霊」と呼ばれて怖れられた。実際、この部隊は、大規模なベトコン部隊と少人数で遭遇し、四九二人の敵を倒す間、味方の死者わずか五名（うち三名は友軍であるアメリカ軍による誤射）という結果すら残している。もちろん、南太平洋の事情にも非常に精通しているので、RAMSIでも大いに活躍した。

最近の国際政治においては、こういった「特殊部隊」の運用というものが極めて頻繁に語られており、その能力に対する期待感や信頼は、もはや「信仰」の域に入っていると言ってもよい。アメリカでも同じことであるが、最近では、「頭数」が多くて目立つ「歩兵・砲兵」といった通常戦力よりも、「情報収集・攪乱」から「要人暗殺」「人質奪回」まで何でもこなす少数の特殊部隊を運用する方が政治的にも技術的にも非常に便利だということで、こういった政治的不安定な地域へ投入する割合が非常に大きくなっているのだ。このことは、本来「戦闘のプロ」である特殊部隊が、今や政治の便利な道具として、「何でも屋」扱いされつつあるとも言えるだろう。もちろん、オーストラリア政府にとっても、隣国パプアニューギニアの危機に対処する手段として、これほど「重宝」する部隊はない。

つまり、こんな経験豊富な「特殊部隊」を中心としたオーストラリア軍であれば、パプアニューギニアの現在の政治的混乱と一部地域における治安の悪化にも充分対処できるだろうし、そうするべきだというのが、リチャード・ベーカー記者の主張なのである。

ソマレ派のクーデター未遂と「インドネシアの影」

こうしてオーストラリア軍の派遣論が盛り上がるなど、周辺国を巻き込んだ緊張状態が続いていたパプアニューギニアで、「ある事件」が起こった。二〇一二年一月二六日未明、首都ポートモレスビーにおいて、自動小銃で武装した十数名の部隊が、突然、国防軍の駐屯地数カ所を急襲、国防軍司令官であるアグイ将軍の身柄を拘束したのである。当初、正体不明であったこの部隊の首謀者は、夜明けと共に姿を現した。この男の名はヤウラ・ササ退役陸軍大佐といい、自らはマイケル・ソマレ首相の命令を受けた新しい国防軍司令官であると主張、テレビを通じ、「憲法を遵守し、七日以内にソマレ首相を復帰させせよ」との声明を発表したのである。

クーデターを起こしたヤウラ・ササ大佐（左）と

この日、事件が発生してから数時間後には、現地の仲間たちから私に連絡が入ってきたが、彼らから最初に首謀者の名前を聞いて、腰を抜かすほどにびっくりしてしまった。なぜなら、反乱を起こしたササ大佐には、私は以前、個人的に会ったことがあったからだ。

もう何年も前、私が向こうである事業を始めようとした時、ササ大佐はその噂を聞いて近づいてきて、ラエのホテルで一緒に酒を飲んだことがあったのだ。彼は自らを元インドネシア駐在武官であるとし、周囲の取り巻きからは「大佐」と呼ばれていた。「君の事業を手伝おう。私なら、政府中枢に食い込めるので、何でもできるだろう」と言われたのであったが、残念ながら、当時の私はササ大佐に対してあまり良い印象を持つことができなかった。取り巻きの連中は人相が悪く、昼間なのにすでに酔っぱらっていたし、だいたい、「俺は政府と太いパイプがある」という人間の九九パーセントは「偽物」だと思っていたから、ビールを数本ごちそうした後に、「ご心配いただかなくても大丈夫です、大佐殿」とやって、お別れしたことがあった。

このササ大佐の反乱自体は大したことにはならなかった。事件当時の映像を見ても、反乱軍の将兵らは、銃を地面に置いて日陰で休憩しているだけである。緊張感と言うものがまったくないのだ。いかにも南国らしい、実にのんびりとした「クーデター」だ。

とはいえ、オニール首相はこのクーデター未遂を厳しく非難し、また彼の「右腕」であり、自ら軍人でもあったベルデン・ナマ副首相は、「ソマレ氏とササ大佐は狂人である」とし、「午後四時までに投降せよ。さもなければ逮捕する」と、怒鳴るように通告した。このナマ副首相の声のトーンは、さすがに元軍人らしく、大変にドスの利いた「恫喝」に近いものだった。そしてササ大佐は、元部下であったはずのナマ副首相の恫喝に震え上がった。結局、軍を掌握することもできなかった大佐は、やがて午後遅くには反乱部隊と共に投降し、その身柄を拘束され、このクーデター騒ぎは実にあっけなく終了した。

ただ一つだけ見ていて興味深いことがあった。それは、反乱部隊が所持していた「武器」である。通常、パプアニューギニア国防軍の所持している制式採用小銃は、アメリカ製のM16自動小銃であるが、この反乱部隊の将兵らは、フランス製「FA‐MAS（ファマス）自動小銃」を装備していたのである。こんな銃は、パプアニューギニア軍は本来ならば所持しているはずがないのだが、その写真を見たとたん、私の頭の中に「インドネシア」という文字が踊った。

前述の通り、ササ大佐は元インドネシア駐在武官であったが、彼の秘書的な人物と別の機会に一緒に飲んだ時、その秘書は酔った勢いで、「俺は昔、ニューギニア航空のパイロットだった」と自慢げに語り、「インドネシアにもよく飛んだけれど、実は人には言えないような、いろいろなモノを運んでいたんだよ」と言って、ニヤリと笑ったことがあった。この話を聞いて、「どうせ、武器や米ドルでも運んでいたんだろう。もしかしたら、麻薬なんかもあったのかな」と思ったりしたが、反乱将兵の銃を見た瞬間、これらの記憶が一気に甦ったのであった。この秘書は、おそらくインドネシアからこのフランス製の武器を運んでいたのだろう。

事実、フランス製「FA‐MAS自動小銃」は、インドネシア軍特殊部隊が少数を購入した過去があるが、実際に使われてきた様子はまったくない。この小銃の評判はあまり芳しくないらしく、撃ったことのある人によると、「戦場では持ちたくない銃」ということであった。インドネシア軍の評価も似たようなものになるだろうから、何十丁か購入された後、倉庫の奥に眠っていたのだろう。そしてそれがいつしか「紛失」し、「員数外」になってしまっても、大した問題になることはない。

つまり、パプアニューギニア国防軍の武器庫にさえ侵入できなかったササ大佐は、かつてインドネシアから運び込んで国内のどこかに隠していたこの銃を、ここぞとばかりに使ったのであろう。このことは、ササ大佐が「武器庫管理係」さえ味方に付けられなかったことの証明であると同時に、もしかしたら今回の反乱には、東ティモール独立運動の際、オーストラリアを始めとする欧米メディアに「悪玉」としてさんざんに吊るし上げを食らい、結果としてオーストラリアに東ティモールを「奪われた」とさえ感じている、インドネシア軍特殊部隊による密かなサポートさえあった可能性を示唆している。

ニューギニア島というのは、部族の構成などにいっさい考慮しない形で島の中央に国境線が引かれており、東がパプアニューギニア（旧オーストラリア領）、西がインドネシア（旧オランダ領）に分かれている。かつての植民地時代のなごりを残した国境線だ。当然、この西側のインドネシア領（パプア州）には多くのパプア人（多くがキリスト教徒）が住んでいるが、彼らは長年、インドネシア政府に対する分離独立運動を続けてきており、オーストラリアはこの分離独立運動を影で支援してきた形跡がある。

事実、インドネシア情報部は、パプア州に欧米の諜報機関員がジャーナリストや人権活動家に扮して入り込み、情報収集や工作をしていると考えているが、このことはインドネシア政府と軍部にとっては、内政干渉という名の「侵略」「挑戦」にほかならず、したがってここ数年、インドネシア軍特殊部隊は分離独立運動に対する激しい攻撃を加えてきた。彼らが分離独立運動家と疑われた地元民を拷問し、虐殺している映像は多くインターネット上に流されているし、有名な運動家であるマコ・タブニ氏や、パプア地方を訪れたジャーリストが暗殺されるなどの不気味な事件も頻発している（一方で、このインドネシア特殊部隊が、かつてオーストラリア陸軍ＳＡＳＲによって訓練されたことは皮肉である）。

一方、オーストラリアの強い影響力に対して抵抗するために中国に近付いたソマレ首相からすれば、同じパプア人が苦しんでいるとはいえ、自国の隣に東ティモールのような「オーストラリアの息のかかった新政権」ができれば、それはそれで大変に面倒なことになる。そう考えると、ソマレ首相周辺がインドネシア領パプア地域の独立運動を封じようとするインドネシア当局と密接な関係を持っていたとしてもまったく不思議ではない。つまり、反乱将兵の持っていたフランス製自動小銃は、そんな秘密の繋がりを示す「物的証拠」と考えられるわけだ。

このクーデター未遂事件は、元軍人のササ大佐によって実施され、同じく元軍人のベルデン・ナマ副首相の「恫喝」であっけなく幕を閉じた。しかしこの事件は、オニール氏とソマレ氏という「二人の首相」の後ろにそれぞれ「大国」が控えていたという点から見ても、国際政治の荒波がついにこの南海の一大資源国にも訪れたという意味で、とても象徴的な出来事であった。

私は今、『南太平洋島嶼研究会』というブログを立ち上げ、パプアニューギニアを始めとする南太平洋の諸問題に関する情報を時おりアップしているが、それを始めようと思ったきっかけは、このササ元大佐によるクーデター未遂事件であった。おそらく、多くの日本人がこの問題の危険性に気付いていないだろうと思い、少しでも多くの人に南太平洋の戦略的重要性を知ってほしいと願ったからである。一大資源地帯として世界に認知され始めたこの地域は、いずれ日本の安全にとっても大変に大きな意味を持つことになるのである。

インドネシア軍の戦闘機に追跡されたナマ副首相

この「クーデター未遂事件」で、ソマレ派は政治的打撃を受けて完敗するかに見えたが、まだまだ負けてはいなかった。今度はソマレ派が流したのではないかとする様々な怪情報がメディアに流れ始めることになる。中でも人々の耳目を集めたのが、なんと、オニール首相を擁立し、クーデター未遂事件を鎮圧した「陰の実力者」であるナマ副首相が、政界工作のための「巨額の裏金」を密かにマレーシアから運び、その途中にインドネシア軍戦闘機に追跡された、というものだった。

これまで、多くの人々に信じられてはいたものの、あくまで「噂」にしか過ぎなかったナマ副首相とマレーシア系華僑による「林業コネクション」が、一気に表に出されたのである。

ササ元大佐のクーデター未遂事件から約二カ月前の二〇一一年一一月二九日、一機のニューギニア航空・ファルコン900型旅客機が、マレーシアのクアラルンプール国際空港を離陸した。当日は天候にも特に問題はなく、同機はパプアニューギニアの首都ポートモレスビーに向けて順調なフライトを続けていた。

一方、その頃インドネシア軍情報部では、この飛行機の「乗客」と「搭載物」に大きな興味を持ち、その飛行ルートをウォッチしていた。その「乗客」とは、数名のパプアニューギニアの国会議員と弁護士、非白人系オーストラリア人およびマレーシア人木材業者であるが、その中の一人は、なんとベルデン・ナマ副首相本人であったのだ。

この飛行機を操縦するクリストファー・スミス機長は、笑顔の穏やかな白人系アメリカ人であり、元アメリカ陸軍航空隊出身。ニューギニア航空に入社してからはまだ二年ほどであったが、操縦桿を握ってすでに三〇年のベテランであり、腕は確かであった。そのスミス機長は、インドネシアのスラウェシ上空を通過したあたりで、自分が異常な状況に置かれたことに気付いたであろう。彼の視界に突然、高速で急上昇してくるロシア製スホーイ27戦闘機二機が飛び込んできたからである。インドネシア空軍が、このニューギニア航空機に対して、世界最強レベルの戦闘機でスクランブル発進をかけたのである。

これらのスホーイ編隊からは、国籍を明らかにせよというアナウンスや、強硬着陸を求めるための「ワレノ誘導ニ従ヘ」的な警告行動はなかったものの、隣国VIPに対する友好儀礼的な対応でなかったことだけは明らかである。スホーイ編隊は、その後もナマ副首相の搭乗するニューギニア航空機がパプアニューギニア領空に入るまで、その両脇を固めるようにして延々執拗に警戒監視飛行を続けたのであったが、このことは約二カ月以上、表に出ることはなかった。

一部メディアの報道によると、このニューギニア航空機は「莫大な米ドル」を「違法に」運んでおり、その総額は二億五〇〇〇万ドル（当時のレートで約一九一億円）にものぼった、という。そしてこのカネが、オニール首相の「議会クーデター」とその政権維持のために政界にバラまかれたのではないか、というのだ。このような怪情報は、ササ大佐のクーデター未遂事件前後から、突然メディアに流れ始めたのであるが、時期的な事情のみならず、クーデター騒ぎでもその背後にチラチラとインドネシア軍の影が見えていたことを考えると、この情報の出所はソマレ派である可能性が強い。

これに対して怒りを爆発させたのは、現金と共に飛行機に乗っていたとされるナマ副首相本人であった。この報道自体、自分があたかも巨額の現金を国外から違法に持ち帰ろうとしていた、と受け取られかねない内容であったからである。

このインドネシア軍によるスクランブル事件に怒ったナマ副首相は、自らテレビ出演し、

「二億五〇〇〇万ドルものキャッシュを運ぼうと思ったら、ファルコン型旅客機が一〇機から二〇機必要になるではないか。インドネシア政府は明日までに、なぜ戦闘機をスクランブルさせたのかを、きっちり説明せよ！　さもなければ、インドネシア大使を追放する！」

とやって怒りをぶちまけた。一方、オニール首相は、この問題によってパプアニューギニアと隣国インドネシアの関係がこじれることを懸念し、火消しに躍起になった。

この大金が実際にどの程度のもので、かつ政界にどうやってバラまかれたかということは明らかで

はないが、インドネシア軍がスクランブルをかけたことはインドネシア軍当局も認めているし、かなりの部分で事実に近いのではないかと思われる。そしてこの頃から、逆上したナマ副首相の行動が過激さを増していき、パプアニューギニアの政変は一層悪化していく。

最高裁判事を「襲撃」

二〇一二年五月二五日から二日間、日本政府は太平洋諸国の首脳を沖縄県名護市に招き、「第六回太平洋・島サミット」を開催した。外務省の公式ホームページによると、「日本と太平洋島嶼国の絆を強化するために、一九九七年から三年に一度開催されている」という、日本の太平洋外交にとっては最も大切な首脳会議である。ここは、日本政府がおそらく唯一、太平洋に対する具体的な戦略、特に太平洋における対中戦略を公に語り、実施できる機会である。

二〇〇六年のサミットで太平洋諸国に対して向こう三年間で四五〇億円規模の支援を約束し、二〇〇九年のそれは五〇〇億円規模という「前回を上回る力強い支援策」を行ったと自画自賛した日本政府であるが、二〇一二年のサミットでは、震災後の厳しい財政を反映してか、それともついに円高の利点を主張することにしたのか、今回ばかりは「円建て」ではなく「ドル建て」とし、太平洋諸国に対して「五億ドル」の支援を行う旨を表明した。ただ、当時のレートでは「約三九〇億円」だったが、アベノミクス効果による円安のおかげで、今や五〇〇億円以上となっている。素人は為替に手を出さない方がいいという「よい見本」だと言えば、言い過ぎだろうか。

この会議に際し、日本はパプアニューギニアの代表として、議会クーデターで政権を奪取したピーター・オニール首相を招待していたが、訪日に乗り気だったオニール首相自身が、直前になって訪日そのものを「ドタキャン」するという事態が起こった。

実は、オニール首相が日本に向けて出発しようとした矢先の五月二一日、パプアニューギニアの最高裁において「二人の首相」に関する判決が出され、五人のうちの三人の判事が、「ソマレ首相こそ正統な首相である。首相はただちに政務に復帰すべし」という司法判断を下したからである（残り二人は判断を保留した）。

これでは日本に来られるわけもない。へたをすれば、笑顔を一生懸命に振りまくミスター・ノダと沖縄で一緒にジャパニーズ寿司なんか頬張っている間に、せっかく奪取した首相の座を失ってしまう可能性が出てきたからである。

一方で、この司法判断で元気を取り戻したのはソマレ首相だ。何しろ、判事だけではなく、イギリス総督（パプアニューギニア人）でさえそれを追認した、という話も聞こえてきたからである。

この一連の動きに対し、オニール首相は激しく反発した。まず、イギリス総督に対してかなりの圧力がかかったらしく、あわてた総督は、「自分はソマレ氏を首相と認めたわけではない」と発言した。そしてその次に登場したのが、オニール首相の右腕である、「豪腕」ベルデン・ナマ副首相である。副首相は早速、今回「ソマレ政権合憲」とした三人の最高裁判事に対し、「二四時間以内に判事の職を辞任しない場合は全員逮捕する」という前代未聞の警告を発した。もちろん、彼にそんな権限があるのかどうかなんてことは、この際どうでもよい。

そして五月二六日、「二四時間の猶予は与えたが、もはや時間は過ぎ去った。それだけだ」と吠えたナマ副首相は、警察官と陸軍兵士を率いて突然最高裁判所を急襲、例の三人の判事の一人であるサラモ・インジャ最高裁判事の逮捕を試みた。まさに日本では野田首相が、他の太平洋諸国首脳らと『沖縄キズナ宣言』を採択していた最中のことである。

びっくりしたのは、インジャ判事だ。裁判所で別の事件を審理していた判事は、自分を追う兵士たちから逃れるため、別の部屋に逃げ込んで鍵をかけ、そこに立てこもった。インジャ判事はこれまで、オニール政権によって二度も狙われた過去があり、外国メディアに対しても、「自分の身が危険だ」と訴えていた。約二時間の交渉の後、判事は部屋から出てきて警察官の前に立ったが、すぐに「煽動罪」なるもので訴追され、即日保釈されるという手続きとなった。

一方のナマ副首相は、「ほかの二名もそのうちに逮捕してやる」などと、ますます意気軒昂となり、実際に、二人目の判事もすぐに警察によって訴追された。この間、自身の政権の正当性を追求するため、オニール首相は「三度目」となる首相就任宣言を行ったが、こうして国内政治は「メチャクチャ」な状況に陥ったのである。

オーストラリアに「切られた」ナマ副首相

自分こそオニールを首相にさせてやった「キング・メーカー」だと位置づけていたナマ副首相は、一方でオニール氏を影で操ろうとするオーストラリアに向けて批判的なコメントを発することはなかった。しかし、多額の政界工作費とも疑われた二〇〇億円近い「現ナマ」をマレーシアから運んだという報道がなされ、「政界の汚れ役」のイメージが定着し始めた頃から、ナマ副首相の「汚れ具合」

をさらに誇張するスキャンダル情報が一気に流されるようになる。しかも、今回の情報の出先はオーストラリアであった。

オーストラリアの新聞がすっぱ抜いた記事によると、「議会クーデター」の数カ月前である二〇一一年四月のある日、ナマ氏はシドニーにある「スターカジノ」を訪れ、大いに遊んでいた。ナマ氏はそこで、大好きなお酒をたくさん飲んで、大金を振りかざしてブラックジャックをしていたのであるが、その時に突然、目の前のディーラー（白人男性）に向けて、下品きわまりない「性的暴言」を吐いたのだという。その言動たるや、あまりに「生々しく」「卑猥」であって、「今夜、一緒にどうだい」程度の話ではない、「三流ポルノ映画なみ」の露骨な台詞のオンパレードなのだ。これに対し、相手のオーストラリア人男性従業員が、再三「やめてください」と要請したにもかかわらず、完全に一人で盛り上がってしまったナマ氏は彼を「口説き」続け、最後には警備員によってつまみ出されたというのだ。

この報道を受けたナマ副首相は最初、「自分はそんなところにはいなかった」と言っていたが、途中で態度を変えて、「確かに自分はいたけれども、そんな暴言など吐いていない」と言い出した。実は、つまみ出された段階でデポジットに預けていたお金が八〇万豪ドル（当時のレートで約六五〇〇万円）もあったとかで、これもナマ副首相は否定しているが、オーストラリアの新聞はジャンジャンと書いてしまっている。しかも、ナマ副首相が一転してその場にいたことを認めたのは、この六五〇〇万円という金が惜しかったからではないか、などという格好の悪い憶測まで付いている。今まで「雄々しさ」を売りにしていたナマ副首相は、この記事に対して「私はゲイではない！」とも反論しているが、この際、それはどうでもいいことだ。

これに対して早速噛みついたのが、マイケル・ソマレ氏だ。ソマレ氏は、「パプアニューギニアのリーダーの一人として、外国に行ったら国民を代表している立場として、恥ずかしくない振る舞いをすべきだ。多くのパプアニューギニア人は本当に今回のナマ氏の行いを情けなく思っている。ナマ氏の周りには、すでに多くの怪しい、うさん臭い疑惑がたくさんある。オニール氏は、ただちにナマ氏を解任すべきだ」などと強く抗議した。しかし、オニール首相はナマ副首相を解任することはなかった。

なぜ、オニール首相はナマ副首相を解任しなかったのか。オニール氏自身もいろいろと隠しごとを「握られて」いるからかもしれないが、もしかしたら、金権政治の塊のようだとも言われるナマ副首相の財布を利用するだけ利用する、という考えだったのかもしれない。ただし、こんな絵を描いた人間がいたとしたら、それはおそらくオニール氏のバックにいたオーストラリアであろう。「白人嫌い」のあまり、一気に中国に近付いていったソマレ氏をやっつけるには、豊富な裏金が必要であるが、オーストラリア自身がその工作資金を出すわけにはいかない。一方で、自由に使えるカネを多く持っているのは、長年林業大臣をやって利権を食ってきたナマ氏だ。

ナマ氏は、金もあるが、権力欲も旺盛で、女も大好き、しかも酒癖が悪いときている。副首相の地位を約束すれば、喜んで飛びつくだろうが、叩けばいつでもたくさんのホコリが出る人物だ。つまり、「とても使いやすい駒」なのである。対立する者どうしを上手に戦わせて漁父の利を得るのは、欧米諸国の伝統的な統治テクニックだが、そうやってナマ氏から反ソマレ資金を充分に引っ張り、親豪政権を作ったオーストラリアは、もう「充分に汚れた」ナマ副首相を用済みだと考え、それでオーストラリアの新聞に「ナマ副首相のカジノご乱行情報」をわざと流したのかもしれない。

やがてナマ副首相は、そんなオニール首相の背後にある「意図」に気付き始めたのであろう。選挙が近付くにつれて、自分が「キング」に擁立したはずのオニール首相に対し、明確に敵対する姿勢を取り始めた。この頃のオーストラリア国営SBSニュースの報道を振り返ると、ナマ副首相の言動が急激に挑戦的になっていったことが判る。

「今回の選挙において、オニール首相の最大の敵は、『身内』になる可能性が大きい」と報じたSBSのインタビューに答えたナマ副首相の発言は、なかなか刺激的だった。

「私は、自分こそ、この国の王を擁立した『陰の立役者（キング・メーカー）』だと思っていた。彼（オニール首相）が、その立役者の言うことを聞くだろうと思っていたからだ。しかし、彼は私の言うことを聞かなかった。そうなると、この国を率いていく唯一の方法は、私自身が『王《キング》』になるしかない、ということだ」

これはつまり、「もう誰の言うことも聞かない。次は必ず俺が首相になってやる」という宣戦布告である。しかしこの頃までに、ナマ副首相の人間的な評価はガタガタに崩れていた。それを崩したのは、ソマレ派が流した可能性のある「マレーシアから輸送した裏金疑惑」であり、また、オーストラリアから流れてきた「カジノご乱行報道」であった。

敵対していたはずのソマレ派とオーストラリアによる「ナマ副首相追い落とし工作」が、タイミングよく一緒に功を奏したのは、今から考えると決して偶然ではないだろう。当初、中国に傾斜したソマレ氏の動きを危ぶんだオーストラリアは、白人とのハーフであるオニール氏に「新たな時代の創造」を期待したが、オニール氏自身は、能力的にもその期待に、すぐには応えられなかった。オニール首相は、とても温和な人物ではあるものの、そのためにどこか弱腰なところがあり、決断力に欠ける。そこに付け込んだナマ副首相が、どんどんと発言力を増し始め、オニール首相はそれを制御することができなくなったのだ。

一方、オーストラリアからしたら、ナマ副首相のような「黒い」人物がパプアニューギニアの首相になることは、とてもではないが、容認できない。元々、ナマ副首相の行動原理は「反欧米」であり、また、どこまでも「カネ」だからである。こんな「反欧米主義」の元軍人である「ナマ首相」が誕生すれば、パプアニューギニア自体が強烈な「反豪国家」に転じる可能性さえあるのだ。

そんな最悪の状況を防ぎ、パプアニューギニアの政治を安定させるための手段は、まずはメディアを使ってナマ副首相の評価をガタ落ちにさせて、その人気を根絶やしにし、「建国の父」として根強い人気を持つマイケル・ソマレ氏の安定した政治手腕を利用しつつ、最後にはオーストラリアの言うことをなんでもよく聞くオニール首相を、政権トップの座に据え続けることである。これは何がなんでもやらねばならない。こう考えたオーストラリアはついに、来る総選挙に向けて実力行使に出た。オーストラリア軍の派遣である。

ついに派遣されたオーストラリアの「特殊部隊」

二〇一二年六月に予定されていた五年ぶりの「総選挙」の直前になると、長年のソマレ政権に疲れたせいで、心情的に新政権に傾いていた国民の多くも、ナマ副首相の暴走と、それを止められない気弱なオニール首相に対して、いいかげん苛立ちをつのらせていた。オニール首相は、国民に対して多くの「アメ」をぶら下げたが、政治的混乱と首相自身の実行力の弱さによってそれがまったく機能していないことも、首相の人気に翳りを生じさせた。

迫りくる総選挙が無事に行われるのかどうかも怪しい雲行きになり、仮にこのまま選挙が実際に行われることになったとしても、それが引き金となって治安が急激に悪化する可能性は決して低くはなく、いつどこで騒擾事件が起こり、それが国内各所に飛び火するかは、誰にも予想できない状況であった。つまり、きたる選挙の実施状況を、誰もが固唾《かたず》を飲んで見つめていたのである。

一方、オーストラリア連邦警察の「対テロ特殊部隊」は、この頃すでに現地に派遣され始めていた。この部隊は、一個チームが一カ月間でコンテナ一個分の弾薬を消費するくらいの凄まじい射撃訓練を行っており、軍のエリート部隊なみの能力を持っている。部隊は、アフガニスタン戦争でも勇名を轟かせたSASRの訓練を受けており、隊員らの多くも、元陸軍コマンドや偵察隊の出身者である。だから、表向きは警察とはいえ、実際の中身は軍隊なのである。

またSASRそのものも、かなり早い段階からパプアニューギニア国内に展開していたようだ。隊員らは、ポートモレスビーなどの市街地ではジャーナリストや旅行者、会社員らの格好をして自由自在に情報収集を行い、地方では各所における部族紛争や利害関係を調べ、また音もなく浸透してくる中国の動きなどを逐一監視して本国に情報を送る活動をしていたらしい。そういう意味では、前述のリチャード・ベーカー記者による、「パプアニューギニアの混乱を阻止するため、軍部隊を派遣すべし」という主張は、もしかしたらすでに行われていたこの種の作戦行動に「一定の論理的根拠」を与えるために、オーストラリア政府側が意図的に流したものなのかもしれない。

一方、こんなオーストラリアの行動に対し、怒りの抗議をしたのは、今や「四面楚歌」の状態に陥りつつあったナマ副首相だ。ナマ副首相はメディアに対し、

「パプアニューギニア国内では現在、戦争は起こっていない。それなのに、一〇〇名ものオーストラリア陸軍特殊部隊（SASR）の隊員が、パプアニューギニア政府からの正式な承認手続きなしに、ハイランド地方に密かに展開している。これは危険な兆候だ」

と発言したのである。このナマ副首相の抗議に対し、オーストラリア政府はSASRの投入自体をただちに否定したが、その否定の仕方も、どこか「落ち着いた」ものであった。

これらの特殊部隊は、オーストラリア政府が長年、多くの資金と年月をかけて大切に育成してきた重要な「戦略資産」である。そして、国内が混乱する可能性があったとはいえ、表面的には平穏無事な状況にあったパプアニューギニアにこの部隊を投入したオーストラリア政府は、ササ大佐やナマ副首相のような人物が引き起こす騒擾に再び利用されかねない、パプアニューギニア警察と軍をも見張っていたのだろう。もちろん、そんな騒擾に乗じて、中国が何らかの形で一気に入り込んでくる、ということまでオーストラリアはしっかりと計算しており、実際にその危険性はあったのだろう。

つまり、この部隊を投入し、それを、オーストラリアの言いなりにならず「どこまでも暴走しつつある」ナマ副首相あたりに「発見」させながら、その存在を公式には否定するという政治的テクニックは、実際の騒擾に対抗する以上に、政治的なメッセージがあったと考えるべきかもしれない。ソマレ氏の後ろに中国の影が見え隠れし、ササ大佐のクーデター未遂に便乗しようとするインドネシア当局の意図さえ強烈に感じ取っていたオーストラリアは、何がなんでもパプアニューギニアの安定を確

保し、南太平洋の安全保障環境を死守しようとして、勝負に出たのだろう。

「大どんでん返し」が起こった二〇二二年総選挙

こんな緊張状態が続く中、二〇二二年六月、事前の各方面における心配にもかかわらず、パプアニューギニアの総選挙が何とか始まった。日本と違って、パプアニューギニアの選挙は、各地で時期をずらして開催される。地方には通信インフラどころか、道路さえないところも多く、同日開催などできる環境すらないからだ。したがって、選挙管理人らは約一カ月かけて各地を回らねばならないが、今回の選挙では、オーストラリア軍とニュージーランド軍が共同で二五〇名の兵を出し、選挙管理人や投票箱の輸送などを含む選挙支援を行った。

ニュージーランド軍は空軍のみの参加であったが、オーストラリアは陸海空軍すべてから大型輸送機やヘリコプター、上陸用舟艇まで出したのである。これは、オーストラリア軍の想定する有事対処にとっては、実に有用な実戦データ収集の機会となったことであろう。

テレビや新聞でも、オーストラリア陸軍航空隊の「ブラックホーク」という迷彩柄の輸送ヘリコプターが、選挙管理人と投票箱を乗せて各地を移動し、選挙支援を実施している様子が報道された。これを見ただけでも、この総選挙にかけるオーストラリアの意気込みというものがうかがえる。そしてその意気込みを反映するかのように、総選挙の結果は、見事にオーストラリアの望むような形に落ち着くこととなったのである。

まず、ソマレ氏自身は圧倒的な人気で議席をきっちりと確保したものの、氏の息子として巨大な利権を握り、国民とは乖離したぜいたくな生活をしていると見られていたアーサー・ソマレ氏（前公共企業大臣）が、まさかの敗北を喫し、議席そのものを失った。また、ソマレ氏の地元である東セピック州を守っていたワランカ州知事も敗北し、クーデター未遂を起こしたササ元大佐の弟であるササ・ジベ元農林畜産大臣も議席を失った。マダンの水産加工団地を巡って白人議員フェアウェザー氏を襲撃した「忠臣」ベン・セムリ氏も敗北し、これによって「親藩」や「譜代の家臣団」らが軒なみ討ち死にし、ここに、長年続いた「ソマレ帝国」の崩壊が決定的となったのである。

その一方、「議会クーデター」でオニール政権を支持した議員らは次々と当選し、自身も圧倒的な強さで当選したオニール首相が、「新しい政権の発足」に対して非常に余裕のある発言をするようになった。この段階で、オニール氏の「大勝」が決まり、今度こそ「合法的に」首相として返り咲くことが決定した。あとは、自分だけは何とか生き残ったソマレ氏と、こちらも圧倒的なパワーで議席を確保したナマ副首相の「扱い」であった。当選議員らの圧倒的な支持を確認したオニール氏が、そのままソマレ氏を追いつめるのか、そして、選挙直前になってオニール首相に「噛み付いた」ナマ副首相とどうやって付き合っていくのか、非常に気になるところであった。

そうして開票作業が続けられていたある日の朝、私のブログ（南太平洋島嶼研究会）の読者で、現地に駐在している日本人の方から、「ソマレ氏とオニール氏が手を組んだ！」との一報が飛び込んできた。

「まさか！」と驚いて地元紙のトップページを眺めたら、過去一年間、英王室や最高裁、国防軍や警察のみならず、それぞれのバックにいた「大国群」を巻き込みながら、凄まじい権力争いを演じてきた「二人の首相」であるソマレ氏とオニール氏が、仲良く並んで写真に収まっているではないか。場所は、ポートモレスビーのエアウェイズ・ホテルである。

にわかには信じられないような光景であったが、これによってオニール氏は、「牙を抜かれた」ものの、いまだにカリスマ性を持ち、経験豊かなソマレ氏を取り込むと同時に、暴走し反逆してきた「汚れ役」のナマ副首相を切るという決断をしたのだ。この二人の周りには、別の二人の首相経験者が囲むように座っていたが、長く出口のない「権力闘争」に終止符を打つ仲介を行ったのは、彼らだったのだろう。

この仲介役の一人は、ジュリアス・チャン元首相といい、マイケル・ソマレ氏と共にパプアニューギニアの独立に貢献した元老の一人である。第六章で詳述するが、彼は一九九七年、前述のブーゲンビル内戦で南アフリカの傭兵会社に革命軍ゲリラの鎮圧を要請し、当時陸軍大尉であったナマ氏らの起こした反乱によって首相辞任を迫られた人物である。このことは、なかなか興味深い。

この電撃的な「仲直り」を報じた『ザ・ナショナル紙』の記事は、「これら四人の元首相たちは、ポートモレスビーのエアウェイズ・ホテルにおいて、新たに連立政権を組むという目標を共同で宣言した」と書いた。

あまりに「電撃的」であり、かつ「拍子抜け」させられる結末であるが、老獪で経験豊か、かつ「建国の父」という国民の尊敬を集めるソマレ氏を始め、三人の首相経験者という「元老」を応援団に迎え入れた第二次オニール政権は、これ以上ない安定要素を得たことになる。もちろん、自らの帝国崩壊を目の当たりにしたソマレ氏にとっても、「建国の父」としての面目を最後の最後で守り抜き、完全敗北を免れたことになるので、決して悪い話ではなかったはずだ。

一方、ソマレ派やオーストラリア筋からの怪情報攻撃に耐えつつ、自力で当選した元副首相のナマ氏は、こうして最後の最後で権力の座から陥落、以後は野党党首としての道を歩むことになったのだが、氏はもはや、かつてのキング・メーカーとしての輝きを失っていた。彼は後にメディアにこう語った。

「私は自らをキング・メーカーだと思っていた。しかし、私はピーター・オニールという『怪物（モンスター）』を生み出してしまったのだ」

こうやって眺めると、一年にわたって続いた熾烈な権力闘争の中で、最も「損」をしたのは、ナマ副首相自身だったかもしれない。オニール首相のためにカネを集めてはバラまき、自らが代理となってその政敵と戦い続け、これを次々と倒してきたはずだった。彼はその行為の先に、若き日に願った、「欧米諸国や多国籍企業から搾取されない、真に独立したパプアニューギニア」というものを目指したのかもしれない。しかし、彼の場合は、その手段と取り巻きが悪すぎたし、現代の政治に絶対に必要とされる「高度な情報戦」にも完全に負けてしまった。そう考えると、ナマ氏はこの一年の権力闘争における唯一の「敗北者」ではないだろうか。これが政治の世界の非情さというものだろう。

この選挙結果は、おそらくオーストラリア政府が望んだ「最善の形」の一つであっただろうが、そこまで現実に持っていくことに成功したオーストラリアの政治手腕は「見事」だと言うしかない。最近、中国をバックにして言うことを聞かなくなりつつあった南太平洋諸国の対応に手を焼いていたオーストラリアであるが、さすが「南太平洋の管理者（宗主国）」である。大切なところで、この地域の混乱を未然に防ぎ、パプアニューギニア周辺における安全保障環境を守り抜いたのである。

そして、このオーストラリアの「凄まじい努力」に、ある意味で日本は感謝せねばならない。なぜなら、もしオーストラリアがこのパプアニューギニアの政治的混乱に際して、一つでもその対応を間違えていたら、近年、音もなくじわじわとパプアニューギニアの政治や経済に入り込んでいた中国勢が一気に牙をむき、その権益を急激に広げようとした可能性があるからだ。さすれば、南太平洋の安全保障環境は一気に不安定化し、オーストラリアからの各種資源の輸入に頼る日本は、その通商ルートの安全を一気に失うことになっただろうし、へたをすれば、中東からの石油輸送ルートの維持さえ危ぶまれた可能性がある。

自国の安全保障と権益維持のためとはいえ、オーストラリアがあらゆる手段を駆使し、陰に陽にパプアニューギニアの政治的安定を必死に維持しながら、時に強硬な手段を用いることで地域安全保障の崩壊をギリギリのところで食い止めようとしていた間、当時の日本政府はそんなことにさえ気付かず、沖縄でただひたすら「にこにこ」していたのである。しかし、こんな「鈍感力」をいつまでも維持していると、日本は将来、取り返しのつかない失敗を犯すことになるだろう。南太平洋、中でもパプアニューギニアという国が日本にとって、どれだけ大切な地域であり、日本の将来を救う可能性を秘めているのかを、私たちは今いちど、強く再認識する必要がある。

第三章　ニューギニアの日本兵

大東亜戦争の激戦地

パプアニューギニアは、その人口や面積、資源量などの面からも、南太平洋島嶼国の中でもリーダー的存在であり、この国が極めて親日的な国であるということは、第一章でも述べた通りである。それがなぜなのかを理解するには、日本とパプアニューギニアの関係史について知らねばならないが、不幸なことに、その最初の関わりは「戦争」であった。ここは、いわゆる「大東亜戦争」において「最も過酷な戦域」と言われたニューギニア戦線の主戦場である。実際に、東部ニューギニアだけでも一六万の将兵が戦死しているが、その環境がどのくらい過酷であったかといえば、当時の日本兵らが、「ジャワの極楽、ビルマの地獄、死んでも帰れぬニューギニア」と恐れたほどだったと言えば、だいたいお判りいただけるかと思う。これほどの激戦地であったその「歴史」を知らない限り、日本人としてパプアニューギニアを本当に理解することにはならない。

このニューギニア戦線においては、特に陸軍の損害が非常に大きかったが、実は陸軍は元々、南太平洋なんかで戦争をする気は、まったくなかった。この地域での作戦が必要だと考えたのは海軍であり、ニューギニア・ソロモン戦線の戦いは、海軍が最初に始めたものの、途中で気がつけば陸軍の戦場に「すり替わっていた」というのが実情である。

海軍の作戦と編成を担当するのは「軍令部第一部第一課」であるが、戦前、そこの課長であったのは富岡定俊（後、海軍少将）である。富岡は海軍大学校を首席で卒業し、終戦直後、ミズーリ号における降伏調印式にも出席した人物だが、開戦前の段階で、「もし対米戦争を行えば、連合軍は必ずオーストラリア本土から反抗してくる、だからグアム、ラバウルと進出し、そこからポートモレスビーを攻略して、いつかは豪本土に上陸したい」と考えていたのである。

一方、もっぱら大陸における対ソ戦しか想定していなかった陸軍では、あの広大な太平洋の島嶼地域で戦うなど、まともに考えたことさえなかった。しかし、いったん開戦になってしまった以上、陸軍は行けないとも言えないから、急きょ、上陸専門の精鋭「南海支隊」（高知歩兵第一四四連隊基幹）を編成し、海軍に付いてグアム、ラバウルと進んで行くのだが、言い出しっぺである当の海軍は、昭和一七年八月にソロモン諸島ガダルカナルにおける戦いが始まって以降、とてもではないがニューギニアとソロモンの二正面作戦ができなくなってしまった。つまり、陸軍を南の戦場に引きずり込んだ海軍は、その後もニューギニアの陸軍部隊に対する支援をほとんど行わなくなってしまったのだ。そして気がつけば、ニューギニア本島はいつの間にか、完全に陸軍の主戦場と化していたのである。これが「死んでも帰れぬニューギニア」の原点である。

昭和一七年夏頃の段階では、開戦後の日本が破竹の勢いで攻略した地域のほとんどで、戦闘は一段落していた。したがって、アッツ島の戦いなど一部を除けば、連合軍がサイパンを攻撃した昭和一九年六月までの約二年間、ほとんどの戦域は比較的平穏であったのである。しかし、南太平洋（ソロモン・ニューギニア）に送られた部隊だけは違った。ここだけは、ずっと戦い続けていたのだ。

南方での戦いなど想定外であった陸軍は、熱帯仕様の装備のいっさいを欠いたまま、あのポートモレスビー作戦からガダルカナル作戦を戦うはめになっていた。そんな陸軍は、この戦域において「第一八軍（安達二十三《はたぞう》中将指揮）」を新たに編成し、情勢に流されるまま、その後もニューギニア各地で死闘を演じることとなった。一方、海軍では、航空隊がラバウル、ラエ、ブーゲンビルを基点とし、連日、優勢な連合軍航空隊に頑強に抵抗、この陸と空での抵抗は、連合軍をかなり苦しめ、その侵攻を一手に食い止め続けていた。にもかかわらず、その間、海軍主力の「連合艦隊」が救援のためにこの戦場に現れることは、ついになかったのである。

その海軍司令部は、昭和一九年二月、実に奇怪な決定を下す。それまで米豪軍航空部隊と互角に戦っていたラバウルの航空隊を、突然すべてトラック島に移してしまったのだ。おかげであれだけの「素晴らしい仕事」をしていたラバウル航空隊は、突然に敵前から「消滅」し、直後にマッカーサーの指揮する連合軍は一気にマヌス島まで抜けて行くことになる。ここから、ニューギニア本島の陸軍は完全に「干上がって」いき、事実上、見捨てられてしまったのである。

防衛大学校の田中宏巳名誉教授の指摘によると、ニューギニア戦の一つの転機となった昭和一八年の「フィンシハーフェンの戦い」では、アメリカ軍はラバウル航空隊の攻撃を非常に恐れるあまり、上陸作戦は何がなんでも夜間に実施するとして、オーストラリア軍と深刻な対立さえ演じているのだ。このくらい敵に恐怖と打撃を与えていたラバウル航空隊の役割を、実はまったく理解していなかった海軍司令部の思考経路は、いまだに「謎」であるが、マッカーサーの司令部でも、ある日突然、本当にラバウル航空隊が目の前から消えてしまったので、何かの罠ではないかと半信半疑であったらしく、数日間はラバウル周辺の偵察飛行を何度も実施している。

海軍がこうしてマッカーサーにその背後をすべて「無償で」明け渡した結果、ニューギニア本島の陸軍は、昭和二〇年八月の敗戦まで、まともな補給や救援をほとんど受けることなく、地獄のような環境で飢餓と病魔、そして敵の執拗な追撃戦闘を受け続けることになったのだ。

しかし、ニューギニア本島で戦っていた第一八軍は決してあきらめなかった。そしてニューギニアの原住民らもまた、食糧の生産と供給や、日本の傷病兵の介護、物資の輸送などで日本陸軍を支援し続け、その多くが日本のために命を落とした。もし、この第一八軍の「死闘」と、現地人の「支援」がなければ、日本はもっと早く敗北していたに違いない（ちなみに、こんなニューギニア戦をかろうじて生き残った日本軍将兵の多くは、こうした現地人の心に何とかして恩返しをしたいと思い、戦後になって「日本パプアニューギニア友好協会」を設立、草の根の活動ではあるが、民間人としてできる限り最大の支援を行った）。

このように、ソロモンからニューギニアにおける戦域では、数えきれぬほどの激しい陸上戦闘や航空戦が行われたが、私自身もこれまでに何名かの歴戦の元兵士や戦闘機、爆撃機の搭乗員とお目にかかる機会を得た。彼らは一様に、自ら多くを語ることはなかったが、少しずつお話をうかがううちに、その凄まじいご経験の数々に触れることができた。

オーストラリア人らと一緒に制作したドキュメンタリー映画『ビヨンド・ココダ』の撮影では、『修羅の翼』というご著書もある「歴戦の零戦搭乗員」、角田和男さんのご自宅を訪問し、カメラの前でいろいろなお話をうかがった。中でも鮮烈であったのは、角田さんがラエやラバウル、ブナを基点としてポートモレスビー攻撃に向かう途中、その下で「南海支隊」の兵が飢餓で苦しんでいることを聞き、ご自身の航空弁当やその他の食糧を空中投下されたことである。

角田さんは、実際にスタンレー山脈の禿げ山の上に立ち、ボロボロの姿で日章旗を振る陸軍の兵らを発見し、零戦の操縦席から一生懸命手を振られたそうだが、そのことを語る角田氏は、突然に声を詰まらせ、涙を浮かべられたのであった。その角田さんに、拙著『ココダ　遙かなる戦いの道』を贈呈したところ、かつての取材のことをご記憶くださっており、大変にご丁寧なお礼状をいただいたが、残念なことに今年（二〇一三年）二月にお亡くなりになったと聞いて、また偉大な歴史の証人が一人逝ってしまわれたと感じ、力が抜けてしまった。

もう一人の「歴戦の搭乗員」に、本田稔さんという元零戦パイロットがおられる。三菱重工の関係者の中では、知る人ぞ知る「伝説のテスト・パイロット」であるということだが、この本田さんのご自宅には、もう何度も遊びに行かせていただいた。本田さんは、マレー・シンガポール作戦において、イギリス軍のバッファロー戦闘機を撃墜したのを皮切りに、零戦を駆使してニューギニア・ソロモンで激しい航空戦を戦い抜き、最後には最新鋭戦闘機『紫電改』で本土防空戦を戦われたご経験をお持ちであるが、「B29爆撃機は決して難しい相手ではないですよ。私も撃ち落としたことがありますからね」などということをサラッとおっしゃる「剛腕」搭乗員である。

その本田さんによると、ニューギニアやソロモンで戦っていた零戦の搭乗員らはみな極めて優秀で練度も高く、ガダルカナル上空でも数の上で優勢な連合軍航空隊と互角以上の戦いをしたとのことであるが、本田さん自身も「正面攻撃」に専念し、ご自身では決して何もおっしゃらないが、何十機もの敵機を撃墜破して生き残ることができたのである。

一方、空戦を終えて基地に戻る途中に命を落とした搭乗員も非常に多かった。その原因は、被弾して途中で力尽きたり、嵐や積乱雲の中に入り込むことによって方向を見失って山に激突するか、そのまま行方不明になってしまうのが多かったそうだが、連日の出撃で極度の疲労が溜まった搭乗員らが、帰還途中に「居眠り」をしてしまい、そのまま墜落していくこともよくあったという。本田さん自身、何度かその光景を見たそうで、最初にフラフラとし始め、「ああ、居眠りをしているな」と思って見ていると、やがてそのままスーッと落ちていくのだという。無線もないし、そんな時はどうしようもなかったそうだ。

このラバウル航空隊の激闘を、下から眺めていた地元の人の話も、なかなか興味深い。パプアニューギニアの私の親友の一人は、一九世紀にドイツ軍の「苦力《クーリー》」としてラバウルにやって来た華僑の末裔であるが、その父はエリザベス女王から「サー」の称号を授与された名士中の名士である。父の名前は「ヘンリー・フランシス・チョウ」と言い、元々ラバウルの出身であり、戦後は貧困の中から立ち上がって努力を重ね、ラバウル市長を経てパプアニューギニア最大のビスケット会社を設立、そのほかにも水産事業や精肉加工事業など、多くの分野に進出し、一代で大きな財を成した。今日では、パプアニューギニアにおけるシンガポール国名誉総領事や、政府のシンクタンクである「国立研究所」の所長も務めておられ、地元では「サー・ヘンリー」の愛称で親しまれ、尊敬されている。

私自身、ポートモレスビーやラエにあるサー・ヘンリーのご自宅に何度も宿泊させていただき、個人的にも大変にお世話になっている方だ。一時期は何カ月か「居候」をしていたこともある。そんな時は、毎朝二人で朝食をとるのだが、奥様が作る手料理も最高に美味しく、中でも「サクサク」というサゴヤシから採れるデンプンを使った「ナッツ入り焼き餅」は私の大好物である。奥様はしょっちゅう、私のためにそれを焼いてくださり、「ハジメ、あなたのためにたくさん作ったのだから、たーんとお食べなさい」と言って大量に振る舞ってくださるのだ。ちなみに、戦時中、ニューギニア戦線で飢餓状態に陥った日本兵には、この「サクサク」を食べて生き残ったケースも多い。

そのサー・ヘンリーがまだ幼かった時、日本陸軍「南海支隊」がラバウルに上陸、サー・ヘンリーの一家を含む華僑は、後から来た海軍部隊がラバウルの隣のニューアイルランド島に作ったキャンプに移動させられ、終戦までそこで暮らすことになった。そこからは毎日、ラバウルから零戦部隊が出撃していく姿がよく見えたのだという。サー・ヘンリーが見上げていた零戦隊の中には、日本でも有名な歴戦搭乗員らが混じっていたことだろうと思うと、不思議な気持ちがする。

やがて、毎日のようにラバウルやニューアイルランド上空で激しい空中戦が演じられるようになったある時、サー・ヘンリーがほかの華僑の家族らと列を作って道路を歩いていたら、そこにアメリカ軍の戦闘機が突然、上空から急降下してきて機銃掃射を浴びせてきたという。

「我々の格好を見ても、こちらが華僑民間人の集団であるということは判っていたはずだ」と、この華僑の重鎮は憤然とした表情で私に語った。

また別の日には、上空で日本の零戦に撃たれたグラマン戦闘機が近くに墜落し、それを見に行ったこともあるという。操縦席の中では若いアメリカ人パイロットが死んでいるのが見えて、「とても哀れに思った」ということであった。そして戦争が長引くにつれて、日本の戦闘機隊は、出撃しては数を減らしていったのが、子供ながらによく判ったという。

一方、ニューギニア本島で連合軍の侵攻を食い止めていたのが、安達二十三中将が率いる「第一八軍」を中心とする陸軍部隊である。当初、ニューギニア本島に派遣されたのは、前述したように、高知の精兵を中心として編成された上陸戦闘専門部隊「南海支隊」である。この部隊が実施した戦い（モレスビー作戦）の詳細については、拙著『ココダ　遙かなる戦いの道』に詳述したので割愛するが、その最後には、地獄のような環境の中で、傷つき、病魔に冒された日本兵らが、装備に優れた数倍もの敵を相手に互角に戦っている。

標高数千メートルのオーエンスタンレー山脈を越え、数百キロを踏破してポートモレスビー攻略を目指したこの南海支隊は、途中で撤退命令を受け、再び急峻な悪路を後退していくのであるが、飢餓と病魔に苦しみ、ボロボロになった将兵らは、昭和一七年の終わりには狭い海岸線（ブナ、ギルワ、バサブア）に追い詰められ、そこから約二カ月もの間、各種爆撃機と火砲、戦車まで装備し、万単位にまで増強された連合軍と絶望的な戦いを演じることになる。

やがて支隊は、昭和一八年一月に戦線から撤退するのであるが、その時すでにまともに歩くことのできる兵士の数は限られていた。そうして脱出する兵士らは、時には「これから討伐に行く」などとウソをついて、動けない傷病兵らを泣く泣く後に残していったのだが、そのことに気付いた傷病兵らの中には、「よし、後は任せておけ。俺たちが敵を食い止める。だから、機関銃だとか重いものは全部置いていけ」と言って、歩ける戦友を追い出すようにして脱出させた者たちもいたという。やがて脱出者らは、夜の闇に紛れ、叩き付けるようだったという冷たく激しいスコールに打たれながら、連合軍の包囲網を突破、途中で多くの落伍者を出しながら、わずかな生き残りだけが、数週間かけて後方の脱出地点にたどり着くことができた。

こうしてかろうじて生き残った兵士らは、戦後も長く、あの時に後に残してきた傷病兵らが、いったいどうなってしまったのかということを気にしていたが、その最期については知る由もなかった。おそらく彼らが脱出した直後、連合軍がその陣地を攻撃し、残置された傷病兵らはすぐに全滅してしまっただろうと想像する以外になかったのだ。

しかし最近になって、これらの傷病兵らがすぐに全滅したわけではなかったことが明らかになってきた。当時、ボロボロになった南海支隊を最前線で追い詰めていたオーストラリア陸軍のある大隊の日誌には、歩ける日本兵らが脱出した後の様子が克明に記録されていたのである。

この記録を調べてくださったのは、私と個人的にも非常に親しいピーター・ウィリアムズ博士という、元オーストラリア国防省の戦史研究官であった。この大隊日誌によると、日本軍の主力が撤退した日付から約一〇日もの間、オーストラリア軍はそのことにまったく気付くことなく、この陣地を攻撃しているが、そのたびに「強力な反撃」を受けて撃退され、時には相当の死傷者を出して撤退していることが記録されている。しかし、日本側の記録と照合してみると、そこに残っていたのは、もはや立つこともできない約一〇〇名の傷病兵だけであったはずで、つまり彼らが傷ついた体を張って、文字通り命を賭けて一〇日間も敵を食い止め、脱出した戦友のために「時間稼ぎ」をしていたのである。陣地を攻撃したオーストラリア軍部隊の「日誌」には、どう見ても動けないだろうと思われるボロボロの傷病兵が銃をとって抵抗してくるため、「我々は彼らを撃たねばならなかった」と記録されている。

実際、主力の兵が全部撤退した後にこの陣地で戦死したある兵士の日記が残っているが、その最後の何日かの記述を見ると、彼は足が立たなくなってもなお、勇敢に銃をとって戦い続ける一方、その人生の最後の瞬間まで日本に残した愛娘のことを思い、その幸せだけを願い、「会いたい、会いたい」と泣きながら死んでいったことが判る。

この傷病兵らの凄まじい「抵抗」は、これまで日本ではほとんど知られることはなかったが、高知放送の若手敏腕プロデューサー・田中正史氏がこの史実に着目し、日本とパプアニューギニア、そしてオーストラリアにおける取材を敢行、ドキュメンタリー番組『ボーンマンの約束　遺骨収容人70年目の真実』を制作された。この番組は二〇一二年、高知県のみならず全国放送され、非常に高い評価を受けたが、私自身、わずかではあるが制作に協力させていただいた身であるにもかかわらず、何度見てもボロボロと涙を流してしまうくらいの「感動の番組」である。

このように、最近では若い世代がどんどんと、かつて戦後日本人が長らく手をつけなかった「戦史」に興味を持ち、その掘り起こしを行い始めているが、これはとても喜ばしいことだし、日本政府もが、ようやく遺骨収容に本腰を入れ始めたところを見ても、我が国は少しずつだが、ようやく「まともな国」になり始めたのかな、という気がする。

なお、高知放送の番組のみならず、本書でも、ご遺骨を拾うことを「収容」と表記しているが、これには理由がある。通常、日本政府がかつての戦地で斃れた人々のご遺骨を日本に持ち帰る場合、それは「遺骨収集」と呼ばれている。しかし、「収集」とは、本来ならば人間相手には使わない言葉のはずだ。その証拠に、「ゴミの収集」とは言うだろうが、例えば飛行機事故で亡くなった人々の遺体を「収集する」とは言わないはずだ。その場合は「収容」という。同じ理由でゴミは「収容」しない。

この言葉遣いを指摘されたのは、高知歩兵第一四四連隊の元少尉で、ニューギニアとビルマ戦線で戦い、戦後ニューギニアに単身戻って、ジャングルの中で二六年間も戦友の遺骨を収容する活動を続けられた西村幸吉氏である。西村氏の壮絶な人生については、私が監修した『ココダの約束』(ランダムハウス講談社)をご一読いただきたいが、確かに戦後の日本政府や日本人は、戦没者のご遺骨を随分粗末に扱ってきたし、その「正直な感覚」が言葉の表現ににじみ出た結果なのであろうが、読者の皆さんにはこれからぜひ、「遺骨の収容」という表現をお使いいただきたいと願っている。

多くの日本兵を救った精強「台湾高砂族」

話が少し逸れるようだが、ネパールに住んでいる「グルカ」と呼称されている山岳民族について少し話をしたい。彼らは標高の高い山間部に住んでいるため、急峻な山岳地帯を自在に動き回り、過酷な自然の中で高い生存能力を兼ね備え、またその性質も勇猛果敢であるなど、戦う兵士として非常に高い資質を持っている。

一九世紀以降、彼らグルカ族は、その能力を評価したイギリスの東インド会社によって傭兵として採用され、後に多くがイギリス軍の最前線部隊として採用されることとなった。やがて彼らは世界中の戦場で活躍、第二次世界大戦では、インパール作戦等で日本軍を相当に苦しめた。インパールで、餓えや病気以外で命を落とした日本兵の多くは、このグルカ兵と戦って戦死したものと考えられているようだ。

彼らは今でもイギリス軍に所属しており、フォークランド紛争やイラク、アフガニスタン戦争でも大活躍している。最近もアフガニスタンで、十数名のタリバン兵らがイギリス軍の基地を奇襲した際、たった一人のグルカ兵がこれに立ち向かい、凄まじい戦闘を経て撃退、勲章を授与されたというニュースがあったし、インドでは二〇一〇年、四〇名の強盗集団が旅客列車を襲撃、乗客らに対する暴行略奪を働いたあげく、その中の一八歳の女性を強姦しようとしたが、たまたま乗り合わせていた英グルカ旅団の元伍長が、グルカ族だけが持つ蛮刀「ククリナイフ」を抜いて賊に反撃、三名を殺害し、八名に重傷を負わせてこれを撃退した。

こんなグルカ兵に非常によく似た山岳民族が、台湾にいる。それが台湾の「高砂族《たかさご》」である。ニューギニア戦を語る上で、この「高砂族」を外して語ることは非常に難しい。彼らは台湾の山岳地域に住んでいる「原住民」であり、グルカ族と同じように独特の蛮刀を腰に差して峻険な山岳地帯を自在に移動し、中国大陸からやって来た人々とは習俗も言葉も違う。本当はいろいろな部族があって、名前も何も違うのであるが、戦前の日本では台湾の原住民すべてをまとめて「高砂族」と呼んでいた。この「高砂」という呼称は決して差別語でも何でもなく、オーストラリア人がニュージーランド人を「キーウィー」と呼ぶような感覚だろう。

そんな高砂族は、一方で日本統治時代の教育をどんどんと吸収した結果、自らを「日本人」として認識するようになり、日本に対する信頼や忠誠心は、場合によっては日本兵以上のものがあった。やがて大東亜戦争が始まると、多くの若者が日本軍に採用され、「高砂義勇隊」として過酷なニューギニアのジャングルに送られ、日本軍の物資を運ぶための「担送要員」として活躍し始めた。

高砂義勇隊員らは命令に対して極めて忠実であり、昭和一七年に発動されたポートモレスビー攻略作戦では、南海支隊の指揮下にあって早速前線部隊への食糧輸送の任務に就いた。支隊には、ほかに朝鮮人軍属も輸送任務に就いていたが、彼らに輸送を任せると、その途中で、運ぶべき食糧そのものに手をつけてしまい、前線には予定の半分も届かないということが常であったが、高砂族は違った。ある時など、前線部隊に向けて食糧を輸送していた一人の高砂族の青年が、ジャングルの道ばたで「餓死」しているのが発見されたが、彼は背中に担いでいた大量の食糧にはいっさい手をつけていなかったのである。このことは、「ここまで命令と任務に忠実たり得るのか」と、日本軍将兵らを感嘆せしめたのである。

グルカ兵と同様、彼らは長い間、台湾東部の険しい山岳地域に住んでいたため、身体は極めて頑強であり、原始的な生活を続けていたせいで粗食に耐えることもできた。また、ジャングルにおけるその能力は飛び抜けており、夜目が効き、耳も鼻もよいため、米豪軍の兵士らが接近してくると、その音や臭いによって、夜間でも敵の動きを遠方から察知することができた。また、鳥の鳴き声の微妙な変化によってさえ、敵の接近を感知したという。

彼らはまた、密林における隠密行動も極めて得意であり、連合軍陣地にも悠々と侵入してテントから食料品を奪い、または食べるものなど何もないと思われていたジャングルの中で上手に食糧を探し出し、飢え続けていた日本兵らに真っ先に食べさせたりもした。例えば、豚などを捕まえれば、自分たちは内蔵を食べ、美味しい肉の部分を日本兵に渡したりするなど、彼らの忠実な精神に感動したという話は多い。こんな彼らが後方で日本軍将兵を懸命に支援した結果、ニューギニアやブーゲンビルで戦い、生き残った兵士の多くが命を救われたのであるが、このことは、後世に必ず記憶されるべき事実だろう。

やがて、戦況が極度に悪化し、運ぶべき食糧がなくなったせいでボロきれのようになった日本軍将兵が追い詰められた時、見るに見かねた彼ら高砂族は、上官に対して初めて「靴を脱ぐ許可」を要請、いったん裸足となった瞬間から、彼らは「頼れる担送要員」から、信じられないほど強力な「戦闘員」に変身した。「兵隊さん、銃を貸してください」と言って自ら武器を手に取った高砂兵らは、その後、連合軍に対して積極的に激しい攻撃をかけ、「負傷兵の看護輸送」「食糧調達」のみならず、「狙撃」「奇襲」「偵察」「待ち伏せ」「敵陣地後方への潜入および破壊活動」に至るまで、八面六臂の大活躍をした。

この能力に最も着目したのは、陸軍中野学校出身の将校らであった。やがて中野学校は、これら卒業生らの進言を受け入れ、日本人将校と下士官の下に、特に優秀な高砂族兵士を配属するという形で「特別遊撃隊」を編成して訓練をほどこし、新たにニューギニア北岸地域やブーゲンビルの戦場に送り込んだのである。

「特別遊撃隊」はまず、現地住民に対する宣撫活動を実施、医薬品や食糧、備品を分け与えて住民から完全なる信頼と支持を勝ち取った。元来、高砂族の言語はニューギニア北部海岸のメラネシア系人種と同じ「オーストロネシア語族」に属しており、言葉もどこかで通じるものがあったのだろうし、事実その風習にしても、現地民のそれと一部共通していた部分もあった（覚醒作用のある「檳榔の実」

を噛む習慣など）。こんな背景もあり、彼らは原住民と極めて良好な関係を構築することができた。そうして信頼関係を構築した結果、現地民だけしか知らない「秘密の道」を教えてもらうなどし、その後の作戦に大いに役立てることができたようだ。

特別遊撃隊はやがて連合軍に対して、ゲリラ戦を各地で展開するようになり、時に推定一〇〇名以上の敵兵を殺害し、自動小銃や弾薬数千発を鹵獲《ろかく》するということもあった。自ら高砂義勇隊の一隊を率いて戦い抜いた田中俊男元軍曹の手記『陸軍中野学校の東部ニューギニア遊撃戦』によると、この部隊は三年以上にわたって数十回米豪軍と交戦し、死闘を繰り返しながらも、一度も敗北したことはなかったという。

特別遊撃隊は、移動や炊事の際には、それらの痕跡を徹底的に消し去り、「中野学校の威信を賭けて」敵より先にその接近を察知して襲撃、毎回のようにこれを撃退している。もちろん、敵砲兵陣地や飛行場に対する夜襲はお手のものであり、暗闇でも方向を失わずに集結して奇襲を敢行、その後、いったんバラバラに散ってから再び所定の地に集結し、まるで霧のように敵前から姿を消す、という戦闘を繰り返したのであるが、こんなことは、高砂族がいたからこそできた芸当である。とにかく、この本に出てくる高砂遊撃隊の戦闘記録は、「すごい」の一言に尽きる。

昭和一九年秋頃、アイタペの戦いで敗北した日本軍を追い詰めるため、オーストラリア軍は新たに無傷の精鋭「第六師団」を投入、日本陸軍第一八軍最後の本拠地であるウェワクを攻撃すべく、現在の東セピック州の山間部や海岸線に沿って東に進撃、逃げ遅れた遊兵を追い詰め、あるいは途中で踏みとどまろうとしていた小部隊を蹴散らしながら押し出してきた。それに対して唯一、第四一師団の青津支隊が必死の組織的抵抗を試みていたが、物量に勝り、戦意旺盛なオーストラリア軍によって各戦線が相当の圧迫を受けていた。

それを打開するため、同年一二月、中野学校出身の日本人将校・下士官のもと、各部隊から抽出した日本人歩兵と高砂族を中心とする「大高猛虎挺身隊」が編成され、救援のために投入される。「大高猛虎挺身隊」はその後二カ月にわたって、各所においてオーストラリア軍に対する連続奇襲作戦を実施し、すべての戦闘で敵の動きを封じることができた。食糧は敵のものを奪い、またはジャングルの中で高砂兵が狩猟採集を行って維持し、武器弾薬も敵からの鹵獲品を中心に補給していたので（自動小銃や弾薬、手榴弾等）、後方からまったく補給を受けることなく重武装を維持し、長期間の果敢な作戦行動を可能とした。そして、この遊撃隊の活躍によって人的損害を多く出したオーストラリア軍は、ついにこの地域を一気に制圧する意図を挫かれ、以後は非常に慎重に動くようになったとのことである。

一方、当時は携帯無線などはなかったので、「大高猛虎挺身隊」の方でも、戦闘終了後すぐに戦闘詳報を司令部に連絡するということはできなかった。そのため、はるか後方の日本軍の軍司令部では、あれだけ活発で優勢だった敵の動きが急に止まったので、その意図がよく判らず、爾後の判断に苦しんだのだという。後にその原因が、中野学校と高砂族を中心とする「大高猛虎挺身隊」のゲリラ戦によるものだと知って、軍司令部の方では大変に喜び、遊撃隊に対して「殊勲甲なり」と激賞したのだった。

この「大高猛虎挺身隊」一五三名は、この地域で約六〇日に及ぶ激闘を敢行、その兵力を半減させているが、その損害内訳は、以下のようになっている。

戦死　　将校一、下士官五、歩兵二九、高砂義勇兵○
負傷　　将校一、下士官二、歩兵三七、高砂義勇兵○

これを見ると、常に攻撃の最前線に立っていたはずの高砂兵の損害が、まったくゼロであったことが判る（田中俊男著『陸軍中野学校の東部ニューギニア遊撃戦』一八九ページ）。

かつて、戦中に日本の特務機関にいて様々な工作をしていたという方のご自宅に泊めていただいたことがあった。その方は戦後ずっと満州に留まり、何万人もの日本人居留民を救うために陰でアメリカ軍やソ連軍と交渉するなどして活躍した人物で、ソ連軍の暴虐を毎日のように目撃していたのだが、氏いわく、「マッカーサーが台湾を攻略しなかったのは、高砂族を恐れたことも大きな原因の一つである」ということであった。本当にそれが直接的な理由であったかは判らないが、しかしニューギニアのジャングルであれだけ連合軍を苦しめたのが高砂兵であると知っていたら、そのような判断がなされても不思議はないだろう。そうやって日本のために命を落とした高砂族の人々のご遺骨に関しても、私たち日本人は、その収容に「道義的責任」を感じなければならない。

高砂族だけではない台湾の「親日」

そんな高砂義勇隊員らの多くは、前述の通り、自らを日本人だと考えていた。ブーゲンビル島で戦った高砂兵らは、戦後になって日本人捕虜から、「日本は戦争に負けたんだよ」と言われた時、嬉々としながら、「知っていますよ。私も日本人ですから、日本に帰れるんです」と答えている。

高砂族に限らず、昔から台湾に住んでいる人々の間には、今でも強い親日感情を持つ人が多いが、それを最初に感じたのは、私がまだオーストラリアの首都キャンベラの大学で勉強していた頃であった。

その日、私はいつも利用していたスーパーマーケットで、数日分の食べものを買い込み、ちょっと休憩しようと思って近くのベンチに腰かけていた。するとしばらくして、入り口の方から荷物を抱えたアジア人の老夫婦がやってきて、私の隣に腰をかけたのだが、この二人は「とても美しい日本語」で話をし始めたのである。

キャンベラというところは、今でこそ少しはマシになっているが、首都であるにもかかわらず、当時はほとんど遊ぶところもなかった。そこに五年ほど住んでいたと言うと、多くのオーストラリア人が、「お前、あんなところで、毎日いったい何をして過ごしていたんだ?」と笑ってからかうくらいの場所である。人口も少ないし、日本人の数だって、たかが知れていた。そんなキャンベラでも見かけたことのないこの老夫婦は、きっと日本人のお金持ちの旅行者に違いないと思った。だが、いったいこんな何もないキャンベラを、なぜ訪れたのかが気になった。

「もしかして、日本の方ですか?」

思いきってそう尋ねてみたら、見たところ七〇代後半のご主人の方が答えてくれた。

「いいえ、私どもは台湾から参ったのでございますよ」

その物腰といい、若輩に対するその言葉遣いといい、高い品格と教養の両方を持ち合わせた様子で、まさに「紳士」「文化人」といった感じであったが、「台湾から来た」という言葉には大いに戸惑った。

どういうことか知りたくなっていろいろと質問したところ、そのご主人はやはり流暢で綺麗な日本語で話をしてくれた。

「私は大東亜戦争の最中、日本軍の軍属として働いておりましてね。ところが、戦争があのようなことになり、残念ながら日本は負けてしまいましたでしょう。それで私も大変にがっかりしたんですが、その後に支那大陸から国民党の連中がやって来て、それからが本当にひどかった。台湾人に対する、もの凄い弾圧は始まるし、もう台湾から外に出てはならないということになった。これからいったいどうやって暮らしていこうかと思うと、情けなくて、悲しくてね」

事実、昭和二〇年当時の台湾人の識字率は高く、教養も文化レベルも相当高かった。そんな彼らは、戦後になって中国大陸からやって来た蔣介石率いる国民党軍の「程度の悪さ」に驚愕したのである。

有名な話だが、大陸から来た中国人らはまず、水道の蛇口から水が流れ出ることに驚いた。日本統治時代に整備された上下水道のインフラは、台湾の市街地でも普通に機能していたが、それが信じられなかったのだ。そこで彼らは早速金物屋で蛇口を手に入れ、壁にそれを打ち込んだところ、当たり前のことだが水がまったく出なかったので、怒り狂って金物屋に怒鳴り込んだという。また、店で買いものをした大陸の人間は、領収書に二倍の金額を書けと台湾人店主に要求。それを断ると殴られたので、店主は仕方なく相手が言う金額を書いて渡した。するとその男は翌日、再び店に戻ってきて品物の「返品」を要求し、自分が書かせた金額をむしり取っていった、という話もある。

そんな国民党系の人間の横暴が一年以上も続いた昭和二二年二月二八日、それまで耐えに耐えていた台湾人らは、ついに一斉蜂起。ラジオ局を占拠すると、禁止されていた「軍艦マーチ」を国じゅうにかけ、「大日本帝国陸軍○○部隊の者は速やかに××に集合せよ！」「元△△飛行隊の者は、何時に台北のどこに集結せよ！」などと大音響で呼びかけた。

やがて、興奮した数万もの台湾人が国民党に戦いを挑み、中には日本軍の制服を着て戦った者もいた。この間、「日本の援軍が基隆に上陸した」という噂が流れるなどし、一時は国民党をかなり追い詰めたものの、重武装の国民党軍が中国本土から台湾に上陸し、アメリカから供与された最新兵器で反国民党運動家らを片っぱしから虐殺していった。こうして台湾人らを徹底的に鎮圧した国民党は、その後四〇年にわたって世界史上最長とも言われる戒厳令を敷き、日本統治時代に教育を受けたエリート層ら十数万人を逮捕投獄し、その多くを処刑したのである。こうして虐殺された台湾人は、数万人にのぼるという。

私にそんな話をしてくれたこのご主人は、その「白色テロ」の時代を振り返り、

「あれこそ暗黒の時代と言うんですかね。その時に私はね、『よし、こうなったら船員になってやろう』と思いましてね、それで戦後はずっと船乗りとして働いていたんです」

と、かつての自らの人生をほんのわずかに誇るかのように言った。

「そうですか。でもなぜ、船員になられたんですか？」

よく飲み込めない私が問うと、

「そりゃあなた、当時から私は『お兄さんの国』に帰りたくて仕方なかったんですよ」

と言われる。

「では、お兄さんが当時日本におられたのですね？」

わけの判らないまま再び問うと、この老紳士は笑って答えた。

「いいえ、『お兄さんの国』というのは、我々台湾人にとってのお兄さんの国。つまり、日本のことですよ」

こう言われて、当時、そんな感情が本当に残っていることなどほとんど知らなかった私は、心の底から驚いてしまったのであった。ちなみに、このご夫婦は戦後もずっと、互いに日本語で会話を続けていたのだという。

「私たちはね、教育も全部、日本人の先生から日本語で習いました。今でも家内とは、こうして日本語で話しております。その方が、互いに細かいところまで話すことができますのでね」

と言うのだ。この時、私は初めて、台湾という国がここまで親日であるのか、ということを肌身で痛感したのであった。

そういえば、一年ほど前、台湾を訪れた際にも面白い経験をした。当時は、台北の「三越」前で数百人の国民党系支持者が、尖閣問題で日本を糾弾する大規模なデモ行進を行っていて、「台湾にも反日の人たちがいるのだな」と残念に思ったが、たまたま乗り合わせたタクシーの運転手さんが傑作であった。彼は、そんなにうまいとは言えない日本語と中国語を使って、「自分は日本人だ」と主張するのである。どういう意味だろうと思って尋ねると、

「ワタシ、昭和一七年の生まれ。生まれた時、ここ台湾は日本だったよネ? だから、私も日本人ダヨ! 今、尖閣問題で騒いでいるヤツラ、みんな馬鹿者ダ。あそこ、どう考えてもニッポンの領土デスヨ! 台湾人はとっても恥ずかしい!」

と言う。そうか、彼が生まれた時、ここは日本だったのだから、言われてみればその通りだと妙に納得してしまったが、台湾といえば、東日本大震災の時も世界最大の援助をしてくれた国でもある。そんなことを思い出しながら、日本はこんな台湾の人々に、随分と不義理をしているのだなと考えざるを得なかった。

今でも目撃される戦没将兵らの「幽霊」？

東部ニューギニアでは、一六万人もの将兵が命を落としたとされているが、今日までに収容されたご遺骨は、わずかに数万柱に過ぎない。私自身、いくつかのご遺骨を見たことがあるが、一度だけ、手に取った頭蓋骨を鼻に近付けて臭いを嗅いだことがある。そこで驚いたのは、そんなご遺骨でも「いまだに、生臭い」ということであった。六〇年以上も経ったのに、遺骨はまだその周りに肉体が付着していたのが判るほど、生臭いのだ。もし、この灼熱の海岸線の上にある頭蓋骨にまだこれだけの臭いが残るのだとしたら、そこに人間の怨念なるものが残っていたって決して不思議ではないと思った。実際、今日でも各地で日本兵の幽霊を見た、という話は多い。以下、いくつか現地で聞き、また私自身が体験したエピソードを紹介しよう。

モロベ州のラエから船で海岸沿いを四五分ほど下ったところに「サラモア」という村がある。ここはかつて植民地を支配していたオーストラリア白人らの別荘があるなど、美しい町と港があったところである。地形的には、峻険な山岳地帯を背にしているが、そこをかき分けるようにして切り開かれたのが、現地で「ブラック・キャット（黒猫）街道」と呼ばれている小道だ。これは世界最大規模の金鉱山が稼働していたワウ地区へと続く峻険で狭い山道であり、一九二〇年代から始まった「ゴールドラッシュ」の時代、ワウの金鉱脈を目指した白人の山師らは、四日ほどかけてここを通っていた。第二次世界大戦中には、日本陸軍第五一師団歩兵第一〇二連隊を基幹とする岡部支隊（長・岡部通少将）が、やはりワウ攻略を目指してこの「黒猫街道」で戦ったが、支隊はあと一歩というところで作戦に失敗、八〇〇名以上の兵員を喪失し、残余の兵は飢餓と病に苦しみながら再び後退している。

かつてマイケル・ソマレ元首相の秘書官の一人を務めたという私の友人は、ブーゲンビル内戦を戦ったパプアニューギニア国防軍の元大尉であったが、わずか十数年前、この「黒猫街道」における長距離偵察の訓練中に、日本軍らしい一団に遭遇したという。

その日の夜中、二時間交代で周囲に歩哨を立てた大尉は、部下の隊員らと共にジャングルの中で眠りについたのだが、午前二時頃になって急にキャンプ周辺がザワザワと騒がしくなったという。地面に伏せていた大尉は、近くの副官を起こし、銃をとって見張りをしたところ、宿営地のすぐそばを、何十人もの「武装したような黒い人影」が、ブツブツ何か話しながらゾロゾロと通過していったのだという。しかし、周囲には歩哨を立てているし、彼らからの報告は何もない。だいいち、この付近に住んでいる住民もいなければ、演習を行っている別の部隊もいない。しかもブツブツ言う言葉は現地の言葉ではなかったという。これは、そこで寝ていた部隊の全員が見聞きしたそうだが、少し離れた四カ所で見張りに立っていた歩哨は誰ひとり、そんな人影や話し声などを聞かなかったという。

元大尉はその話をしながら、「あれを思い出すと、いまだに鳥肌が立つ」と言って、真面目《まじめ》な顔で舌を「チッチッチ」と鳴らすのであった。

南海支隊が戦った「ココダ街道」でも、その種の話は多い。私の最も信頼する部下の一人のM君は、南海支隊が徹底抗戦をしたある村の出身であるが、彼の親戚などは多くの亡霊を目撃している。

ある日の夕方、畑で夕食用のイモを穫った彼の母親が村に向かって歩いていたところ、突然、草むらの陰から三人の男が現れたという。その三人は、どうみても肌の浅黒いアジア人で、しかも日本兵の格好をし、ボロボロの服を着て、銃のようなものを担いでいる者もいた。彼女は、「これは、話に聞いていたジャパンのゴーストに違いない！」と思ったというが、それでも下を向いて恐る恐るすれ違ったところ、その刹那に体が寒くなったらしい。わずかに数歩進んで後ろを振り返ったところ、三人の日本兵はすでに二〇メートル以上も離れたところに立って、こちらをじっと見ていたというのだ。もちろん彼女は、そこで「ギャー！」と叫んで、イモもすべて放り出して村まで逃げてきたのである。

そのほかにも、M君の村では、新たにニッパ小屋を新築した家族がそこに住み始めたところ、最初の晩から、夜中に誰かが家の周りをヒタヒタと歩き回る音がして、眠れなかったという。犬もワンワン吠えるし、いったい誰だと思って外に出ても誰もいない。しかし、家に入るとまたしばらくして歩き始める。怒鳴ったりすると止まるが、やがてまた歩く音が聞こえる。

数日して恐る恐る戸口の隙間から外を覗いたら、歩いていたのは真っ黒い影であったが、それは日本兵の格好をしていたという。怖くなって、近くの村の霊媒師を呼んで見てもらったところ、新築した家の下に日本兵が埋まっているのだということになった。それで早速、柱の下を掘り起こしたところ、そこから日本の鉄兜を被った格好でうずくまる白骨が出てきたというのだ。私はこの場所に実際に行って、その現場を見てみたが、不思議と怖いとは感じず、むしろ「日本に帰りたかっただろうなあ」と思い、とても哀れに感じたものだった。

出るのは何も日本兵だけではない。私は実際に、オーストラリア兵らしいものに遭遇している。これもやはり「ココダ街道」での話だが、それは、私が山岳地帯のその街道を実際に歩いた時に起こった。二〇一〇年、私は、オーストラリア陸軍出身で、後にいくつもの映画賞をもらうことになった二時間のドキュメンタリー番組『ビヨンド・ココダ』を一緒に制作した仲間であるスティッグと、あのココダ街道を歩くことにした。普通なら七日から一〇日かかるところを、仕事の関係もあるので、三泊で踏破しようという無茶な計画を立案した我々は、パプアニューギニア人のR君を連れ、よく墜落事故を起こすので有名な現地の飛行機会社のプロペラ機で、ポートモレスビーからココダ村に入った。そして、そこから徒歩で標高三〇〇〇メートル級のオーエンスタンレー山脈を越え、一〇〇キロ先のポートモレスビーを目指したのである。

パプアニューギニア人の美人女性パイロットの操縦でココダの飛行場に到着したのは、午前一一時半ごろである。それからすぐに、蒸し暑い中をオーエンスタンレー山脈に向かって歩き始めた。さすがに南国、平地はやたらと蒸し暑くて全身から汗が噴き出し、数日間で踏破するためにできるだけ軽くしたとはいえ、二〇キロ以上のバックパックが徐々に肩に食い込んでいく。

しかし、ちょっと山岳部に入ると今度は気温がぐっと下がる。初日の目的地は、日豪両軍が初めて組織的な攻防戦を行った「イスラバの戦い」の現場だ。一週間の戦闘で五〇〇名もの日本兵が戦死傷をしたという標高一四〇〇メートルの村であり、ココダからは地元民の足だとわずか数時間だが、我々の足だとどうしても七時間はかかる。

あまりの急勾配にふくらはぎは攣《っ》りっぱなしだし、四時間の強行軍の間に水筒の水もすぐに全部飲み干してしまった。午後三時半頃になってようやく、今回の計画を作ったオーストラリア陸軍の元機関銃兵であった友人のスティッグが「小休止しよう」と言ったので、私は我慢できずに岩間からほとばしる綺麗な沢に頭を突っ込み、過去数時間で一気に失った水分を取り戻そうとしてゴクゴク飲んだ。これが冷たくて最高に美味い。甘いとさえ感じた。

そうしてようやく人心地ついたので、さて次にこの美味い水を水筒に一杯に入れてやろうと思ってかがんだその瞬間だった。私の右側の空気が動き、その耳元で、

「What are you doing here？（ここで何をやっているんだ?）」

という声が聞こえた。完全にオーストラリア訛りの、しかも野太い声だった。一瞬、同行しているスティッグかと思って、「何だって?」と顔を上げてあたりを見たら、私の右側には誰もおらず、ただジャングルが広がっているだけだった。

あわてて左側を見ると、スティッグはなんと二〇メートル以上も先の別の沢にいて、同行するR君と水を汲みながら話をしているではないか。「おかしい！」と思って再びあたりを見回したが、やはり誰もいない。しかしあの声は、まさに隣に誰かが立っていて、それで話しかけてきた感じであり、しかも間違いなく「オーストラリア人」のそれだった。確かに、空気が動くような、人の気配さえ感じたのである。

「戦没したオーストラリア兵の声だ！」

そう考えた瞬間、全身に鳥肌が立った。そして同時に、オーストラリア兵の多くもまた、このジャ

ングルで戦死し、または行方不明となったまま二度と救出されなかったのだから、今でも浮かばれぬ霊がさまよっているのだろうと思った。怖くなったが、同時に哀れにも感じた私は、すぐに二人のところに合流して、再び山を登り始めた。

そこからさらに十数分歩いた時だった。今度は、私の後方を歩いていた現地人スタッフのR君が、いきなり私のバックパックをつかみ、

「ミスター丸谷、聞こえますか、あの声！」

と怯《おび》えるような声を出した。何があっても冷静沈着で、私が最もその判断を信頼する男の一人なのに、めずらしく怯えた顔をしている。しかし私には、何も聞こえない。ジャングルというのは本当に静かなので、風がなく、近くに川がなければ何も聞こえない。鳥の声すら聞こえない。

「いや、何も聞こえないよ」

そう言っても彼には聞こえるらしい。

「何人もの男が、ウワー、ウワーって叫んでいます！　ゴーストだ！」

と顔を真っ青にしているのだ。気がつくと、密林の中のせいもあるが、あたりは夕方四時頃とは思えないくらいに、とにかく暗い。

「よし、じゃあ先を急ごう。心配なら、俺のバックパックの紐をつかんでいろ」

と言って、先を急いだが、背後から冷たい風も吹いてきて、本当に不気味な瞬間だった。

この山中を行動中、我々は朝五時に起床し、五時半に歩き始め、昼の一二時から一時間昼食をとり、その後、夜の八時くらいまで歩き続けるという「過酷な」毎日だった。スティッグは、さすがにコマ

ンド部隊の候補生だっただけあって、とにかくあの山岳地帯でも足が速い。常に道を確認しながら私の数十メートル前方を歩いている。かつて登山をよくやったとはいえ鈍っていた私は、付いていくだけで精一杯だった。

その翌晩には、今度はそんな我々三人が一緒に不気味な体験をしている。ある低地でキャンプをしていたところ、夕方からずっと周囲の森の中で何十人かの人たちがザワザワと話しているのが聞こえてくるのだ。当初は別のグループが近付いてきたのかと思っていたのだが、結局その不気味な話し声は、夜中になってもやむことはなく、三人はできるだけ火を絶やさないようにして、寒さと恐怖に震えながら眠るしかなかったのであった。こういう時は、先に眠った者の勝ちであるが、この時に限っては三人とも、ほとんど眠ることができなかった。

このようなことを信じるか信じないかは人それぞれだが、もし自分があの戦争で日本に妻子を残したまま命を落とし、しかも自分の死に場所がどこであるかさえ判らないのだとしたら、きっと日本からやってくる遺骨収容班を「鬼哭啾々」たる思いで待ち続けただろうし、実際にそうやって淋しく、悲しく、無力感に打ちのめされて死んでいった日本兵は多いのである。こんな亡霊たちは、過去七〇年もの間、ずっとあの密林で戦い続け、または泣き続けていたのだろう。

日本兵に対する様々なイメージ

これまで、私自身が制作に携わったドキュメンタリー番組を含め、いくつかの番組制作や研究調査などのため、かつてオーストラリア兵と戦った元日本兵を何十人も取材したが、彼らのオーストラリア兵に対する評価は一様に高く、「なかなか手強《ごわ》い相手」「いったん張り付いたら離れない」「敵ながらあっぱれな戦いぶり」とする声がほとんどであった。

ある兵士は、「豪州兵というのは、ジャングルの中で我々を執拗に追跡してきた。いったい、なんでそこまで執念を燃やすのか判らなかったが、とにかく恐ろしい相手だった」と言い、「オーストラリアは元々、直接には戦争と関係のない国であった。それなのに巻き込んでしまったのだから、それはそれで申し訳ないことだった」としている。

それに対し、アメリカ兵への評価は著しく低い。物量に任せてやってくるが、こちらが撃つとすぐに逃げるのだという。根性もないし、敵として尊敬できないという評価だ。また、日本をあの戦争に追い込んだ張本人であるとして、ほとんどの元兵士が静かな怒りと不満を胸の中に隠していた。

一方、私が最後の最後まで判らなかったのは、勝ったはずのオーストラリア人元兵士の中の少なくない人が、いまだに激しい怒りを持って日本人を見ていたことだ。約半数の人々が、日本に対する激しい怒りや不信感を口にしたのである。

確かに日本は第二次大戦中、オーストラリアとかなり激しく戦った経験がある。このことを知らない日本人が意外に多いので、そのたびに驚かされるのであるが、日本はオーストラリア本土を攻撃した最初で最後の国家なのである。日本軍はオーストラリアを二〇〇回以上爆撃し、シドニー湾に特殊潜航艇を侵入させて魚雷攻撃を行った。また、ニューギニアやブーゲンビル、インドネシアやマレー、シンガポールでもオーストラリア軍と激しく干戈《かんか》を交えている。だから、今でもオーストラリア人の一部が、日本に対して複雑な感情を持っていることはよく判るのである。しかし、それにしても、彼

らの怒りは尋常なものではなかった。中には、

「今は孫の代になったから日本人も変わったと人は言うかもしれない。しかし、それは違う。やつらを信じちゃいけない」

と言う元兵士や、

「原爆をさらに一〇〇発落として、日本人を絶滅させてしまえ」

とまで言う人もいた。こんなことを言われてしまえば、感情的に「ふざけるな！」となるのが人情というものだろう。少なくとも、日本人であればこんな言い方は決してすまい、と思う。しかし、そこで感情論をぶつけても相手と同じレベルに堕ちるだけだし、その程度の理解であきらめるなら、そもそも海外に出る必要すらなかったのだ、と思い直すようにもした。そして代わりに、「なぜこの人はここまで日本人が憎いのだろうか」ということを考えようとした。そうやって先ほどの様々な要因を考慮した上で到達した答えは、日本人を感情的に嫌う人たちのほとんどは「無知」に支配されており、同時に、いくらひいき目に見ても、その心に「人種偏見」の壁があるのは間違いないだろう、というものであった。なぜなら、そのオーストラリア兵らは、欧州戦線で戦ったイタリアやドイツに対しては、日本に対するほどの激し怒りや憎しみを有してはいなかったからである。その点で、あの戦争はやはり「人種戦争」の側面を持っていたのだ、ということがよく判る。

ただ、その一方で、素直に日本の戦いぶりを高く評価する人も、半分くらいの割合で存在した。

「次に戦争があれば、私は日本軍を味方にして戦いたい。彼らはとにかくタフで勇敢だし、頼りがいがあるからね」

このように言う人たちの多くは、大戦中に後方でのんびり勤務していた人々ではなく、最前線で日本兵と死闘を繰り広げた経験を有していた。つまり、双方が力の限りを尽くして戦ったという点において、そこに初めて「人種」を超えた、互いを認め合おうとするものが生まれるのではないか、とさえ感じたものであった。事実、ニューギニアのスタンレー作戦において死闘を戦い抜いたオーストラリア陸軍の第三九民兵大隊と日本陸軍の歩兵第一四四連隊（高知・朝倉）は、戦後それぞれに戦友会を作ったが、この二つの戦友会はその戦いから四半世紀後に東京で再会し、そこで過去の共通の経験を懐かしみ、互いの健闘をたたえ合っているのである。

つまり、いくらオーストラリア人の一部に今日でも「人種差別的な（レイシスト的な）」感情が残っていて、それに困惑することがあっても、それは相手がこちらのことをよく知らないからであり、そこでめげずに腹を割って話し合うことを厭《いと》わなければ、やがて双方は必ず判り合えるということだ。私はこのことを、これまでの経験を通じて痛感している。

ただし注意しなければならないのは、日本人の側もまた、ダーウィンを含むオーストラリア本土に対する爆撃やニューギニアにおける戦いなど、オーストラリアと戦争をしたのだという歴史的事実をしっかりと知っておく、ということが大前提になる。自分自身の無知を棚に上げ、またはそのことに気付きもせず、ただ相手のそれを非難するのは、恥ずべきことに違いないからだ。

日本兵の「組織的人肉食」と「大量レイプ殺人」事件？

一九九七年一〇月一七日、『週刊朝日』が驚天動地の「スクープルポ」なるものを報じた。この記事には、『母は、この飯ごうでゆでられて……』などという強烈な文字が躍っており、「人肉食の被害者」や、「強姦の後に殺害」された人の被害者数も詳細に書かれており、ある現地人の運動家が日本政府に補償を求めている、という内容であった。記事にはこうある。

すでに被害登録は約六万五〇〇〇人にのぼるという。ちなみに現在のパプアの人口は三九〇万人。登録者は約六〇人に一人になる（登録者はニューギニア島東部だけではなくラバウルなど周辺の島々を合わせた数）。最も多いのは「武器や食料の運搬に駆り出された」約二万六〇〇〇人だが、人肉食犠牲者一八一七人、胸を切断され死亡した女性一九人、性器を蛮刀でえぐられて殺された女性八人、強姦されて殺害された女性五一六四人。

本書では、いかにパプアニューギニアが「親日国」であるか、ということを強調してきたが、それでも普通の人が一度この記事を目にすれば、「こんな週刊誌に書かれているくらいだから、やっぱり日本軍は凄まじい暴虐をやっていたのだ。それなのにパプアニューギニアが親日だなんて、本当だろうか?」という疑問が湧いて当然なのである。それがまともな感覚であろう。そこで、以下に私の考えを記述するが、読者の皆様にも多少の「血なまぐさい話」や「エログロ話」にお付き合いいただかねばならない。なぜならこの問題は、今後日本が南太平洋問題に関わる上で、絶対に避けては通れない重要なことだからである。

まず第一に、ニューギニア戦線で「人肉食」があったかといえば、それは間違いなく「あった」。

これは、誰も否定していない事実である。

元々、ニューギニアというところは、わずかな数の原住民がジャングルの奥地に小さな集落を築き、そこで原始生活に近い暮らししかしていなかった未開の土地であった。彼らは組織的な農耕をするわけでもなく、自分たちが食べる分だけの農作物を細々と栽培していればよかったが、そこにある日突然、十数万の日本兵が進出したのである。

当初こそ、日本軍は日本から送られてきた食糧を食べていたが、敵の潜水艦作戦で輸送ルートが滞り始めた頃から、ニューブリテン島のラバウルなどでは今村均将軍の指揮のもと、自給自足生活が行われるようになった。ラバウルは、「ラバウル航空隊」と呼ばれた海軍航空隊が大活躍したところであるが、火山灰が降り積もった極めて豊かな土壌を持つ地域であるため、あらゆる野菜がすくすくと育ち、稲作にも成功。当時の日本軍将兵の多くが農村出身者であったことも幸いし、ラバウル一〇万の日本軍将兵は、戦中から戦後にかけて完全自活に成功している。当時、ラバウルでできなかったのは、「歯磨き粉と子供だけ」と言われていたらしい。実際ラバウルでは、開戦から約一カ月半後に日本陸軍の精鋭「南海支隊」が上陸して占領した時を除き、最後まで陸上戦闘すら発生することもなかった。つまり敵基地や艦船を攻撃するための航空攻勢作戦か、または北上する連合軍航空隊に対する基地上空での迎撃作戦が主であったため、空襲の合間に兵士たちは農耕活動を行うことができたのである。だから、ここにはそんな凄惨な話は残っていない。

一方、ニューギニア本島の状況は違った。元々、気候風土は極めて厳しく、道路さえほとんど存在しなかった未開の地域である。そこにオーストラリア軍やアメリカ軍が上陸し、激しい陸上戦闘が各地で発生、日本軍は微弱な装備で抵抗したものの、やがて補給線が途絶え、敵からの物量攻撃が激しさを増した。徐々に追いつめられた日本軍将兵は、マラリアなどの風土病にも冒され、まともな医療資材も薬もなく、食糧もまったくない状態で、それでも重い銃や砲を担ぎ、あちこち移動しながら戦うしかなかったのである。

すでに昭和一七年七月に発動されたポートモレスビー作戦においては、その後半戦となる一〇月ごろ、撤退する日本軍将兵はオーエンスタンレー山脈の山中で、最初の人肉食を行っている。七月から八月にかけて上陸した南海支隊は、わずか二週間分の食糧しか持たされておらず、この頃はすでに飢えて久しい状態にあったのだ。当時、この作戦に参加し、一個中隊を指揮していた高知県出身の歴戦の曹長は、転進の途中、山の中でガリガリにやせ細ったある伍長が、敵兵のものらしい人間の腕をぶら下げているのを目撃した。

「おい、そんな手なんかふてい（捨てろ）」と命じた曹長に対し、すでに絶食状態で生死をさまよっていたその伍長は反抗的な視線を送ると、銃剣を使ってその「手」の部分だけを曹長の目の前で切り取ると、これ見よがしにそれを放り捨て、残りの腕の部分をぶら下げたまま消えてしまったという。

その後、南海支隊はニューギニア北部海岸のブナ、ゴナ（バサブア）、ギルワという陣地に押し込められ、まったく弾薬や食糧、衛生資材の補給がないまま、一〇倍近い敵と二カ月以上、死闘を演じるのであるが、その頃には多くの人肉食が行われた。しかし、当時の現場は凄まじい「飢餓地獄」であったことを絶対に忘れてはならない。ある元兵士は、乾パン一袋で二〇日間食いつなげと言われ、追いかけてくる敵と戦いながら必死の思いで食い延ばしをやったが、結局その後七〇日間、いっさいの食糧を与えられることはなかったというし、別の兵士（衛生兵）は、タコツボ（一人用の戦闘壕）の目の前に小さな「畑」を作り、それを三〇に区切って、そこから飛び出すわずかな雑草の芽を一つ摘み、それを一日の食糧にしていたという。

前者は、上陸時七〇キロ近くあった体重が、一年後にラバウルに戻った時には二八キロほどしかなかったというし、後者の衛生兵は、横になると痩せ過ぎのために突き出た腰骨が地面に当たって痛いので、そのための小さな穴を掘ってから寝るようにしたという。こんな敗残兵らの帰還を見た後方勤務の兵士らは、「骸骨がふんどしだけを着けて歩いているようだ」と思ったという。

彼らのいた陣地は、敵との距離わずか三〇〜一〇〇メートルという最前線にあり、周囲は完全に包囲されていて、武器弾薬食糧のいっさいが途絶していた。そんな中、飢餓による苦しみの極限に達した兵士らが、射殺した敵兵の肉に手を出すという地獄絵図が展開された。

当初は、射殺した敵兵はそのまま放置されたが、あの灼熱の地のことである。死骸は半日も絶たないうちから腐り始め、風向きによっては耐えがたい臭気を陣地に送り続けた。それを何とかするため、最初は少数の兵士らが陣地を飛び出して敵兵の腐乱遺体に土をかけたりしていたのだが、そのうちに、飢餓状態にあった兵士らが、まだ腐敗していない敵の肝臓を手に取り始めたのだという。そこからが始まりだった。人肉に手を出したのは、「もしあと一日生き延びれば、食糧にありつけるかもしれない」という、ほとんど絶望的だが、しかし日本で自分の帰りを待つ愛する人々のもとへ帰るため、その命をつなぐ最後の手段として行われたのだ。もちろん、その対象となったのは、オーストラリア兵やアメリカ兵だけではない。戦域によっては、現地人がその対象になったこともある。

問題は、そんな体験をしたことさえない、昼飯を一食抜いただけで「ああ、腹減った」とぼやく、飽食した今の我々に、いったい何をもってそれを非難する資格があるのか、ということである。

一方、ニューギニアの一部の部族には「食人」の習慣があったことも事実である。アメリカの第四一代副大統領であるネルソン・ロックフェラーの息子マイケルは、一九六一年一一月にニューギニアで遭難したが、彼は地元の部族によって殺され、食べられたと信じられている（この部族では、酋長ら数名がその数年前にオランダ官憲によって殺害され、白人に対する怨恨感情を有していたとも言われる）。

また何年か前には、パプアニューギニアの地方を旅したイタリア人写真家が『最後のパプア』という本を出版したが、その中には、地方に住む部族のある老人が、「白人の肉は臭くて塩辛いが、一番うまいのは日本人の肉だ。我々の部族の女たちと同じくらい美味い」と話したとする行があり、世界中で大変に話題となった。つまり、日本の敗残兵も食われていたということだ。

実際、私の手元には、敵性現地人がひげ面の日本兵の首を切り落として、誇らしげに持っている凄惨な写真があるが、ここではとても見せられる代物ではない。要は、それが「ニューギニアの戦場」の現実だった、ということである。

一方、日本軍は味方の肉にも手を出している。実際、バサブア守備隊の一指揮官であった宗田中尉という人は、「自分が死んだら、この肉を食ってでも敵と戦え」と部下を鼓舞して戦っているから、それが行われたとしても不思議ではない。

さて、こんな背景があることをご理解いただいた上で、以下に、くだんの『週刊朝日』を引用していく。これらの証言は、日時も場所も証拠も何もない。しかし、日本兵がやったということだけで充分に「スクープ」になり得るという、極めて不公平な状況を現している。

戦争中二〇代後半だったマンピー・ワサさん（男性）は妹とともに、伏し目がちに、こう語った。

「その日の午後、長男は日本兵に命じられてサゴヤシを取りに行きました。翌朝になっても戻らないので、日本兵が兵舎にしていた教会に様子を見に行くと、日本兵はみんな寝ていました。台所ではナベが火に掛けてあったので、フタを開けてみると人肉で、兄が食べられたとすぐにわかりました。肉がこそぎ落とされた兄の骨を集めて持ち帰り、埋葬しました」

二人は兄が煮られていたという教会の広場で、この証言をした。

（『週刊朝日』一九九七年一〇月一七日／以下、すべて同じ資料）

普通に歴史を勉強している人なら、日本兵が朝から兵舎で、歩哨すら立てずに、パプアニューギニア人なみに「鍋に火をかけたまま全員ごろ寝」しているなんておかしいなあと思うし、指揮官は何をしていたのか、と思うのが普通だ。こんなふうに、現地人でも誰でもが台所に自由に出入りできるくらい警戒が緩かったのか？　しかも、そうやって寝ている日本兵の横をこっそりと通過し、火にかけられた鍋の中の肉を見たとたん、どうしてそれがすぐに人肉であり、しかも兄のものだと判ったのだろうか？　頭でも丸ごと入れていたのだろうか？

「日本兵がわたしの母をレイプし、そのあと殴り殺したのです。母は体をばらばらに切断され、皮をはがされ、肉片として軒先に吊るされ、この飯ごうでゆでられました」

バラス・ブカヒンさん（七〇代半ば・男性）は一点を見つめ、悲痛な面持ちで語った。足元には母親がゆでられたという黒い飯ごうが置かれている。

繰り返すが、ニューギニア戦線で人肉食があったのは間違いのない事実である。しかし、戦闘地域で日本軍が現地の女性と遭遇することは、それほど頻繁なことではなかった。また、極度に飢えた兵士たちには、性欲などという「健康的」なものは、まったく生じなかったと言ってもよい。もしこの証言にあるような事件が、それこそ数万件もあったのだとしたら、当時からオーストラリア軍のコマンドがかなり浸透して工作をしていたセピック地域のことである、住民らの多くは一斉にオーストラリア側に寝返って、各地で日本軍を襲撃したことであろう。

また、人間を殺し、皮を剥がして軒先に吊るすとはどういうことか判っているのか、と言いたい。熱帯に行けばすぐに判ることだが、皮を剥がして軒先に吊るしていると、すぐにハエがたかり、半日もしないうちに肉は腐敗し始める。にも関わらず、これらの日本兵は、あえて面倒くさい、皮を剥ぐという作業をして、肉片を軒先にぶら下げたらしい。

そもそも、人間を一人煮込むのに、飯盒はいったい何個いるのだろうか？　バラバラにしたとしても、かなり小さく刻まねばなるまい。大変な作業だ。今でもパプアニューギニアでは、釣った魚を真っ黒く薫製にする。冷蔵庫も何もないため、腐敗防止処理をしなければいけないからだ。しかし、これらの「残虐日本兵ら」には、そんな処理をした形跡もない。皮を剥いで、軒先にぶら下げたというが、おそらく何十個にも切り分けてぶら下げるのだから、凄惨かつ異様な光景であっただろうし、第一、相当長い時間がかかったことだろう。大量のハエが集まって肉は真っ黒になったに違いない。いずれにせよ、面倒くさい。

面白いのは、今でもこの証言者が「自分の母がゆでられた」とかいう飯盒を「証拠品」として持っているということだ。しかしここで再び「ちょっと待て」と言いたい。兵士というのは、最後の最後まで飯盒だけは手放さないものである。にも関わらず、彼の母を殺して煮たこの日本軍兵士は、人間すら食わねばならない状況下でも、飯盒を手放したらしい。そしてこの男性は、日本人でさえ並べられたら区別のつかない飯盒を見て、どれで母親がゆでられたのかをきっちり見分け、戦後半世紀もの間、それをニッパ小屋のどこかに大切に保管していたということになる。

ウエワクの約二〇〇〇人の集会ではロレンス・イフィンブイさん（七〇代・男性）が、

「日本兵にブタを持ってこなければ母親を殺すと脅されたので、ブタを工面して持っていくと、日本兵は母親をレイプし、殺しました。それも胸だけをカットして、ゆでて食べるという方法です。母は出血多量で死ぬまで、そこに放置されました」

と語った。

これも、本当にエグいという表現がぴったりな話だ。共通するのは、いつも「母親」が被害者になっているということ。六〇年近くも前の話だから、死人に口無しということなのだろうか、それとももっとほかに別のフロイト的な理由でもあったのだろうか、と勘ぐりたくもなる。

さらにおかしいのは、一九九七年の時点で七〇代であったこのロレンスという男は、五三年前の話であるならば、まだ一〇代だったはずだ。パプアニューギニアでは、豚というのは、特に昔は「権力の象徴」であり、大変に貴重なものであった。にもかかわらず、「極悪非道の日本兵」に脅されたこの一〇代の子供は、村人にとって極めて貴重なタンパク源である豚を、自分ひとりで何とか工面することができたらしい。はっきりいって「あり得ない話」だ。

そういえば、かつての慰安婦問題でも「殺した女性の頭を釜で煮て食べさせられた」(鄭玉順《チョン・オクスン》)とか、「時々人肉スープを飲まされた」(朴永心《パク・ヨンシム》)とかいう荒唐無稽な話が真面目に提起され、日本や海外のメディアが嬉々として飛びついたことがあったが、それを想起させるものだ。こんな嘘くさい証言など、叩けばボロはいくらでも出てくる。

次などは完全に、一時期はやった「性奴隷」系の話である。

「日本兵の宿舎でセックスの相手をさせられました。兵隊の階級には関係なく、多くの人の相手をしました。約一〇人ぐらいの未婚女性がいましたが、疲れてできないと拒否して殺された者もいる。第一キャプテンの名はウエハラ、第二はワギモトでした。わたしは幸い宿舎から逃げ出せました。何カ月かわからないけど、長い間でした」

というのはウルゥプ村のカミ・ドマラさん。

この「性奴隷」系の話に対する反論は、二〇一二年四月に高知新聞から出版された『祖父たちの戦争』を読むのが一番よいだろう。この本は、高知県出身で、私が以前監修した『ココダの約束』という本の主人公でもある西村幸吉氏の人生を追ったものであるが、高知新聞の気鋭・社会派ジャーナリストである福田仁氏が、膨大な取材と現地調査を通じて丹念かつ丁寧に書き続けた記事をまとめた一級の秀作である。

発言者は、西村幸吉氏（歩兵第一四四連隊兵長。戦後、遺骨収容のために二六年間ニューギニアのジャングルで暮らした方）と、堀江正夫氏（第一八軍の元参謀、少佐）であり、この方々の発言はすべて、私自身もドキュメンタリー番組制作の際の取材で、直接本人から聞いている。

〈西村幸吉氏〉

「あの話（『週刊朝日』の記事）にゃ、高知の戦友たちも随分怒ってましたよ。『何が女じゃ！何日か食わんとおって、そんなことできるか実際に試してみい』ってね。戦場では、食糧も武器も尽きたんです。食いもんの確保と、逃げ道を探すこと、この二つで頭ん中いっぱいですよ」

（『祖父たちの戦争』、一九一ページ）

「私、戦後はニューギニア各地を随分回りましたが、白人との混血はあちこちの村におります。彼らも、もう60代になっているわね。だけど日本人との混血児には一度も出会ったことがない。

うわさすら聞いたことありません」（同書、一九二ページ）

〈堀江正夫氏〉

「ああ、あの記事ね。誰が信用するかって。反論もばからしくってさ…」（同書、一九三ページ）

この堀江正夫先生は、陸軍士官学校出身でニューギニアに上陸し、第一八軍司令官・安達二十三中将に付き従い、悲惨な戦いとなったアイタペ作戦にも参加、終戦後にはウェワク沖のムシュ島に抑留された方である。終戦当時の日本兵の極限に近い飢餓地獄を、実際にご自身で体験されている方だ。

根底から崩れる「現地人慰安婦一万六〇〇〇人」説

『週刊朝日』の記事には、日本兵が一万六〇〇〇人ものパプアニューギニア人女性を強制的に慰安婦にした、という話も載っている。しかし堀江元参謀はこれについても、以下のように一蹴している。

「1万6千…。あはは っ。そんな数字、どこから出てくるか。想像もつかない。兵隊は転進に転進を重ね、栄養失調とマラリアで次々と亡くなってるんですよ。昭和19年8月以降は、軍司令官ですら一粒の米も食べてません。僕は終戦時30歳だけど、性欲を覚えたことは一度たりともなかった」（同書、一九四ページ）

「ニューギニアに関しては、そんなことできる戦況じゃなかった。初めから向こうの制空権下にあって、海上輸送が途絶えたんです。『慰安婦』なんてもう、夢にもあり得ない」（同書、一九三～四ページ）

私自身も、これとまったく同じお話を聞いている。この、パプアニューギニア人の慰安婦なるものについては、他の兵士らも同様の意見である。

「兵隊とパプア女性との間に性的接触はまったくなかったようだ。これに類する話を聞いたことがない。当時のパプア女性は例外なく熱帯性皮膚病に侵《ママ》されていた。そのうえ蚊除けのため特異な臭いの植物油を体に塗っていた。これらが、兵隊除けにも作用したのだろう」（『戦場パプアニューギニア』奥村正二、中公文庫、一七七ページ）

今でも、パプアニューギニアのセピック地方などに行けばよく判るが、人は決して多くはない。村から村までの距離は遠く、昔は交通手段など徒歩以外にはあり得なかった。そして多部族社会の習慣として、特に昔は部族間の交流は極めて少なかった。その中で、特に若い女性だけを一万六〇〇〇人も集めることなどは、物理的に不可能なのだ。

あの灼熱の地で、毎日、滝のようなスコールが降ったらマラリア蚊が一気に草むらから飛び出してくるところだ。しかも昼間は敵の飛行機が上空を舞い、見つかれば執拗な機銃掃射や爆撃を受ける。

また、毎日砲撃が加えられ、オーストラリア軍のコマンド部隊もあちこちに侵入してきている。実際、ポートモレスビーで編成された原住民部隊は、セピック地方の各所に浸透していた。

そんな環境を、人肉食が頻発するような「極限の飢餓状態」にあるガリガリの兵士が、あの重い銃と飯盒をぶら下げて、消えかけているその命をかけて「若い女」を探しに出るのだ。もし、「いや、あり得ただろう」と思う人がいたら、ぜひ自分でそれをやってみればよい。

この記事にある「パプアニューギニア人慰安婦一万六〇〇〇人」がどれだけバカらしいことかは、簡単な計算をすればすぐに判る。まず人口から見てみよう。

あの戦争の頃のパプアニューギニアの人口は、実際には二〇〇万から三〇〇万人くらいだったろう。仮に三〇〇万だったとして、男女比を一対一とすると、女性の数は単純計算で「一五〇万人」となる。当時の平均寿命を五〇歳と仮定すると、「同学年のニューギニア人」は各年齢に「三万人」いることになる。

ここで、百歩どころか「一万歩くらい」譲って、仮に日本軍が悪魔的な組織だったとしよう。その「悪魔の日本軍」が、パプアニューギニアにおいて「慰安婦」として「強制連行」の対象にした年齢層を一五歳から三〇歳に設定したと仮定してみる。なぜその年代かというと、そもそも向こうの、特に地方にいる女性などは今日でも、実際の年齢よりかなり老けて見えるからである。今でこそ都市部の女性は、普通に化粧もしているし、若い女の子であれば、今風のファッションに身を包んでいて、なかなかの美人さんもいるが、昔は決定的に違う。集落に住んでいる人の場合、風呂にも入ったことのない人たちなので、人によっては、かなり「厳しい」。疑問に思う人は、一度自分の目で確かめてみればよい。

私自身、あるセピックの村に何日間も泊まった時の経験だが、我々のような外国の珍客が奥地の村にまで入って行ったというので、村の女たちがキャッキャとはしゃいで、あの手この手で我々にアプローチしてきたことがあった。しかしどう見ても彼女らは三〇歳くらいに見える。顔に入れ墨をしているし、ブアイという果実をクチャクチャ噛んでいて、口は吸血鬼みたいに真っ赤、歯も「ヤニ」がついていて黒々しているのだ。それでも一生懸命に「ウインク」などをしてくるので、思いきって年を聞いたら、「一七歳」「一六歳」という返事が返ってきて、腰を抜かしたものだった。そんな彼女らは、三〇代前半の私をつかまえて「同年代」だと思っていたというから、「こりゃ何もかも違うなあ」と思ったものである。

このような現地での「現実的な」条件を当てはめると、いくら「暴虐」「エログロ」な日本軍だとしても、お好みの適齢期は一五歳から最大三〇歳の「一五年」と見るしかないだろう。そうなると、計算上は一五年×三万人で、「慰安婦適齢世代」なるものは四五万人となる。

次は実際の戦域の規模だ。『週刊朝日』の記事によると、これら残虐事件のほとんどは昭和一九年から二〇年に起こったというが、その頃の東部ニューギニアの日本軍支配地域はセピック地方に限られており、面積としてみたらおそらく東部ニューギニアの二〇分の一くらいだ。すると、四五万人の「慰安婦適齢世代」を二〇で割ると、「調達可能」な「慰安婦適齢世代」は二万二五〇〇人になる。

当時、セピック地方にいた日本兵らは最大二万ほどであるが、多くが毎日のように病死や餓死をしており、昭和二〇年に降伏したのはわずか一万二〇〇〇人であった。すると、この一万二〇〇〇人の「飢餓地獄」にあった兵たちは、なぜか性欲だけはますます「旺盛」で、迫り来るオーストラリア軍と戦いつつ、連合軍の激しい空襲と砲撃の合間に食糧を探し、それと同時にどこかから自分たちの頭数以上の一万六〇〇〇人もの「慰安婦適齢世代」の女性を組織的に探し出して飯を食わせて管理し、「相手が疲れていても」強要するくらい夜な夜な自分たちの相手をさせていたことになる。まさに「スーパーマン」というわけだが、こんなことが本当にあり得ると思う人がいたら、それはつまり、常識というものが通用しない御仁ということになる。

そもそも、「強姦の後に殺害」された被害者が「五一六四人」などとして、端数まで数えられている。しかしこれは、向こうの人の感覚を知っている人に言わせれば、すぐに「ウソ」だと判る。田舎の人たちの多くは、今でも、一〇以上の数を数えるのすら困難な人が多い。彼らが「プレンティ（いっぱい）」と言う時は、それが一〇〇個でも一万個でも同じことなのだ。

パプアニューギニア式「数の数え方」

以下に、私自身の経験を一つ挙げよう。何年も前、私は現地で、あるフルーツジュースの生産工場を一人で管理しており、部下に五〇名ほどの職員を抱えていたが、日々の頭痛の種は「いかにして生産量を上げるか」であった。それで、地元ラジオに広告料を払ってコマーシャルを流してもらい、「たくさん果実の木を持っている人は、我が社に連絡してください」とやった。

そうしたらある日、車で三時間ほど離れた地域にいた村人がやってきて、「うちの村に五〇〇〇ものフルーツの木がある。それで村おこしをしたいので、ぜひうちから買ってほしい。村人を一生懸命に働かせる」と懇願してきたのである。その地域は、途中にかなり危険なところもあるが、五〇〇〇本の木というのは魅力的だった。それだけで少なくとも毎月五トンの生産量が見込めるので、頭痛の種が一気に軽減される。また、村人が持ってきた一〇キロものサンプル果実も、工場周辺のものより大きく、テストをしたらかなり良い歩留まりで、品質も上物であることが判った。

そもそも、それだけの木があれば、彼らの村おこしだって夢ではないはずだ。考えに考えたあげく、「週一回の取引なら、往復のガソリン代もカバーできるし、危険も減少するだろう」と考え、まずはその五〇〇〇本の木を見に行くことにした。道は極めて悪いし、治安も悪い。事実、それより一週間前に私の知り合いがその近くで「ラスカル」という武装強盗集団に撃たれて車を穴だらけにしている。そのため、腰に自動拳銃と予備弾倉四個をつけ、八連装のウインチェスターのショットガン一丁を持ち、ドライバーには二二口径の小型自動拳銃を持たせて、4WDの車に乗って出かけた。あの時に感じた緊張と、期待からくる大きな興奮は、今でも昨日のことのように覚えている。

そうしてようやく村に到着したら、例の人の良さそうな村人が、「こちらです！」とニコニコ自信たっぷりに自宅の裏に案内してくれる。こちらも気持ちがたかぶってワクワクだ。目の前に整然と広がる美しい農園を想像した。そうして目の前に現れたのは、なんと、青々とたくましく天に向かって伸びる「たった五本」の木であった！　それ以外、どこを見回しても何もない。まず腰を抜かし、脱力し、「まさか、そんなはずは」と思うが、同時に「またか！」とも思った。そして、次の瞬間には凄まじい怒気が湧いてきた。

例の村人は、「ほら、プーレンティーだ！　実がたくさんなる！」と言って、やっぱりニコニコである。「これで一緒に村おこしをさせていただきたい」と言っているが、もう私の耳には何も入ってこない。一方、私の忠実な部下たちは、「やっぱりなあ」という顔をしつつ、それでも「ボス（私）

のために」、一生懸命に怒ってくれている。ピジン語でわめきながらを文句を言う彼らに、まったく悪意のない村人は、なぜか突然に怒られてひたすら困惑している。

私は、震える体を抑えつつ、

「一つだけ訊くけれども、あなたはどうやってものを数えるんですか？　まさか、一、二、三千、四千、五千と数えるわけじゃないでしょう？」

と言ったら、相手は完全にしょんぼりしてしまって、

「オー、ミスター、ミー、ソーリートゥルー（本当にごめんなさい）」

と言うだけである。

最後は、私が怒り狂う部下たちをなだめて帰途についたが、この帰り道に「ラスカル」にでも襲われたら、この怒りをぶちまけるために撃ちまくってやる！とさえ思っていた。しかし、この時に限っては、行きも帰りも何事もなく極めて平穏無事であった。

つまりこれは、パプアニューギニアの人々というのは、今でもそのくらいのんびりしていて、なんでも日本の物差しで考えてしまうととんでもないことになる、という良い例である。このことからも、彼らが六〇年以上も前のモノやヒトの数を端数まで把握しきれるわけがない、ということはすぐに判るはずだ。

実はこの『週刊朝日』が取り上げた与太話は、現地でも知っている人がいた。比較的仲の良かったある州の知事が、決して日本を非難するという意味においてではなく、この話をしてくれたことがあった。

「そういえば以前、日本兵に強姦されて殺された人の代わりに日本政府を訴えるので、協力してくれ

という男がいたなあ」

と、知事がぽつりと言うので、私は先述した根拠を持ち出して、そんなものは大嘘に決まっているじゃないですかと反論したところ、じっと黙って私の話を聞いていた知事は、うんうんと頷き始め、

「そう言われればそうだ。確かに、あの訴えを出した男には、かなりうさん臭いところがある。だから、私も距離を置いていたんだ。いやあ、君がちゃんと教えてくれてよかったよ。これで間違えなくて済んだ。彼らは結局、金儲けなんだ」

と笑うのであった。ちなみにこの知事は、伯父さんが日本軍にとてもかわいがられていたが、そのせいでオーストラリア兵に射殺されたということもあり、徹底的な親日・反豪主義者である。あまり反豪になり過ぎると、日本が頼りない分、中国に行ってしまうので困るのだが、その気持ちも判らないではなかった。

「あなたたちの祖父は、最低な連中だ」

ニューギニア戦線において日本軍を追い続けたオーストラリア軍では、日本兵が自分たちの仲間の戦死者の遺体を食べていたらしい証拠をいくつも見つけ、当然ながら激怒した。その結果、今日においても、オーストラリア人の一部には、「日本人は人肉食をやりかねない野蛮なやつら」というような考えがある。

先にも述べたが、人肉食が最初に始まったのは、ポートモレスビー攻略作戦の主戦場となった「ココダ街道」である。ここは「ココダ」という小さな集落を出発点とし、ポートモレスビーまで標高

二〇〇〇メートル級のオーエンスタンレー山脈を幾重にも越えて行く、全長一〇〇キロほどの「山道」であり、日豪両軍はこの山道上で激しい戦闘を重ねた。実に峻険かつ苦しい場所であるため、今でも全行程を歩こうとしたら一週間はかかる行程だが、ここ二〇年ほどはオーストラリア人にとって「勝利と栄光の記憶」を思い出させる人気の旅行スポットであり、毎年二万人ほどの観光客がトレッキングを楽しむのだという。

私はもう何度もこの地を訪れており、前述の通り、この山脈の奥で日豪両軍兵士らの「幽霊」らしきものにも遭遇しているが、オーストラリア国営放送の元プロデューサーであるクレイグ・コリーと一緒に『ココダ　遙かなる戦いの道』（原題は The Path of Infinite Sorrow）という本を書くため、この「ココダ街道」の古戦場を訪れた際、突然に見知らぬ人からこの日本兵の人肉食に関する「議論」を挑まれたことがあった。相手は、私と同じか、少し年下のオーストラリア人女性である。

彼女は、我々がココダ村の古戦場周辺で調査を行っていた時、約一〇日間の厳しいトレッキングを終えたツアーグループの一員として山から下りてきた。グループの大半は男性であったが、女性も何人か交じっている。夫婦やカップルもいたが、彼女は一人での参加であった。

前述の通り、「ココダ街道」はオーストラリアにとっては「栄光の地」であり、日本軍と戦った「苦しみの記憶」でもある。日本人はほとんど誰も行くことのないそんな「聖地」でオーストラリア人のツアーグループと遭遇すると、相手が私のようにぼんやりした日本人であったとしても、非常に意地悪で憎々しげな視線を送ってくる人もいる。しかし彼女の場合はもっと強烈だった。私が昼飯の準備をするため、飯盒で湯を沸かしていると、彼女は泥まみれの登山靴のままドカドカと近付いてきて、隣に腰を下ろし、開口一番にこう言った。

「あなた、日本人なんですって？　あなたたちの祖父は、最低な連中だって聞いたわ。なんで、あんな残忍なことができるのかしら？」

一瞬、何が始まったのかと思ったが、すぐに、「ほれ、きた！」と思った。かつて、オーストラリアの大学でも時おり経験した、あの「無知なる一方的断罪」というやつだ。彼女の顔を見上げると、純朴でかわいらしい顔をしているけれども、教養というものが欠けた感じがする。しかし、人は見かけで判断してはならんと思ったので、一応話を聞くこととした。

彼女の話によると、彼女の祖父はかつてオーストラリア軍の兵士として、昭和二〇年ごろにウェワク地域で日本軍と戦ったらしい。そんなある日、その祖父は、敗残日本兵（アイタペ会戦で敗北し、ウェワクまで徒歩で脱出した日本陸軍第一八軍の兵士ら）を追い詰めるため、部隊と共にパトロールに出た。そのパトロール隊は、ジャングルの中で突然、日本軍狙撃兵による奇襲を受け、一名の戦死者と数名の負傷者を出して撤退した。しかし、日本軍の攻撃が激しかったので、戦死した友軍の兵士を回収することはできず、彼女の祖父らは仕方なく近くの森で宿営せざるを得なかった。そして翌日、再び仲間の遺体を探すために戦場に戻った彼らがそこで見たのは、尻の部分の肉を削がれ、裸で放置された仲間の無惨な姿だったという。そして、彼らの怒りに火を注いだのは、その戦友の軍服がその亡骸《なきがら》の隣に「きちんと折り畳んで」置いてあったことだ。彼女は言う。

「あんなふうに、綺麗に服を折り畳むなんて、何とおぞましく、残虐なの？　あれは私たちの国の兵士をトロフィー（勝利の記念品）にするような悪魔の儀式だったんだわ。あなたの祖父たちは恥を知るべきよ！」

戦争中、腹を減らした連合軍捕虜を哀れに思い、彼らに煮たゴボウを食べさせた日本人看守らが、戦後になって「木の根を食わされた。虐待だ」という告発を受けたという話が残っているが、文化的な違いがあるとはいえ、あまりにこの若き女性は無知であり、感情的であった。

私は仕方なく、当時の日本兵がどれだけ飢えていたのかをきっちりと説明し、極限状態における人肉食は何も日本人の専売特許ではないこと、歴史上、そういった事例はヨーロッパの十字軍の遠征を含めて実に多くあることを説明し、また彼女がたった今、「栄光の記憶」を共有してきた「ココダ街道の戦い」では、日本軍に追われてジャングルの中で何週間もさまよった一部のオーストラリア兵の間でも、人肉食が行われたらしいことも伝えた。その上で、こう言った。

「それをやった日本兵には、罪の意識があった。申し訳ないという気持ちがあった。だから彼らは、殺害し、その肉を削いでしまった相手に心からの謝罪と敬意を払うつもりで軍服をきっちりと折り畳み、かたわらに置いたんだと思いますよ。殺して申し訳なかった、許してほしいという思いでね。『トロフィーだ』『悪魔的儀式だ』とか、そんなハリウッドチックな単純でオドロオドロしい話ではなく。ただ、本当の意味での地獄だったんですよ」

ここまで話すと、相手は不満そうであったが、目を白黒させて何も言わなくなった。その一方、彼女の後ろで心配そうにそのやり取りを見ていた三〇代のオーストラリア人男性は、話が終わったらしいことを察知し、私に対して笑顔でウインクすると、

「おい、ソーセージが焼けてるぜ。早いところ、食べよう」

と言って彼女を立たせ、そのまま去って行った。この彼は、私の言いたいことがよく判ったんだなと思ったが、夕方になってこの男性はもう一度、私のところにやってきて、今度は日本人の側から見た戦争の話を聞きたがった。キャンベラ出身だという彼は、私がオーストラリア国立大学で勉強し、また、ドキュメンタリー映画『ビヨンド・ココダ』を制作したチームの一員だと知って、さらに興味を持ったらしかったが、最後に、

「さっきのあの彼女だけど、嫌な思いをさせて申し訳なかったね。彼女、悪い子じゃないんだけど、クイーンズランド州の出身なんだ。こんなこと言っちゃ、怒られるけど」

と言って私の肩を叩きながら笑った。この場合の「クイーンズランド」という言葉には、「無知な田舎者」という強烈な皮肉の意味が込められている。

人肉食を「組織的に」行った残虐日本軍？

この「クイーンズランド」の女性に限らず、似たようなことを言うオーストラリア人には何度も遭遇した。しかし、そのほとんどがオーストラリアの「田舎」での体験であった。私の場合、大学と大学院は首都キャンベラであったが、ここは政府機関と各国の大使館、高等教育機関くらいしかないところなので、必然的に教養レベルが極めて高くなる。だからキャンベラにいる限り、大学の授業における一部の経験を除き、日常生活で「人種差別的」な扱いを受けることはほとんどなく、したがって不快な思いをさせられることはなかった。

日本兵の残虐さや人肉食を非難する彼らの根底には、多くの場合、無知と人種的偏見があるのは間

違いないが、そんな彼らの信念を一生懸命に支えている人々がいる。それが、オーストラリアに住んでいる一部の日本人なのだから驚きであるが、そうやって日本の悪口を言いつのり、それで一人だけ心地よくなっている海外在住の日本人が多いのは残念なことである。いや、海外在住と決めつけてはいけないかもしれない。言うならば、「戦後日本人」とでもすべきだろう。この種の日本人は、学者の中にもいる。

昨年、オーストラリア人の歴史研究者と食事をした時、話題がニューギニアにおける日本軍将兵の人肉食の話になった。その時、彼は私に向かって、「人肉食は日本軍が組織的に行った行為だ、と書いて話題になった日本人研究者がいるよ」と教えてくれた。その話を聞いて大変に驚いてしまった私は、早速その本を取り寄せ、ページを開いてみて二度驚いた。本当にそう書いてあるのだ。

この本は、『Hidden Horror（知られざる恐怖）』というオドロオドロしいタイトルであり、著者は、前述の『週刊朝日』の中でもコメントを載せていた田中利幸教授である。田中教授は、オーストラリアの大学に在籍していた頃に出版したその著作の中で、「人肉食は、（日本の）軍隊の中で組織的に行われていた」ということを記述し、ニューギニア戦線で行われた多くの人肉食について記述しているが、徹底的に「連合国の立場」または「戦後日本人の立場」で書かれていて、温かみというものがまったく感じられない。この本に少し目を通せば、まるで連合軍のBC級裁判の総まとめを読んでいるような気になり、とてもつらかった。

そもそも、「組織的に」行われたと言っても、その言葉の使い方が問題なのだ。食糧を失って久しい飢餓地獄にある敗残兵の集団が、例えば敵兵の死肉を手に入れたとする。それは、もしかしたら明日、新たに補給されるかもしれない食糧を得るためだけに命をつなぐ、「たった一つの希望」となる。すると、指揮官（といっても、場合によっては軍曹や伍長クラスであろうが）は、それを皆の前で公平に配ろうとする。共に生きてこの地獄を脱するためだが、この選択は多くの兵士にとって、詰まるところ、生きて愛する家族に会うためなのだ。しかし、この敗残兵の集団（組織）において行われたこの行為は、言葉の上では確かに「組織として」行われたのであり、それはつまり「組織的に行われた」と言い得るのかもしれない。しかし、それをそのまま、「人肉食は、（日本の）軍隊の中で組織的に行われていた」という文章にしてしまうことには、大きな飛躍があるばかりか、当時の日本人が置かれた地獄の極限状況に対する洞察力がまったく欠如しているし、意図的な悪意さえ感じる。

この「冷たい」文章を読みながら、ふと思い出した事件がある。それは、昭和四三年に発生した「栃木実父殺し事件」である。この事件は、当時二九歳の女性が当時五二歳の父親を絞殺し、刑法二〇〇条の尊属殺人重罰規定に問われた事件である。かつて、日本では両親や祖父母など、父母と同列にある血族を殺すことは最も重い罪であり、「無期懲役か死刑」の適用しかなかった。この女性が父親を殺した直接の原因は、毎晩のように酔って暴れる父親から、「逃げたら三人の子供は始末してやる」と脅され、それに恐怖したことであるが、実はこの女性は、一四歳の頃からその父親に「強姦」され続け、一八歳の頃から事実上の監禁状態に置かれただけでなく、その間に五人の子供を産み、六回もの妊娠中絶をしたという「壮絶な地獄」を生きていたのである。この事件はやがて、刑法二〇〇条の尊属殺人重罰規定そのものが「削除」されるきっかけとなるのだが、「地獄のような極限状況」に置かれた背景を無視するという田中利幸教授の書き方を真似るなら、「（実際に三人の子供が殺されたわけではない）この父親殺しは、極めて計画的に行われた」と書いてもよいことになる。そのくらい、荒っぽくて一方的、かつ基本的な洞察力の欠けた文章だ、ということである。

こんな「驚愕すべき人肉食を組織的に行った日本軍」という印象を与える文章を、飢餓地獄にさえ追い込まれたことのない現代人、しかも日本軍と比べれば相当に食糧豊富であった国の人々が読めばどうなるか、想像は簡単につく。実際、この本をざっと読んだ何人かのオーストラリア人に話を聞いてみたが、その反応はおおむね、

「人肉食は武士道の伝統的しきたりだったらしいね。日本人が書いたのだから、本当に信憑性があって、衝撃的だった。これはもっと世界に知られなければならない」

とか、

「ああ、あの本でしょ？　読んだよ！　やっぱり、日本は軍の正式命令で組織的に人肉食をやっていたんだね。よく判ったよ」

などというものであった。彼らから言わせれば、

「日本人が自ら罪と認めて告白しているのだから、正しいんだ」

ということになる。しかし、私は声を大にして「違う！」と言いたいし、実際に話をした連中にもその旨を伝えた。こんなに悔しいことはない。

これは明らかに、死者に対する「冒涜」と言ってもよい。極限状況にあって人間性を徹底的に試された我々の先祖、同胞、いや同じ人間というものに対する、悲しいくらいの想像力と慈しみの欠如にほかならない。それを、日本人の「犯罪」としておどろおどろしく書けば、記事や本は売れ、研究者

はその功績を認められるという、とてもおかしな状況になっている。

最近、この本が『知られざる戦争犯罪——日本軍はオーストラリア人に何をしたか』という邦題で出版されているのを知ったが、原題の『Hidden Horror（知られざる恐怖）』に見えるオドロオドロしさは消され、学術書のような題名になっている。日本人読者の反感や抗議をかわすためのイメージ戦略だろうが、はっきり言ってこのやり方は「卑怯」だ。田中利幸教授には、『日本の慰安婦——第二次大戦と米占領下の売春婦と性奴隷』という本もあるが、これは「英文」でしか公開されておらず、しかも悪いことに、日本の戦争犯罪を追求せんと躍起になるあまり、でたらめな内容を集めて作られたアメリカ議会の公式報告書にも引用されている。

この種の反日書籍は、その多くが「英文」で書かれたものなので、我々日本人はその存在すらほとんど知らない。そして、日本の「悪行」については、あることないことを含めて、根拠薄弱なままでグロテスクに書くのだが、連合国軍側の残虐行為というものは、ほとんど書かれていないため、一般的な読者にすれば、「やっぱり日本軍はひでえな！」ということになるのだ。

一方、この本の存在を紹介してくれたオーストラリア人研究者は、

「あの本には、根拠が希薄なまま書かれた例がほかにも出てくるが、当時の極限状況下にあった日本の兵士に対する思いやりというものがないね。あの地獄のような環境にあれば、国籍に関係なく、みな同じことをするだろうに。なんで、ああいう書き方をするのだろうか？」

と言って、首をかしげていた。

また、我々がドキュメンタリー映画制作の際に取材をした元オーストラリア兵の中にも、実際にあ

の過酷なココダ街道での戦いを知っている人の中には、

「確かに人肉食は身の毛もよだつ行為だが、あそこには食べるものなんか何もなかった。そんな状態で長期間飢えている人間に対して、いったい何を期待するんだね。我々だって、同じ状況に追い込まれたら、それをするかもしれないじゃないか」

と言って、当時の日本兵の置かれた過酷な立場に理解を示した人も複数いた。彼らは「地獄の戦場の現実」を知っている人々だ。そんな人々に対し、飽食の時代に生きた人間が、しかも現地の戦場を実際に重い荷物を担いで歩いたことさえない人間が、いったい何を言えるというのか。もし、飢餓状態も経験できないし、経済的、物理的な事情からかつての戦場に行けないというのであれば、せめて「想像力」くらい発揮するのが、同じ人間に対する「最低限のマナー」というものだろう。

かつて、ニューギニアの古戦場を歩いていて、ふと感じたことがある。それは、「もしや、この地で息絶えた十数万の日本軍将兵らは、自分がどこで死んだのかさえ理解していなかったのではないか」ということである。多くの兵士らは、農村出身で外の世界のことなどほとんど知らない人々であったからだ。

実際、生き残った元兵士らに話を聞いたが、戦前にオーストラリアやニューギニアを地理的、歴史的、文化的に、ある程度は把握していたという人は皆無であった。私が留学直前まで、パプアニューギニアがどこにあるのかさえほとんど知らず、オーストラリア人といえば、カウボーイハットに半ズボンを履き、コアラを抱いてニコニコしている親切そうな人たち、という、今から考えれば赤面するようなイメージしか持っていなかった状態と、ほとんど変わらない。

そんな無知で無垢な若者たちは、召集令状や戦時動員で武装させられ、船に乗せられて祖国を離れる。やがて、ある日突然、船から覗いたところに熱帯のヤシの木がたくさん見え、そこへの上陸を命じられる。ニューギニアだと言われても、「ああ、そうか」という程度のことで、下士官でさえ詳しいことは判らなかったはずだ。そんな彼らは、道も判らないジャングルの中で突然敵兵と遭遇し、そこで撃たれ、命を落とす。または、苦難に苦難を重ねた結果、いつ終わるとも判らない戦争の中で、ただ生きるためにがむしゃらにもがき戦い、最後にはそんな地獄の中で、餓えやマラリアで死んでいくのだ。

そうやって斃れた彼らのほとんどは、自分たちが故郷からいったいどのくらい離れた地で、いったい何のために死んだのかさえ判らなかっただろう。そんな人々のことを思い、彼らが日本の方角に向けて撤退していった山岳地帯を見つめた時、そこにまだ多くの埋まったままのご遺骨があるだろう現実が容易に想像され、気がつけば涙がボロボロと流れたこともあった。ああ、彼らはその人生の最後に母親の姿を思い、愛する人、妻子の声を聞きたかっただろうなと、一人ひとりの最期の悲痛な心のうちを想像するだけで、苦しい気持ちになる。普通の感覚で想像力があれば、このように感じて当たり前ではないかと思う。それなのに、日本がなぜか嫌いな一部の戦後日本人は、こういう想像力すら持ち合わせていないらしく、しかも自分は飽食した暮らしをしていながら、過去の一時期、自らの意思に反して飢餓地獄に突き落とされた人々を「洗練された文章」で断罪するのだ。

ではもし自分が、当時のニューギニア戦線に放り込まれた一兵士であるか、または苦境に置かれた指揮官の立場であったら、果たして「人道的」なる処置だけで兵の命をつなぎ得たとでも言うのか？

部下の兵隊たちを、できるだけ多く無事に故郷の家族のもとに戻してやらねばならない責務のある指揮官として、「キレイごと」だけで部下の命を救えたのか？　そういう自身への問いかけが欠けているから、前述のオーストラリア人研究者のような冷静な人に、「思いやりの欠如」と指摘されてしまうのである。

なぜ、戦後の日本人エリートには、こうやって欧米人の側に立ち、一方的に祖父母の世代を断罪して悦に入る人が多いのか、まったく判らない。そんな態度を、まともな欧米人から逆に「おかしいよ」と指摘されるようでは、あまりに情けないではないか。

日本人がやると「極悪非道」

前述の『週刊朝日』の「与太記事」を書いたのは、須藤真理子というジャーナリストである。ロンドンあたりで少し勉強した経済金融の書き手らしいが、パプアニューギニアに初めて行って、「若くハンサムな金髪のパイロットが操縦しているのを、すぐそばでみれ」て嬉しがったりするミーハーなお姉さんかと思いきや、「首都のポートモレスビーでは、空港から近くのホテルの売店まで歩いていったら、欧米人ツーリストに危険だと注意を受けた」など、向こうのことを何も判っていない「一見さん」なのだ。

ちなみにこの人は、二〇〇〇年にガンで亡くなっている。死者に鞭打つようなことはしたくはないが、食なく、薬なく、弾なくして斃れ、今でもニューギニアの土の下で鬼哭啾々と祖国に帰ることを待ちわびている声なき彼ら英霊の名誉のためにも、そして日本国の名誉のためにも、彼女のやったことは紛れもない「罪」であると、あえて言いたい。この記事のおかげで、いったいどれだけの生存者の方々がいわれなき中傷を受け、あの地で亡くなった将兵の名誉が傷つけられたかを考えるべきだ。相手が亡くなっているとはいえ、こんな指摘くらいさせていただいても、ニューギニアで戦没した十数万の英霊は許してくださるに違いない。

とにかく、日本人がやると「極悪非道」だが、欧米人やキリスト教徒がやると「美談」になったり、許されたりするケースはよくある。アンデス山脈でかつて発生した飛行機墜落事故により、生存者が人肉食を行った実際の事件を題材にした『生きてこそ』という映画がそれだ。この事件の顛末は最初、『アンデスの聖餐』という名前で出版、紹介された。また、ウィーン出身のユダヤ人医師ヴィクトール・フランクルの『夜と霧』によると、ナチスの強制収容所でもユダヤ人どうしの人肉食があったことが記されている。これらはあくまで、「地獄のような環境」で起こされた「悲劇」として、理解ある解釈がなされている。

また、ナポレオン戦争における有名な「トラファルガーの海戦」でフランス・スペイン連合軍を破ったイギリス海軍の名提督ネルソンにちなむ話もある。この戦いを指揮し、奇跡的な勝利に導いたネルソン提督は、戦闘中に敵弾を受け、自らはその命を落としてしまう。通常、海戦における戦死者の遺体は洋上投棄されるが、イギリス海軍はこの「偉大な英雄・ネルソン提督」を本国に帰還させることとし、そのまま遺体はラム酒に漬けられた。

しかし、一説によるとそのラム酒は、ネルソンの功績やその力にあやかろうとした水兵たちが航海中に盗み飲みしてしまい、イギリス本国に着いたときは樽の中が空っぽであったという。これは、人肉食によって死者の生前の力を得たいとする、パプアニューギニア奥地の部族によってつい最近まで（今も？）行われていた人肉食の動機とまったく変わらないし、水兵たちは決して飢餓状態にあったわけでもないから、考えようによっては「かなり野蛮」で「グロテスク」な話である。しかし、この話はあくまで「美談の一種」なのであって、「戦慄すべき悪魔的人肉食だ」と非難されることはない。事実、ラム酒はこの逸話から「ネルソンの血」というあだ名を持っているが、その「悪魔的野蛮性」に戦慄しながらラム酒を飲む人はいないのだ。

競馬だって、欧米人がやれば紳士のたしなみだが、日本人がやればただの「バクチ」となる。欧米人が立って物を食べれば、それは「りっしょく」と発音され、日本人がやればただの「たちぐい」になるわけだ。そうすると、パチンコだって欧米で発明されていれば、間違いなく「紳士の余興」になったわけで、さすれば右手をクルクル回転させるあの仕草さえ、「社交界で知っておくべき洗練された振る舞い」などとして教えられていただろう、などとバカらしいことも言いたくなる。

連合軍の犯罪は指摘しないのか？

戦後、ソロモン諸島やブーゲンビル島のほか、太平洋の島々で戦っていた多くの日本軍兵士がオーストラリア軍の捕虜となったが、一部地域における待遇はまさに「捕虜虐待」そのものであった。例えば、捕虜となった海軍部隊の一部はブーゲンビル島南部のファウロ諸島に送られ、そこに収容されることになったが、そこはマラリアが猛威を振るう地域であり、程度の低いオーストラリア兵によって多くの日本人捕虜が略奪に遭い、また命を落としている。

オーストラリア軍の輸送船に乗って、昭和二〇年九月一九日にブーゲンビル島に送られたのは、武装解除されたナウル島第六七警備隊の兵士たちであった。

入港間もなく「各自水筒の水を捨てよ」の命令があり、上陸後に旨い水でも飲ましてくれるものとばかり思い込んだ将兵たちは、言われるがままに水筒を逆さまにした。水はたらたらと小さな虹を描いて海面へ散った。これが報復のはじまりとは夢にも思わない。朝食支給なし。（中略）豪軍舟艇が慌ただしく航行し始め、時々、ダダンと自動小銃の発射音が湾内に響く。照りつける太陽は南洋のギラギラした直射日光。舟艇が接触されて「移譲」の命があり、二千余人の日本兵はつぎつぎ舟艇へ移る。

ただちに上陸かと思ったら、とんでもないことだった。一隻に三〇〇人以上も詰め込んだまま、船を離れた舟艇群は湾内を漂流し始めた。立錐の余地もないので、身動きも取れない。上陸用舟艇であるから、外舷は高く、風はまったく通らない。太陽はじりじりと艇内の将兵を焼く。一時間、二時間経っても接岸する様子はない。（中略）

舟艇上の豪兵たちのわめき散らす声があちこちから聞こえてくる。補充兵たちや、十八年兵以降の鍛えられていない兵たちの顔は土気色にかわり、目はどろんとしてくる。一滴の水も食も与えられず、通風のよくない舟艇内。焼け付くような太陽。あいにくスコールも来ない。のどはからからで空腹どころではないが、敗残の兵たちは無言で耐えている。

豪兵らは上半身裸で、自動小銃を向けながらこれ見よがしに水やコーラをがぶ飲みして見せつける。「水を捨てろ」とはこんな残酷な目にあわせるためだったか。

（大槻巌『ソロモン収容所』一三一ページ〜一三三ページ）

この灼熱地獄における拷問の間、立ったまま失神した兵らのために、叩き上げの一海軍少尉が、靴底からやっとの思いで一〇円紙幣を取り出してオーストラリア兵に渡し、ようやくコップ一杯の水をもらったが、当然ながらそれを数人で飲めば、すぐになくなってしまう。もう一杯頼むと言うと、オーストラリア兵らは少尉の胸に銃を突き付けてさらに金を要求した。たった二杯の水を買うために、この少尉は命を張ったのであった。その間、オーストラリア兵らは銃を日本人捕虜らに突き付けて、腕時計をほとんど取り上げてしまい、腕にいくつも巻いて大満足していた。

戦争には殺しと略奪、強姦が付きものであるが、オーストラリア兵の場合は、とにかく日本の腕時計や万年筆などを欲しがったという。今でもそうだが、オーストラリアの本当の田舎（幹線道路から車で何時間もかかるような奥地）に行くと、生活環境は非常に過酷であり、驚くくらいに物がない。まして七〇年前であれば、なおさらのことだったに違いない。彼らは、日本兵のほとんどが腕時計をしていたことさえ信じられなかったのだろうが、防衛大学校の田中宏巳名誉教授によると、オーストラリア軍の場合、将校は教養人で立派な人が多かったが、下級兵士の多くは粗野であり、素行不良であったという。もちろん、だからこそ戦場では非常に「強かった」ということもある。事実、オーストラリア兵と戦った歴戦の日本軍将兵の多くが、その「手強さ」を認めているくらいだ。

実際、開戦の直前、マレー・シンガポール攻略を計画するために陸軍参謀本部が作成した『英領馬来情報記録』には、オーストラリア兵に関する調査報告書があるが、そこには、「その素質一般に良好ならず失業者、無頼漢等を交え、軍紀風紀の不良は有名なり。戦闘に際して（中略）冒険果敢の国民性より相当の勇敢性を発揮すべきも訓練、装備は共に良好と言い難し」と記載されている（小谷賢『日本軍とインテリジェンス　―成功と失敗の事例から―』「防衛研究所紀要」第一一巻一号二〇〇八年一一月）。そして、戦争終了後、武装解除した日本兵から時計や万年筆を奪って喜んでいたのは、オーストラリア兵とソ連兵だけであった。

さて、この第六七警備隊の捕虜たちは、灼熱の舟艇の中で結局五時間も湾内を漂流させられた後、滑走路の脇に集められ、そこから灼熱のジャングルの道を収容所まで追い立てるように歩かされるのだが、まさにこれは「死の行進」であった。爆撃で戦時中に両腕を失ったり、顎を吹き飛ばされ、奇跡的に命を取り留めた重傷の兵士まで歩かされたと言う。

先刻の「拷問」で、すでに極度の脱水症状に陥っていた兵たちは、この「死の行進」の最中にどんどんと倒れたが、それを助けることさえ許されなかった。途中、ようやく池を見つけ、死ぬほどの喉の渇きに苦しんだ捕虜たちがその水を飲もうとすると、オーストラリア兵らが足でその水をかき混ぜ、泥水にしてしまう。この結果、この中隊では少なくとも四〇人ほどが途中で命を落としたという。

その後、警備隊は無人島への移動を命じられ、宿舎の建設も食糧の確保もすべてゼロから開始したが、一カ月後からマラリアによる死亡者が出始めた。ポナペ警備隊のある中隊では、二カ月で一〇〇人、捕虜の五〇パーセントが死んだという。間違えないように付け加えるが、これは戦後の話であり、オーストラリア軍の管理下で行われたことだ。

これらの事実を一〇人以上のオーストラリア人に話したことがある。「まさか」という拒否反応が多く、中には「そりゃ、あり得るだろうね」という反応もあったが、事実として知っている人は、前述の極めて優秀な研究者らを除けば、一般人では一人もいなかった。

同じことを日本人がやったら、戦犯裁判で徹底的に追及され、責任者から何から、何十人もの死刑宣告が出されるところだろう。しかし、勝者に対する裁きは何もない。それを指摘することさえ、どこかタブーとされるのだ。それどころか「でも、日本は南京大虐殺や慰安婦の強制連行、それにバターン死の行進をやっているではないか」などと論点をすり替えられてしまうのである。かつて議論した大学研究者の一人は、この方法で日本の「侵略戦争」を一方的に非難し、「日本の戦争はやはり悪（evil）であった」と断じたが、それに対して私が、

「多くの否定的な議論がある南京や慰安婦強制連行の論争はさておき、戦争とはあらゆる形の暴力が最大限の形で現れる一種の極限状態だ。残虐行為を語るなら、戦争と人間の本質を見つめなければならない。それに、残虐行為は日本人の専売特許ではない」

とした上で、

「戦争は確かに『悪』であろうが、それはある日突然始まるものではなく、それぞれ過程があり、そちらの方がとても重要だ。例えばナチスの台頭は、ヴェルサイユ条約でドイツに課された天文学的な『賠償金』を抜きにしては語れない。では訊くけれども、東南アジアに進出した日本を迎え撃ったのはなぜがフィリピン軍やインドネシア軍ではなく、アメリカ軍やイギリス軍、オランダ軍であったのはなぜなのか？　彼ら欧米諸国は、そこで数百年間、そんな植民地から資源を徹底的に『搾取』していたの

ではないのか？　それらを問わずして、日本の戦争の動機を語るのはおかしい」

と反論したら、彼はこう言った。

「それは『過去の話』だ。私は今、日本の戦争について話をしている」

まったく都合のよいすり替え論法だと言わざるを得ないが、このような「自己正当化」のパターンを、私自身はオーストラリアで何度経験したか判らない。戦争ではどちらの側だって残虐になる。そんな常識さえ、日本の戦争という話になると、いっさい認められはしないのだ。

ノースケンタッキー大学のロバート・リリー教授（社会学・犯罪学）の研究では、第二次大戦でアメリカ兵が行った強姦はヨーロッパ戦線で一万七〇八〇件以上あり、沖縄戦の最中だけでも、アメリカ兵は沖縄女性に対して一万件もの強姦を行ったと指摘しているが、このことは学問分野において積極的に取り上げられることはなく、隠蔽さえされてきたという。

実際、終戦直後にアメリカ軍が上陸した神奈川県では、最初の一〇日間で一三三六件もの米兵による強姦事件が発生したのは有名な話であるし、オーストラリア軍が進駐した広島県の呉では、海軍の未亡人らを含む多くの婦女子が毎晩連れ去られて強姦されたため、呉市長がやむを得ず日本中から売春婦を集め、「性の防波堤」にしたのである。

昭和二〇年九月の『タイム誌』にはこんな記述がある。


我々（著者注：アメリカ）の軍隊ならびに、共に行動した英国軍は、略奪と強姦を行った。（中略）我々もまた、強姦魔の集団だと見られているのだ。

また、アメリカの従軍記者として太平洋戦線に同行したエドガー・J・ジョーンズは、昭和二一年二月、ある月刊誌に『戦争は一度で充分だ』という記事を書いたが、その中で連合軍の犯罪について以下のように述べている。

我々は冷酷にも捕虜を射殺し、病院を跡形もなく破壊し、敵の救命筏に対して機銃掃射を加え、敵国の一般市民を殺害し、または虐待した。そして、敵の負傷兵を皆殺しにし、瀕死だがまだ息のある者をほかの死体と一緒に穴に放り込んで埋めたのだ。太平洋戦線では、我々のガールフレンドへ送るプレゼントにするため、死んだ日本兵の頭を茹でて肉を削ぎ落とし、その頭蓋骨をテーブルの上に飾る装飾品とし、またはその骨を削ってレターオープナーにしている。(中略)

我々は日本兵の肉体を切り刻み、その耳を切り取り、あげくの果てには金歯を抜き取って「土産もの」とした。そんな目を覆うような悪行が行われたにもかかわらず、それらがどういう戦場心理によるものなのか、ということはいまだにまったく検討すらされていないのである。

日本の罪悪に関してなら、都市伝説や作り話まででっち上げて飯を食っている人々は、このような連合軍の罪悪について、声高に叫ぶことはない。なぜなら、彼らは旧連合国、つまり戦勝国にぶら下がって生きているか、またはそんな白人たちに褒められたくて仕方ないという病的な性質を持っているからである。

そして、この種の人たちは、長崎に原爆を投下して七万人を一瞬にして焼き殺したB29爆撃機「ボックスカー号」の機長で、戦後、米軍人の中で最も早くその長崎に足を踏み入れたアメリカ陸軍航空隊のチャールズ・スウィーニー少佐（当時）が、まさにその長崎の廃墟に立って漏らした以下のような「自己正当化論」は、よく理解するのだろう。

だが私は、自分が立っていたその都市を爆撃したことについて、後悔も罪悪感も感じなかった。破壊された周囲の光景が物語っていた苦しみは、日本の軍国主義文化の残虐さと、「下等な」民族を征服することを光栄とし日本がアジアを支配する運命にあると考えていた伝統によって、もたらされたものだからだ。後悔と罪悪感を抱くのは日本の国家のはずであり、偉大なる野望を達成するために国民の犠牲を惜しまなかった軍の司令官たちこそが、とがめられるべきであった。

（チャールズ・W・スウィーニー『私はヒロシマ、ナガサキに原爆を投下した』二八四ページ）

この言い方は、ある家にガソリンをまき、火をつけてそこに住む女子供までを焼き殺した放火犯が、火が消えた後に焼け跡に戻ってきて、その非人道的な光景に心を痛めながら、「この廃墟の苦しみは、乱暴者だったこの家の親父の行為によってもたらされたものだ。後悔と罪悪感を抱くのは、この家の親父であるはずであり、やつこそ、とがめられるべきなのだ」と言っているようなものだ。こういう「居直り強盗」のような論理のすり替えに納得する日本人は、まったく常軌を逸した人物か、または次に述べる心理的「植民地コンプレックス」を持つ人以外、想像がつかない。

戦後日本人の「植民地コンプレックス」

フランスの精神分析医オクターブ・マノニは、フランス植民地下のマダガスカルに二〇年住み、そこで植民地の民となった現地人や、白人植民者らの姿を観察し、そこから得られた「植民地コンプレックス」についての本をいくつか記した。注目すべきは、植民地化された人々には「従属コンプレックス」が生じることがある、とした点である。その一つとして示されるのは「（支配者である欧米人への）同化反応」であり、これはつまり、「欧米化した被支配層」が、「自分自身の文化に対する愛着を失う」というものである。そして、こういった植民地コンプレックスを持つ人々は、「古い時代についての後悔」を行うそうだ。これは、戦後の進歩的文化人らの間によく見られた姿だ。

一方、このマノニを批判したのが、思想家フランツ・ファノンである。アルジェリア独立戦争に身を投じ、わずか三六歳で亡くなったファノンは、フランスの植民地であった西インド諸島マルティニーク出身の黒人であるが、その生涯を通じて、「植民地コンプレックス」なるものに対し、真正面から激烈な戦いを挑んだ人物である。

ファノンはまず、自分と同じ西インド諸島マルティニーク出身で、かつフランスで学ぶ機会を得た「同胞」であるはずの「黒人女子学生」らの異性に対する態度を観察している。

私は、フランスにいる女子学生で、自分は黒人の男とは結婚することはできない（せっかく逃げ出したというのに、自分からすすんでまた国に帰るなんて、ああとんでもない！）と、無邪気に、まったくにごりのない〔白い〕無邪気な調子で告白する多くの同国人を知っている。それに、と彼女らはつけ加える、それは黒人の価値をまったく認めないからではなく、白人である方がずっとよいからなのよ、と。（フランツ・ファノン『黒い皮膚・白い仮面』七〇ページ）

ヨーロッパ人の男を前にしたときの黒い皮膚の女の反応を、ありのままに捉えてみよう。まず、黒人の女と、混血の女とがいる。前者には、ただ一つの可能性、ただ一つの関心しかない。白くなることだ。後者は、ただ単に白くなるだけではなく、逆行するのを避けたいと思っている。実際、混血の女が黒人の男と結婚すること以上に非論理的なことがあろうか？　なぜなら、これは絶対に理解せねばならぬことだが、血統を救わねばならないからだ。（同前、七六ページ〜七七ページ）

海外にいる日本人女性で時々、「自分は白人男性にしか興味がない」という不思議な人に会うことがある。そんな人を見たりしていると、私はいつも「ライオンの子殺し」を想像してしまうのだ。オスのライオンは通常ハーレム（群れ）を形成しているが、別のオスがやって来てその群れ自体を乗っ取ると、新しく主人となったオスは、前のオスとの間にできた子供を一匹残らず噛み殺してしまう。驚くべきは、その瞬間、自分の子供を殺されたメスたちは突然に発情し、今度はより強いオスの血統を受け継ごうとするのだ。すると、無差別爆撃や原爆投下で自分の属する社会（日本）を殲滅し、強大な軍事力で征服した白人に対し、ほぼ無条件に発情するという態度は、まさにメスライオンのそれではないかと思うのだが、どうだろうか。
他方、ファノンはこの逆の状況として、黒人男性である自らを例に挙げ、その中にある白人コンプレックスを告白している。自らも白人女性と結婚したファノンは、その過程で耐えがたいような葛藤を経験したが、その告白はまるで自らの心に容赦なくムチを打つようでさえある。

私の魂の最も黒い部分から、点々と線影のついた地帯をよぎって、完全に白人になりたいというあの欲望が湧き上がってくる。私は黒人として認められたくはない。白人として認められたいのだ。ところが（中略）それをなし得るのは、白人の女でなくして誰であろう？　白人の女が私を愛するならば、彼女は、私が白人の愛に値するものであることを証明してくれることになる。私は白人のように愛されることになる。
私は白人となる。（中略）
私は白人の文化、白人の美、白人の白さと結婚するのだ。（同前、八五ページ）

ここでは、フランス植民地の実態を「白人の立場」から眺めたマノニと、「黒人被支配者の立場」からコンプレックスと戦い続けたファノンを比較検討することが目的ではないし、そのどちらが正しいとかいう議論をするつもりもない。ただ、この二人の思想家の「鋭い指摘」はいずれも、日本が嫌いで、または過去の日本を一方的に断罪し、同胞の死者に鞭打つことで自ら悦に入るだけでなく、それで飯を食おうとする病的な人々の言動の随所に、「恥ずかしいくらい露骨に」垣間見えるという点で非常に興味深い。

戦後日本では、ひたすら戦勝国側の立場に立って過去の日本を断罪する連中がもてはやされてきたが、『週刊朝日』の与太記事を書かせ、『Hidden Horror』で欧米人の歓心を買おうとする人々の心の奥には、間違いなくマノニのいう従属コンプレックスがあるし、またファノンのいう「白くなることで血統を救おうとする態度」や、「白人女性の愛を渇望する態度」に通じるものがあるわけだ。

こういう人々は、結局、自らの御しがたいコンプレックスを何とかするために、一生懸命日本の悪口を言い、それで「解脱」しようともがいているに過ぎない。そんな「賢《さか》しら」なる卑怯な振る舞いは、戦後日本が生み出した、不気味な「畸形」である。しかし、父親や祖父たちの悪口を言って、自分だけ「宗教的解脱」をしようとしても、そうは問屋がおろさない。

私は何も、日本がやったことをすべて正当化するつもりもなければ、その返す刀で連合国がやったすべてを一方的に断罪するつもりもない。平時には信じがたいような「狂気の沙汰」は、確かに両者の側に存在したのだ。そして、すべては人類の歴史の中で起こったことであるし、そこから我々ができる唯一のことがあるとすれば、それは、「学ぶ」ということでしかないと思っている。

もちろん、過去の行為に明白な過ちがあれば、それは批判的に検証すべきであることに異論はないが、しかしそんな「過去への批判」は、勝者敗者の区別なく、人種や国籍に関係なく、可能な限り「公平な立場」において、かつ「人間」に対する思いやりの心を持ち、もし自らがその時代の限られた環境にある立場にあったならどうしたか、などという謙虚な想像力を働かせる態度があって初めて成立させるべきだし、それがマナーというものだろう。ところが戦後の日本には、根拠も曖昧で証拠すらまともに提示できないのに、ひたすら「敗戦国・日本の過去」をことさらオドロオドロしく描き、勝者に都合のよい二重標準を適用し、それで一方的に日本を断罪するという人間が多過ぎたのだ。

あの地獄のような戦場に送られ、何も判らぬまま死んでいき、そしていっさいを語ることなく、いまだに冷たい密林の土の下や南瞑の果てに朽ち果てたままになっているニューギニアの英霊たちに対し、こうした一部の破廉恥な日本人が、ありもしない「濡れ衣」を着せようとしている。心ある立派なオーストラリア人研究者の多くが、日本兵の当時置かれた環境に対してかなり同情しているのに、そんな一部の日本人は、あることないことをかき集め、ウソを塗り固める作業を「研究」や「報道」と称し、学者やジャーナリストを名乗っているわけだ。しかも、それを飯のタネにするなど、人間として恥を知れ、と言いたい。そんな英霊たちを徹底的に弁護できるのは、まともな心を持つ日本人しかいない。幾百万の英霊の犠牲があって、今の日本があるのである。そのことを、決して忘れるべきではない。

第四章　遠くて近い「親日国」パプアニューギニア

日本人は必ず帰ってくる

パプアニューギニアを訪れた人の多くが、この国の驚くような「親日さ」を発見し、驚きをもって帰ってくるのだが、年間わずか数千人の日本人が訪れるに過ぎないこともあり、このことはまだまだ知られていない。日本からは直行便でわずか六時間半の距離にあるこの国は、日本の生命線である南太平洋島嶼国群のリーダーでもあるが、この重要国の人々が日本人に対して持つ親日の情を知らずして、南太平洋における安全保障政策やビジネス計画を立てることはできないだろう。本章では、日本人にとってはまだまだ遠いこの国が、実は知る人ぞ知る「大の親日国」であることを知っていただくために、いくつかのエピソードを紹介していきたい。

日本の「一・二五倍」もの国土を有するパプアニューギニアの人口は、現在わずか六七〇万（日本の奈良時代の人口とほぼ同じ）であるが、ここ数年は地下資源の開発によって空前のバブル経済に沸いている。しかしそんなバブルは、都市部などのごくわずかな地域に限られており、国土のほとんどは、まだまだ未開の地域である。

私が初めてパプアニューギニアを訪れたのは、もう一〇年も前の話であるが、その当時からずっと変わらない彼らの日本人に対する感想がある。それは、「日本が戦争に勝ってくれていれば、我々はここまで苦しむことはなかった。もっと発展していたはずだ」というものだ。彼らがそう信じる根拠はつまり、「韓国や台湾、インドネシア、マレーシアなんかを見てみるがいい。日本が占領して支配したところはすべて、戦後ものすごい復興をとげている。しかしここは違う。白人によって引き続き搾取されただけだ」ということに尽きる。ある長老は私を捕まえてこう言った。

「日本軍はこの村を去る時、『自分たちはいつか必ず帰ってくる』と言った。以来、我々はずっとその帰りを待っている。いったい、日本軍はいつ帰ってくるのか」

突然こんなことを言われれば、誰だってある意味で面食らってしまうに違いない。私もその例に漏れず、かろうじて、

「日本軍は六〇年も前になくなってしまいました。残念ながら、彼らが帰ってくることはありません」

と言うことしかできなかった。しかし老人は、かたくなに言う。

「そんなことはない。日本人は必ず約束を守るはずだ」

パプアニューギニアがここまで日本人を信じるのはなぜなのか。今の日本人のていたらくを見たら、彼らはきっと「失望」するに違いない、とさえ思ったが、一方で、「いや、だからこそ、我々日本人は自らを律して、この不況から立ち直り、再度世界を引っ張っていく国家にならねばならない」という気持ちも強く湧いた。

初めてパプアニューギニアを訪れたのは、「はじめに」でも記したように、ニューギニア戦研究の

権威・防衛大の田中宏巳名誉教授が計画した現地調査に「アシスタント」として同行したことがきっかけである。約二週間をかけて、私たちはパプアニューギニア国内をいろいろと回ったが、その旅行の最後の方に訪れたのが、「南海支隊」が戦ったココダ地区であった。そのココダからの帰り道、我々を乗せた車が二度目のパンクをしてしまった。もちろん、二本目のスペアタイヤはないし、当時は携帯電話さえなかった。近くに村があったとしても、電話も電気もありはしない。仕方なく、我々は全員車を降り、ジャングルに覆われた街道に腰を下ろして、いつか通過するかもしれない後続の車かトラックを待つことになった。真面目な州政府のガイドは、この始末に大変に責任を感じているようで、かなり苛立っている。

一方、同行してくれた若くて真面目な警官は、ウエスタン州出身ということもあって、まだこの地域に馴染みがないのか、持っていた銃の弾薬をチェックし、停車している四輪駆動車の前に立ち始めた。少し緊張感が漂い始めている。パプアニューギニアの一部地域の治安は、お世辞にも良くないと聞いていたが、こちらは初めての経験だ。

「もしかして、危ないのか？」

と聞いたら、警察官は頷きながら、

「悪いやつがウロウロしていたら、突然そうなる時もある」

と、ぶっきらぼうに言う。

「そんな時はどうするの？」

「撃つ」

まったく躊躇のない答えだった。

「逆に撃たれたらどうするの？」

「私が撃たれたら、ミスター、あなたが代わりに撃つんです」

真面目そうな表情だった警官は、その瞬間に悪戯っぽく笑って、私にショットガンを差し出した。重い銃を手に取って裏返してみると、金色の尻の弾薬が入っているのが見えた。少し指で押してみると固いので、数発以上は入っているのだと判った。

とはいえ、周囲は極めて平穏である。とりあえず暇で仕方ないので、銃を持って警官と記念撮影をしたりする。そんなことをしていたら、どこからか地元の子どもたちが集まり始めた。みんな、上半身裸かボロボロのランニングシャツを着ているだけの格好だ。そんな子供らの写真を撮り、こちらと距離をとりながらも周囲でキャッキャとはしゃぐその様子を眺めていた。

やがて、別の子供たちと一緒に若い女の子や屈強そうな男たち、そして一人の老婆が集まってきた。警官やガイドが彼らに、車両がパンクしたことを伝えると、その後ろで黙って聞いていた老婆が我々に洗面器を差し出した。その中を見ると、灰色っぽいイモのようなものが五、六個入っている。どうやらタロイモらしい。ココナッツミルクで煮てあるのか、洗面器の底に白い液体がわずかに見えた。ガイドが言う。

「彼らは、私たちがここで困っているのを知って、食べものを作って持ってきてくれたんです」

「なぜ？」

「パプアニューギニア人は、困っている人がいたら、やっぱり助けようと思うものです。それが日本

集まってきたワセタ村の人たち

人であれば、なおさらです」

一つ食べてみた。悪くない。というか、美味い。サトイモのようだと思った。隣では、防衛大の田中教授が、「ホント、こりゃ美味しいねえ！」とえらく感動されている。

「本当に美味いってピジン語で何て言うの？」

「トゥル・スウィ、と言います」

こう言ったら、目の前の老若男女が「うわー！」と笑った。そして、

「ジャパンは昔と同じだ。兵隊さんもこうやって、我々の作ったものを喜んで食べてくれた」

と言うのであった。どういう意味かと尋ねたら、

「ホワイトマン（白人）たちは、我々の食べものを『汚い』と言って、絶対に触ろうともしなかった。それどころか、我々のことを近付けさえしなかった。しかし日本の兵隊さんは違った。彼らは、大して美味しくもないはずの我々の食べものを、我々と同じように『手

を使って』とても喜んで食べてくれたし、同じ屋根の下でも一緒に寝てくれた。だから、我々は日本人を『兄弟』だと思っている」

と言うのである。先ほどまで少し緊張した面持ちであったウエスタン州出身の警官も表情をほころばせてこう言った。

「私自身は日本兵とはまったく交流のなかった地域の出身なので、オーストラリアが我々に教えたこと、つまり日本はとても悪い人種で、多くの現地人を殺した、というような話を信じていましたし、個人的には日本人がとても怖かった。でも私の親たちは、それはウソだと言っていましたし、自分でも実際に多くの日本人に会うと、本当に素晴らしい人たちが多くて、自分が教わってきたことは違うんだということがよく判ったのです」

ところで、私たちに「トゥル・スイ」なイモを食べさせてくれた人たちの住んでいる村は「ワセタ村」だという。「え、早稲田?」と聞き直したら、ワセタとワセダの間くらいの発音に聞こえた。ちなみに、この話をしたら、何人かの人は「きっと日本軍が付けたのであろう」と言うのであるが、実はそうではない。

昭和一七年七月二一日、帝国陸軍の精鋭部隊である南海支隊がこの地に上陸した時、すでに彼らはこの「ワセタ村」を通過してココダに向かっている。山中には、「カエレ」だの「ミシマ」だの「イオリバイワ」だのという地名があり、それを初めて聞いた時は、「帰れ」「三島」「庵場岩」という字が頭の中に浮かんだものであった。

事実、日本の兵隊さんたちもカエレに到達したとき、「自分たちに帰れと言っているようで、不気味であった」という感想を持っている。また、この地域の名士の一人は「イズミ」という姓であるが、戦前生まれの父親の名前は「イズミ・サヨ」というそうだ。

この地域には、日本の柴犬に似たガリガリの犬がウロウロしているのであるが、子どもたちがそれを「イヌ！　イヌ！」と呼んでいる。不思議に思って、

「犬（ドッグ）はここの言葉で何と言うのか？」

と聞いたら、「イヌ！」と言うではないか。しかも彼らは、魚を「イカ」と発音するのである。これも新たな発見であった。後で少し言及するが、日本はこういう希少言語を収集し、体系的に研究蓄積するべきである。さすれば、私たちのルーツにつながる何らかの大発見があるかもしれない。

ニューギニアの『君が代』

このワセタ村での経験と似たような状況は、その後に何度も遭遇することになった。ある時私は、防衛大学校の田中宏巳名誉教授と一緒に、バックパックを担ぎながらアイタペ近くの密林を歩いていた。アイタペは、昭和一九年の七月から八月にかけて、三万五〇〇〇の第一八軍が米豪連合軍と激しい戦いを演じたところであり、一カ月で約一万三〇〇〇名の日本兵が戦没したところである。この戦いはかつてまったく現地調査がなされていなかったため、田中教授は最も激しい戦闘が行われたアファ陣地を基点とし、有名なドリニュモール川（日本名・坂東川）を太ももまで水に浸かりながら渡河し、日本兵が撤退し続けたジャングルの中を十数キロ歩くことにしたのであった。このあたりには、撤退する日本兵が追撃する敵兵を迎え撃つために掘ったらしい塹壕が各所に残されていたし、兵士の

名字がくっきりと刻まれた飯盒やヘルメットも数多く残されていた。

そんなものを見ながら濃いジャングルの中を進んでいたら、前方から歩いてくる地元の人に出会った。頭に何かを担いでいるシワクチャのおばあさんであったが、突然私に向かって、

「あんたはチャイナかコリアか、それともマレーシアか？」

と尋ねてきた。その表情はちょっと不審そうなので、あわてて、

「いいえ、ジャパンです」

と言うと、おばあさんはシワクチャの顔を一層シワシワにして満面の笑みを浮かべ、「そうか、そうか」と言って森の中に消えていった。

それからしばらく森の中を歩いたところで、ふと後ろを振り返ると、どこから現れたのか、数十人もの村人がぞろぞろとついてくるではないか。それまでの途中に村なんかなかったはずで、いったいどこから現れたのか不思議であるが、なぜかみんなニヤニヤしていて、中でも一〇代とおぼしき少年少女はキャッキャとはしゃいでいる。

しばらくして、誰も住んでいないニッパ小屋が見えたので、その中に入って休息を取ると、後からついてきた地元の老若男女が周囲を取り囲み、中の屈強な男が、

「おい、ジャパン！　文通をしてくれ」

などと言ってくる。相手はもうニコニコだ。

「男と文通もなんだな。こっちの女の子だったら、文通もいいかな」

と冗談を言って、隣にいた一五歳くらいに見える娘さんを指差したら、みんなが「ヒューヒュー」と

村の食事（この日はココナッツミルクに、イモとバナナとカボチャの葉）

はやしたてて大騒ぎだ。

やがて、その中の一人の少女がやっぱりタロイモを差し出してくれたので、それを田中教授と一緒に手づかみで食べると、彼らはワーッと喜び、

「やっぱりジャパンはほかとは違う。我々の食べものを同じように手を使って、嫌な顔ひとつせずに食べてくれる。昔の兵隊さんと一緒だ」

と言うのである。ワセタ村とまったく同じ反応だ。年配の男性が続けて、

「我々の食べものを汚がり、家の中にさえ絶対に入れない白人や中国人とは全然違う」

などと言って、「そうだ。まったくケシカラン！」などと言いながら、みんなでまたあの「チッチッチ」という舌打ちをするのであった。

これらはすべて、今は亡き日本の兵隊さんたちの「遺徳」である。彼らは、この南海の果てで日本のために戦うのみならず、後世にまで残る「信頼」「尊敬」を残してくれたのである。そして、この「伝統」は、実

は今日でも我々日本人の中に残っているようなのだ。

以前、外交安全保障専門家の濱口和久先生にお目にかかった際、パプアニューギニアにおけるそんな体験を話したことがあったが、濱口先生いわく、イラクに派遣された自衛隊員らも、他の欧米諸国の軍隊とは違い、作業の時などは現地人と一緒に汗をかき、一緒に食事をとったため、地元との関係は非常に良好であったという。それを聞いて、個々の自衛官が、別にかつての日本軍のやり方を真似たわけでもないのに、自然とそういうことができたのであるから、「日本人はまだまだ大丈夫だな！」という気持ちを一層強くしたものである。

パプアニューギニアでは、戦争中に日本の軍人にかわいがってもらったという老人に多くお目にかかったが、軍歌を歌う人たちも多かった。「見よ、東海の空明けて～」とか「さらば、ラバウルよ、また来るまでは～」「万朶《ばんだ》の桜か襟の色～」などとやられてしまうと、もうこちらは脱帽状態である。しかも、彼らはとても上手に綺麗に歌うのである。

マダンで会った老人は、安達二十三将軍の名前を覚えていて、日本軍将校にかわいがってもらったと言った。彼は突然、かたわらにあった棒切れを持って直立不動になり、

「気をつけ！」

「捧げ、銃！」

と言って、棒を顔の前に掲げて自慢げだ。そのうち、勝手に「休め！」と言ったかと思うと、

「ナンだ、キサマ！　バカヤロウ！」

などと言い出すので、こちらも大笑いである。当時、マダンに駐留していた部隊の下士官あたりが兵

隊を叱り飛ばしていたのを、子供だったこの老人はその周りでニヤニヤしながら眺めていたに違いない。

田中宏巳教授とニューアイルランド州ケビエンに行った時には、面白い人に会った。『君が代』を「完璧に」歌えるという老人だ。町から少し離れたところに住むその老人は、孫娘らに囲まれて暮らしていたが、我々が訪れて挨拶をしたところ、早速その歌を披露してくれることになったので、我々も一緒に歌うことにした。

「キーミーガーアーヨーオーワー」

こうして合唱は無事に始まり、

「コーケーノー、ムーウースーウー、マーアーアーデー」

というところで一緒に歌い終わった。そこで我々は、合唱をしてくれたこの老人に礼を言うため、握手をしようと立ち上がった。その時である。この老人はスクッと立ち上がり、おそらく北の方角、つまり日本の方角を向くや否や、パッと諸手を上げ、

「バンザーイ、バンザーイ、バンザーイ」

とやり始めたのである。田中教授と私は、ポカンと口を開けるしかなかった。

後で考えてみたら、この老人の知っている『君が代』は、戦後バージョンではなく、戦中バージョンであったのだ。日本の兵隊はかつて、『君が代』を歌った後は必ず日本の方角を向いて万歳三唱をしていたのだろう。この老人は、そんな日本の兵隊さんたちに一生懸命に『君が代』を習ったのだ。もしまだご存命だとしたら、この老人は今でも時おり、そんな戦中バージョンの『君が代』を孫娘らに披露しているに違いない。

「ニューギニア式高射砲」で連合軍と戦った現地人兵士

ニューギニア島北岸を流れる、セピック川という雄大な河川がある。中流域になっても対岸が見えないくらいの川幅を有するところさえある川で、雨期になると周辺の村々をすべて飲み込んでしまうような規模だ。そのため、周辺の村々はかなり背の高い高床式で、そこの住民は一年の半分以上を水上で生活するのである。

この川の中流域に行くと、途中で茶色い水の色が一気に黒く変わるところがあり、そのあたりは波ひとつ立たない場所だ。そこを、時速数十キロは出る船外機付きの丸太舟で突っ走るのだが、速度が出れば余計に安定するので、まるで鏡の上を走っているようで、実に爽快である。一方、船外機を止め、狭い水路を櫂で漕ぎながら進む時の丸太舟の不安定なことと言ったらこの上ない。もう少しで舟ごとひっくり返りそうになったこともしばしばであったが、その下には体長七メートルの人食いワニ（クロコダイル）がウヨウヨしていることを忘れてはならない。

ある時、ボートでセピック川沿いのある目的地に向かうことにしたのだが、出発時間が大幅に遅れてしまい、到着地目前で日が落ちてしまった。仕方なく、懐中電灯をいくつも付けて前方を照らしたところ、狭くて暗い水路の周りにいくつもの赤い点の光るのが見えた。何だろうと思ったその時、地元のガイドが叫んだ。「クロコダイル！」

その時ほど、背筋が寒くなったことはなかった。ここで転覆でもしたら、巨大ワニに襲われてイチコロだと思うと、居ても立ってもいられなくなる。そこに落ちたら最後、二度と上がってくることは

雄大なセピック川

できないだろう。実際、ラエの植物園で飼育されている体長五メートルほどのワニを見たことがあるが、「デカい……」の一言に尽きる。

こんな雄大なセピック川上流の、小さな村に遊びに行ったことがある。最寄りの飛行場から車で八時間ほどジャングルの中を走り、そこから丸太をくり抜いたボートに乗ってさらに四時間ほど上流に上ったところだ。この村は小さな丘の上にあり、数百人が点々と小さなニッパ小屋を立てて暮らしているのだが、当然ながら電気や水道などはいっさいないし、携帯電話さえ通じないところだ。最も近くに来ている電気は、やっぱりボートで四時間戻り、さらに車で三時間走ったところにしかない。

この村の住人は周辺の村々と合同で一つの部族を形成していて、全員で五〇〇〇人ほどいるということであったが、その住んでいる地域は広大で、村の案内人と一緒に高台に上って見たところ、間違いなく山手線の内側以上に広大な地域であることが判った。我々がしばらく寝起きすることになった村を地形的に眺めると、そこは周囲から突き出た丘の上にあり、周辺の水路や陸路から敵が侵入してくるのをちゃんと見渡せる場所にあるのが判った。つまり、彼らの先祖は「天然の要害」に村を築いたのだ。村人は畑でイモを必要なだけ栽培し、川で魚を釣り、またイノシシ狩りをしてタンパク源の補給をしていた。風がないとうだるように蒸し暑いのが難点であるが、谷間に降りると冷たくて綺麗な水が豊富に流れていて、その小さな滝に飛び込めばよい。まるで桃源郷のような村で、私はそこで何日間かボンヤリとしていた。

そんなある日、私が高台の上で景色を眺めていると、筋骨隆々の村の若者が一人、隣にやってきた。彼は村でも働き者の部類で、ジャックという名前だった。そのジャックは私の隣に立って、なぜかニコニコと誇らしいようだ。「やあ、ジャック」と声をかけると、彼はこちらを見て満面の笑みを見せ、こう言った。

「俺は、ひい爺さんの血を引いているから、とても強いんだ」

「ああ、そうか」

と私。突然のことで何のことか判らない。すると彼は言った。

「この村には戦争中、ジャパンの兵隊たちがいた。俺のひい爺さんは、ジャパンのキャプテンにとてもかわいがってもらった」

これを聞いて驚いた。二一世紀の現代でも、この村に来るのは大変だ。それを当時の日本軍は、ここまでやって来ていたのだ。安達二十三将軍が指揮する第一八軍の兵士に違いない。ジャックは続ける。

「ジャパンはいつもはあそこの小屋の中にいたが、時々オーストラリアの飛行機が飛んで来ると、一斉に外に出てきて、飛行機に向かって銃を撃ち始めるんだ。そこで、勇敢な俺のひい爺さんは、ジャパンと一緒になって敵機に何本もの弓を射掛けたのだ。それで敵は逃げていった。あとで、ジャパンのキャプテンに大変ほめられたが、そのくらいに強かったのだ」

この話を聞いて、こちらはあまりの「のどかな話」に吹き出しそうになった。「こりゃ、ニューギニア式の高射砲だな」と思いつつ、当時の帝国陸軍軍人と血気さかんな若きニューギニア人との強固な同盟関係と、その「勇敢なる合同軍事作戦」の様子を想像した。ジャックのひい爺さんは、きっとニヤニヤ笑う何人かの日本の兵隊らに囲まれて一人、槍と弓を抱え、胸を張っていたに違いない。一方、実際に射掛けられたオーストラリア軍のパイロットは、別の意味でびっくりしただろう。映画『アバター』の世界そのままだ。

「ニューギニア式高射砲」とは言ってみたものの、しかし彼らの弓は強力だ。実際に引いてみたことがあるが、固くてなかなか引けるものではない。それを筋骨たくましい現地人は、いとも簡単にぐいっと引いてみせるのだ。あれで射られたら、矢は体を突き抜けて後ろの壁に釘づけになってしまうだろうなあ、と容易に想像させるくらい強力なのだ。あれでイノシシを一撃で仕留めるというのも納得がいく。

こちらがニヤニヤしていると、機嫌を良くしたジャックがまた口を開く。

「ジャパンの指揮官の名前はキャプテン・サトウという。とても偉いビッグ・キャプテンだ。我々とはブラザーだった。知っているだろう?」

こちらはもちろん、知るわけもないので、「残念だが……」と言うと、ジャックは本当に驚いたような顔で、

「何？　あのキャプテン・サトウを知らないのか？　まさか！　彼はとても有名なのに！」

という。この種の「埋めがたい認識のギャップ」は、現地ではよくあることだ。

キャプテンといっても、この場合、そのまま陸軍大尉と訳してはいけない。この村には一〇人近い日本兵がいたと言うから、当時はアイタペ会戦の後で兵力が減少していたこともあるだろうし、おそらくは小隊長クラスに違いない。その場合、最も階級が高くても中尉程度だろうし、場合によっては准尉や曹長、軍曹くらいであっただろう。とにかく、そんな下級将校や兵士の名前など、よほどのことがない限り歴史書に残らないから知るわけもないのだが、目の前の若者は納得しない。

「いや、キャプテン・サトウは立派な人だったし、有名なんだ。今度、日本に帰ったら探してみてくれ。この村の人間は、あの偉いキャプテンにもう一度会いたいと思っている」

と言い張る。こちらは「うん、判ったよ。探してみよう」と言うしかないのであるが、こういう話を聞くと、彼らの部族の中で、かつての日本兵らとの交流が「善き思い出」として、親から子への口伝という形で伝えられているのがよく判る。

一方、ジャックの話によると、戦争が終わってすぐ、一人の日本兵がこの村で自決したということであった。

「そのジャパンの兵隊は若かったけれど、マラリアにかかって歩けなかった。やがて戦争が終わった時、とても日本に帰ることはできないと思ったその兵隊は、小屋の中で銃を頭に撃ち込んで自決した。村人はそれを知って泣いた。あまりにかわいそうで、ちゃんと埋葬したんだ。今でもお墓がある」

ここでもそんな悲劇があったのか、と思った。その兵士の母や妻子は、戦争が終わったのにそんな最期を遂げた身内を思って、嘆き悲しんだに違いない。もし行けるなら、ぜひお墓参りをしておきたい。いや、何がなんでもせねばならぬ。そう思った。一緒に行った日本人スタッフやオーストラリア人のスティッグも頷きながら同意する。

「お墓は近いの？　もし行けたら、祈りを捧げに行きたいんだが」

ジャックは私の問いに対し、満面の笑みで答えた。

「近いよ。ここからだって見える。ほら、あそこに高い山が見えるだろう。あの頂上だ」

そうやってジャックが指差した方向を見て驚いた。直線距離で三〇キロはあるではないか！　眼下に広がる広大なジャングルのはるか向こうにそびえる峰であり、その山頂は雲に覆われ、霞んでさえいるのだ。

「おーい、無理だよ！」

私は思わず叫んで彼の肩を叩いた。するとジャックは、

「大丈夫だ。俺がついていくから。一日で往復できる」

と言って、もうすでに行く気になっている。まったく、この国の人は暇を持て余している人が多いなと思うが、しかし気前はとてもいい。

これまでの経験で、現地人は我々日本人の平均よりも三倍以上は速く歩くことが判っている。すると、ジャックの足で片道半日なら、私たちは一日半はかかるだろう。すると、向こうで休憩したり宿泊したりすることを考えると、往復四日はかかる。さすがに無理だ。飛行機に乗り遅れてしまうし、あの風の吹かないジャングルの低地を四日もウロウロして疲労を蓄積したら、またマラリアにかかる

可能性もある。この時までに六回はマラリアを発病させ、重度の時には死にかけたことさえある私は、これ以上の発病は絶対にゴメンであった。この部族の村で命を落とした日本の兵隊さんには本当に申し訳ないが、遠い峠に向けて頭をたれ、持参した線香を焚いてそのご冥福を祈るしかなかった。

ここの村人は、砂金取りを生業にしていた。村から少し奥地に行くと、小川が何本も流れていて、そこで男も女も一生懸命に川底をすくって砂金を収集している。少し体験させてもらったが、相当の重労働である。しかも、一日働いて、一人が取れるのが一グラムとか二グラムだという。実際、皿の底に残る砂金の粒は、慣れていないとそこにあることさえ判らないくらい小さい。

かつて、このようなパプアニューギニアの奥地には、時おりキリスト教の宣教師らがやって来て、原住民たちに神の言葉を売り歩き、その代わりに住民から砂金を取り上げていた、という。村人たちが何人もそう言うのだから、本当にそういうこともあったのかもしれないが、もしそうなら、原価ゼロの「いい商売」である。

セピック川の周辺住民は、戦争中、比較的日本兵と接触する機会が多かった。その関係は、基本的には極めて良好であったが、しかし良い話ばかりでもない。中には、日本の軍人に殴られたという人もいた。しかし、すべての日本軍人がすぐに手を出したのではなく、その傾向は駐屯する部隊長の性格に左右されることが多かったようだ。私が直接話した数人の老人は、セピック川中流域の村に住んでいたが、その変化を強く感じたと言う。

「最初にいた日本軍のある部隊は、とても住民に優しかった。隊長さんは私たち子供のことをとてもかわいがってくれて、歌や踊りを教えてくれた。しかし、その部隊が交代になり、新しい部隊がやっ

砂金取りの様子

て来てからは、すべてが変わった。新しく来た隊長さんは、部下をよく殴る人で、我々はその部下から時々殴られるようになった」

　似たような話は、東セピック州選出の「建国の父」、マイケル・ソマレ首相からも直接うかがった。首相は、「最初、日本兵が我々を殴るのでびっくりした」とおっしゃった。

「でも、よく見ているとね、実は日本の兵隊も互いに殴り合っていたんだね。上官が部下を殴っていたんだろうけれども、それで我々は、『ああ、自分たちだけじゃないんだな』とか、少なくとも殴ることが日本の軍隊の習慣らしい、ということは判った。もちろん、殴られて嬉しい人はいないけれどね」

　ソマレ首相は、大の日本びいきである。子供の頃、初めて受けた教育が、ジャングルの中で日本陸軍の作った学校であったということについては先も述べた通りだ。かつて、ソマレ氏は毎年のように日本を訪れては、かつての自分の「恩師」であった宇都宮連隊の元将校の奥様に挨拶をされている。その場面を何度か見て、そこに歴史の味わいを感じたりもしたものであった。

私がパプアニューギニアをして「南太平洋最大の親日国」と呼ぶのは、もちろん彼らの日本への親愛の情が、祖父から子へ、子から孫へと「口伝」の形で代々語り伝えられているからである。そしてその感情を作り上げたのが、第二次世界大戦中にニューギニアに送られた日本軍兵士たちなのであった。

実際に現地では、どこの村や島に行っても「日本はナンバワン！」と言われる。私はジャパンだと言うと、多くの人が「舌打ち」をして、「日本人は特別だ。我々は日本は大好きだ」と言うのである。先ほどの「ニューギニア式高射砲」の射手のひ孫ではないが、

「日本の兵隊は、ある日ここにやってきて、一緒に白人と戦おうと言ってくれた。我々も一緒に戦った」

と言って胸を張る者もいる。

彼らは良い時も悪い時も、感心したり、良くない状況に陥ったり、びっくりすると「チッチッチ」と舌打ちをするのだが、「私たちは日本人ですよ」と自己紹介した時に、こちらを見て笑いながら「チッチッチ」とやる場合は、良い意味で感心してくれているのである。

ブーゲンビル島における日本軍と住民の交流

ブーゲンビル島でも、日本軍と現地民の関係は良かったようだ。中でも有名なのは、海軍の河西小太郎主計大尉の逸話である。

昭和一八年七月、河西大尉は日本海軍第八艦隊司令部付としてブーゲンビル島南部にあるブインに派

遣された。ラバウルの前線基地と化していたブインには、ガダルカナル戦の頃から零戦部隊が展開しており、日本海軍の古参搭乗員らが、優勢な連合軍航空隊相手に連日激しい戦いを演じていたところだ。

当初、日本軍と現地民との関係は良好であったが、やがて物資の補給が滞り始めると、それまで島でとれる作物と物々交換していた日本軍兵士の一部は、住民らから農作物や家畜などを盗むようになり、現地民に対する暴力事件、殺人事件までもが発生し、女性への暴行事件さえもあったという。日本の軍隊に限らず、どこの軍や集団にも、規律を破って悪事を働く者はいるものだが、当然ながら住民の対日感情は悪化していった。

「この地区では売買結婚で、女性は少なくとも豚四匹と貝で作った頬飾り二個、椰子の木二本くらいの価値があった。それを勝手に犯されたのでは、黙っていないのである。これらの事実を、日本軍は無視していた」（藤本威宏『ブーゲンビル戦記』、一七九ページ）

ちなみに、地元の、ある「通」によると、パプアニューギニアにおける美人の産地は、マヌス島、ラバウル、ポートモレスビー、ミルン湾方面のほか、「世界で最も色が黒い」とも言われるこのブーゲンビル島であるという。実際に、ブーゲンビル島の人々の肌は、「墨を塗ったように」黒く、光り輝いてさえいて、黒檀（エボニー）のようですらある。河西大尉は、

「美的感覚がわれわれと現地民で共通なのには驚いた。われわれが美人と思う者は、現地民の間でも美人なのである」

「踊りのときなどは、体中に椰子油を塗ってテラテラさせているが、黒は黒なりに皮膚が輝いていいものである。女が豊かな乳房に油をすり込みテラテラさせているのは、やはり魅力的である」

と述べている。

ブーゲンビル島において日本軍兵士による女性暴行事件が起こり得たのは、この島が「（通好みの）美人の産地」であったことのほか、ニューギニア本島の陸軍部隊が陥った「飢餓地獄」に比べても、このような感情を与え得るほど将兵らにまだ余裕があったこと、そしてこの河西大尉の所属する部隊が、戦闘をしながら移動を続けていた陸軍部隊ではなく、一カ所に留まっていた海軍部隊であったことも大きく影響しているだろう。

とにかく、一部海軍将兵による風紀紊乱《びんらん》が引き起こした住民感情の悪化に対し、海軍司令部はただちに住民との関係改善を図るため、河西主計大尉らに適切な処置をとることを命じた。河西大尉は、東京商業大学（現・一橋大学）で行われていた植民地経営に関する講義を基本として、ブーゲンビル島の住民たちに対する宣撫工作を実施したが、以下はその活動を研究したオーストラリア戦争記念館のホームページの文章である。


河西の活動は三つの原則に基づいていた。まず第一に、日本兵と現地住民との接触を減らすこと。そして、部落の首長の権限を回復し、彼らとの連絡を取るための宣撫員を士官の中から選ぶこと。そして最後に、現地住民から略奪をした日本兵は死刑とすることであった。

そして約二〇名の下士官が、宣撫員として任命された。彼らは海軍の制服を身に着け、現地部落に居住して、住民との密接な接触を保った。部落の首長も余分の海軍帽と軍服を給付され、宣撫員の補助のもと、伝統的な権威組織の復活にあたった。

河西は、ブカ島南部の山中にあるテラッに、若者のために学校を作るために力を注いだ。この地域のそれぞれの村の男たちが、順番で学校に出席した。彼らはそこで日本式農耕法を学び、古い自動車のスプリングやドラム缶を使って、シャベルやツルハシなどの農耕用機具の作り方、製塩法、そして作った塩を使って、取った魚の保存法を教わった。学校での訓練で栽培された農作物は、地元住民と海軍のあいだで半々に分けられた。

村に戻った若者たちは、新しく得た知識を使って余剰作物を生産できるようになり、その作物は村の首長が監督した。このようなシステムのおかげで、地元住民は安定した生活を送ることができると同時に、日本軍にとっても戦闘の際の補給方式を作る可能性が出てきた。日本兵による地元民からの略奪はやみ、河西によるとほかの問題も起こらなくなった。また、宣撫員は各村との連絡業務にかかわることで、村民たちと強い絆を作ることができた。

河西によると、戦争終了の頃、オーストラリア兵が到着する前に、彼に別れを告げるために五、六人の首長がボニス半島へやってきた。首長たちが感謝の念を表し、友人とみなしたことに、彼は深い感銘を覚えた。そして彼が見たのは、勝利に輝いたオーストラリア軍が近づいてくる前、日本の海軍帽を後ろ手に隠してこっそりとジャングルへ消えていった彼らの最後の姿だった。

（『戦争の人間像　ブカ島住民との関係』スティーブ・ブラード研究官）

こうして急速に改善した住民との関係によって、多くの日本軍兵士が飢餓から救われることとなった。戦後になってもこの気持ちに変化はなく、時に連合軍の看守や兵士に虐待を受け、弱り切っていた日本の捕虜に対し、多くのブーゲンビル島の住人が、こっそりと食べものをくれたり、水を飲ませて看病してくれたりしたのである。

確かに日本は、我々自身の「事情」によって戦争という暴力と混乱を持ち込んだ。そしてそれによって、ニューギニアやブーゲンビルの多くの現地人が村々を追われ、その生活が破壊されてしまった。これは否定できない事実だ。しかし、多くの日本兵が現地人の親切に心を打たれたし、多くの現地人もまた、時にはよく判らないまま殴られるなど理不尽なこともあっただろうが、ほとんどの場合、何よりも「同じ人間として」対等に付き合ってくれた日本兵らの「善き記憶」を末代まで語り継いでくれている。そこには、聖書や神の言葉はなかったが、「思いやりの心」と、それに裏打ちされた「行動」、そして「感謝」の念があった。

日本人が忘れてはならないのは、こうして献身的に我々の祖先を助けてくれた人々が、戦後になって、「日本軍に協力した」と一方的に断定され、オーストラリアの官憲によって、まともな裁判なしで何百人も処刑されたという過酷な現実である。それなのに、現地人たちの多くは今でも日本人に対しては親しみを持ってくれている。これは、先祖の残してくれた大切な「遺産」である。そう考えると、この国の人々を、我々はもっともっと「大切に」しなければならないし、このことは、「歴史の教訓」として、現在の我々日本人に示唆するところが非常に大きいはずである。

パプアニューギニアで会社を設立

こんな「大の親日国」であるとはいえ、実際に一緒に仕事をしていくとなると、そこに様々な問題が出てくるのは当然のことである。特に、南国というのはみんなとても「のんびり」していて、物事の考え方や価値観も違うし、第一に仕事の速度がまったく違う。これはすなわち、「時間にルーズ」「約束を守らない」「仕事ができない」「頼りにならない」という評価に通じる。したがって、ビジネスをやるのが非常に難しいのも確かだ。また、民間人が、政治家や官僚などに頼り、その影響力に期待しても「ハズレ」であることがほとんどだ。なぜなら、彼らの多くは露骨に「袖の下」を要求してくるし、それを受け取ってもまだ動かないということがほとんどだからである。

しかしこれは、後進国であればどこも似たようなものだし、外国に行ったのに、その国の事情を理解しないで、日本式のモノの考え方だけですべてをやろうとすれば、失敗するのは「火を見るより明らか」なのである。何をおいても、ある程度「現地化」するというのが非常に重要だ。

そうして「現地化」せず、管理に失敗した日本企業が往々にしてたどり着く答えは、「カントリーリスクが高い」というものだ。これは昨今、多くの企業の間ではやっている言葉だが、いつも思うのは、この言葉には企業自身の能力不足による反省がまったく含まれていない場合が多いということであり、それが、「海外に出て失敗することを怖がっている姿を隠蔽するだけの言いわけ」にしか聞こえないということだ。

なぜなら、日本企業が撤退したり、「リスク、リスク」と言って怖がっている場所でも、他の欧米系や華僑系の企業がちゃんと展開して根付いているからだ。このことは、やり方さえちゃんとやれば、大きな成果を上げることもできるという証左である。もちろん、彼らだって大変な苦労の上に定着したのであろうし、一人ひとりの担当者と話してみると、彼らがいかに苦労して「現地化」したのか、痛いくらいに伝わってくる。しかし日本企業の多くは、そんなところにさえ、たどり着いていないのだ。

ある時、日本の大手メーカーを訪ね、そこの海外事業部長と話す機会を持ったのであるが、オーストラリアの代理店に勤務し、パプアニューギニアやソロモン諸島に出張した経験のあるこの部長さんは、私がパプアニューギニアに出入りしているという話を聞くや、「ああ、あそこねえ。メラネシア人というのは頭も良くないし、人を騙すし、まったく使えないんだよねえ」とおっしゃったので、内心猛烈に反発したこともあった。なぜなら、私自身はパプアニューギニア人を何十人もまとめて、極めて強固なチーム作りに成功した経験を有しており、その際の経験から、パプアニューギニア人と協力していくことに自信を持っていたからだ。

以下に紹介するのは、あくまで私自身の「個人的体験」に過ぎないが、パプアニューギニアのように極めて難しい、言うなれば「カントリーリスクの高い国」において、国民性の違いを越えて事業をやっていくことに対し、多少なりとも参考にしていただけるものがあるかもしれないと思う。

二〇〇五年当時、パプアニューギニアから若い人をたくさん日本に呼んで、外国人研修生として働かせようという構想を持った人たちがいた。私は当初、通訳として彼らから協力を要請され、それが何を意味するのかもよく判らぬまま、とにかく現地に飛んだ。向こうでは、政府関係者らといろいろ打合せをし、私の大学時代の親友をも参加させ、現地の若者を一生懸命に集めて面接した。

その間、私はたまたま向こうで出会ったD君という男を信頼するようになった。彼は元々タクシーの運転手であったが、実はつい五年ほど前まで、ポートモレスビーで最大のギャング団を率いていた男である。確かに、彼が話をすると、いくらなごやかに話していても、皆がシーンと黙ってしまうのであ

頼れるスタッフたち（右端がＤ君）

るが、私は彼と何十時間もじっくりと話をしてみて、その中にあるパワーを感じたし、仲間だけは何があっても守ろうとするような「男気」を感じたので、彼を信用することにしたのであった。

もちろん、彼の奥さんや子供とも仲良くなった。そのＤ君と彼の取り巻きが一生懸命に走り回った結果、日本で働き、様々な技術を身につけたいと願う優秀な若者が数十人集まり、現地政府との交渉も非常にスムースに進んだ。

この間、私も自費で妻子をポートモレスビーに一カ月ほど連れて行き、Ｄ君とは家族ぐるみで仲良くなり、連日、私の部屋に体のデカい地元の男たちがたくさん遊びに来ては、地方出身の彼らにとってはめずらしいテレビを見ていくようになった。「よし、これで日本とパプアニューギニアの架け橋を作ることができる」という期待で胸が一杯であった。

「一緒に日本に行って、技術を身につけて帰国し、そこでビジネスを始めるのだ。そうして、一気にパプアニューギニアの産業を若い力で作り上げていこう！」

私はこう言って若者たちを鼓舞し、設置した新しい宿舎でみんなで一緒に食事や掃除をして、共に将来の夢を語り合った。やがて、この動きを見たある州の知事は我々を呼び、「州政府としてもこのプロジェクトをバックアップする。研修生の航空運賃を補助するため、年間五〇〇万円を出させよう」とまで言ってくれたのであった。前途洋々という感じであった。

しかし、問題は日本側だった。資金が枯渇したのである。このプロジェクトを始めた人々は、パプアニューギニアの物価が日本とほぼ変わらない（今では日本以上）という現実を、最優先課題として重視していなかったのである。気がつけば、最初に声を上げていた人たちは消え始めていて、現地人と共に私がポートモレスビーに残されるような形になってしまった。これには本当に参った。

そうした無責任な状態のまま、時間だけが過ぎていったが、そんな状況に対し、現地の若者たちの多くが大きな失望を覚えて去っていき、一方、まだわずかな期待を持っている人たちは、引き続き残って、黙って我々の動きを見つめていた。そこで私は、残った人たちを集めて言った。

「もはやこのプロジェクトは進みません。日本人として本当に申し訳ないと思っています。心から謝罪します。もし、別の会社に就職したいという人は、私が今の組織名で推薦状を書くから申し出てください。一方、私もこのまま帰国して黙っているつもりはない。何をすべきか判らないけれども、もしほかに行くあてがなく、しかもこの私を信じてくれるのであれば、とりあえず付いてきて欲しい」

その結果、私は十数人に対して次の就職に役立つような推薦状を書いたが、最後には一〇人ほどの若者が「最後まで付いていきます」ということで残ってくれた。

帰国した私は、すでに逃げ腰だった元代表者に詰め寄ったりもしたが、相手は徹底的に逃げを打った。当時五〇代だった代表者は、このプロジェクトに入っていた私と同い年くらいの若い連中に対しても、ウソにウソを塗り固め、責任転嫁を繰り返して逃げたのである。これではいけないと思ったので、そんな卑劣な代表者は無視することにし、このプロジェクトに金を出していた会社の社長に直談判に行った。そして、その会社社長に対し、こう言った。

「我々は日本人として、かつて我々の先祖を助け、そのせいで犠牲になってくれた国の人々に約束をしたはずです。それなのに、資金が枯渇したとはいえ、そのまま黙って引き下がったのであれば、我々はウソをついたことになります。それだけは絶対にやってはいけない。だから、最後まで我々に付いてくると言っている人間たちが、最低限食っていけるような環境だけは整えてあげるのが筋です。彼らの中には、それまでの仕事を辞めて付いてきた人もいるのです。裏切るわけにはいきません」

ここで絶対に相手を逃がしてはいけないと思った。相手の社長は、私が別の事業をやって収益を上げるという条件で、納得をしてくれることとなった。

こうして現地人のために始めようと思ったのが、タクシー事業であった。それを思いついたきっかけは、初めてパプアニューギニアに行った時に感じた「不便さ」である。当時（今でもそうだが）、外国人観光客は、ホテルから一歩も外に出てはならないと言われていた。「ラスカル」と呼ばれる強盗団もいるし、タクシーのほとんどはメーターを使用しておらず、夜は危険だという理由で運行していないところがほとんどであった。それを見て、この国にもっと観光客を呼ぶためには、まず誰もが自由に移動できるようにしなければならない、と思ったのであった。

そうして作ったのが、二四時間運営するメーター付きのタクシー会社である。私は、迷うことなく

D君を社長にし、彼の配下に信頼できる人間を一五人ほど配置、日本から乗用車を一〇台近く送り、行灯《あんどん》やメーター、無線などを設置して事業を開始したが、さすがは「元・ギャング団の頭目」である。D君の治安状態を見抜く勘は素晴らしく、夜間運行を行っても、危険だと思われる地域は上手に回避したため、ほかのタクシー業者と比べても安全だ、という客からの口コミ情報が広がり、車両はフル回転で、売上はどんどんと上がっていった。

やがて私は、落ち着いた頃を見計らって経営そのものから完全に手を引き、現地人にすべてを任せたが、結果としてこのタクシー会社は、州知事クラスや各国の大使館員のみならず、大臣クラスまで使ってくれるようになり、その後大変に繁盛したのである。現地人だけの経営チームは、無線で大変に上手な配車をし、夜中でもただちにお客さんのところに駆けつけた。日本から持ち込んだ中古車は、半年ほどタクシーに使ってお金を稼ぎ、その後は輸入原価に一定額をプラスして一般人に転売したのだが、それもすぐに売れていった。そうやって稼いだ金でまた新しい車をどんどんと買い、お金を失わないようにして回していったのである。やがて、このタクシー会社の出現により、交通局はほかのすべてのタクシー業者にメーターの取り付けを義務化、加えて我々のタクシー会社の料金体系がその基本となった。

一方、私自身は、そのタクシー会社から一銭も給料などを受け取ることはなかった。自分で利用する時でさえ、必ず金を支払っていた。もちろん、D君や職員らは「それは困ります！」と言って給与を出そうとしてくれたが、これは私個人が儲けるためや、楽をするために作った会社ではなかったので、その方針は徹底したのである。私の頭の中にあったのは、こちらが日本人だというだけの理由で、最後の最後まで信じて残ってくれた連中に対し、何がなんでも仕事を作るという「約束」を果たさねばならない、ということであったのだ。

もちろん、妻子ある身で私自身も大変に貧乏をし続けたが、若いうちはこれもすべて鍛錬だと思うようにしたし、妻もこの信念を支持してくれた。私たちは、複数の子供を抱えながら、スーパーマーケットで買いものをするにしても、必ず夜遅くに訪れて、半額となった「見切り品」ばかりを買って生活を切り詰めたが、こういうことも、私にとっては自分の信念の強さを試す大切な「試練」であったと思っている。

苦しかった現地人の組織化

その次に依頼があったのは、パプアニューギニアでフルーツジュースの工場を作ろうという話であった。その技術を持った人や複数の会社の社長が集まって、新しいプロジェクトが始まることになり、私は現場で再びゼロから新会社を作ることとなった。我々が展開したのは、パプアニューギニア第二の都市、ラエであった。国内最大の国際港があり、月に一回だが、日本行きの船も出ていたので輸送環境も良く、また、我々が欲していた種類のフルーツ農園もいくつかあったことが理由である。

当時すでに首都で始めていたタクシー会社は、この頃までに順調な売り上げを達成しており、将来の幹部候補も育ち始めていたので、私はそこから、信頼できる幹部を数名引き抜いて、一緒にラエに入った。そして、宿舎を借り、工場を開設し、日本から様々な機械やトラックを入れ、その一方で現地の既存農園を整備し、また数万本の苗木を新たに作って地元民に無償で提供し、新たな農園造りを支援した。

しかし、この会社はすべてを東京から眺め、東京で考え、決めることを基本としており、現地に入りっぱなしであったのは、私だけであった。本社は、現場での状況をほとんど見ていなかった。そのため、最初に私たちに課せられた目標は、半年間で二〇トンものジュースを生産し、日本に輸出するというものであった。これは当時の現場の我々としては、気の遠くなるような数字に見えた。しかし、命令が下された以上、我々はやらねばならない。私自身も農園に入って草刈りをしたり、各地を車で回って新たな農園開拓指導をし、またラジオに宣伝を流して、すでにフルーツの木をたくさん持っている人は、その実をすべて買い取るので、工場に持ってきてほしいと呼びかけるなど、とにかくありとあらゆる手段を尽くした。

また、職員の管理に関しては、「幹部社員」と「一般社員」に分けた。幹部社員は、タクシー会社を作る前から私に付いてきた「生え抜き派」を中心に、山の方の部族や海岸方面の部族など、いろいろな地域から採用した。学歴どころか、過去のいっさいは問わない、真面目で情熱があり、汗をかくことを厭わない人間であることを条件にした結果、採用した七名のうち二人は「ムショ帰り」であった。少年時代、あまりの貧困で窃盗を重ねて逮捕投獄された経験を有していたのだ。しかし、すべては貧困のなせる業である。彼らは過去の清算をするきっかけを求めていたし、まともな人間になろうと強く願っていたので、私は躊躇することなく採用した。そもそも、私の「右腕」であるD君自身が、かつてはポートモレスビーで最大の「ギャング団の頭目」であったのだし、こちらには文句を言う資格もない。一方の一般社員は、ラエ市内に住んでいる人たちに対して公募をかけ、若い人から年配の人まで

ジュース工場のスタッフと

約五〇名を集めた。皆、まともな学校にさえ行ったことはなかったが、真面目な連中だと思った。

幹部社員に対しては、「禁酒・禁煙」「（当面の間）女遊び禁止」「ビートルナッツ（覚醒作用のある檳榔の実）禁止」を徹底した。パプアニューギニア人は、酒には極度に弱い。ビール数杯で、あの筋骨たくましい連中が「俺は最強だ！」などとわめき、喧嘩を始めたりする。平日といわず、週末でさえも同じ宿舎に寝起きしている以上、酒はいっさい禁止であった。そして私自身も、まったくの禁酒を貫いた。あの暑い中、農園での作業を終えて帰ってきた後であれば、冷えたビールをクイッと飲んだらどんなに美味いだろうか、と思ったことは何度もあった。しかし、必死に我慢した。

基本的な生活態度のほか、ジュース生産という仕事に携わる以上、絶対に必要な「手洗い励行」「ヒゲを全部剃ること」「毎日シャワーに入り、下着や制服も毎日洗濯して取り替えること」なども指示した。そうして「部隊」ができあがり始めたあたりになって、本社から、ある変更命令が出された。たまたま役員が現地視察の出張時に出会った、日本語のめっぽううまい現地人（ハイランド出身）をゼネラルマネージャー（ＧＭ）として採用することとしたのである。

現場ではすべてがうまくいき始めていたが、本社としては、唯一の日本人である私からしか情報が上がらないことや、幹部の多くが、タクシー会社発足以前から私に付いてきた「生え抜き」の連中であることに対し、ある種の不安を感じ始めたのである。

新たに採用されたのは二五歳のＪ・Ｏと言い、日本語の読み書きはできなかったが、日本の大学院に三年ほどおり、日常会話は抜群に上手で、日本人ぽい身振り手振り（つまり、頭を何度も小刻みに下げる感じ）も身につけていた。

やがて、このＪ・Ｏを心底気に入った本社から、Ｊ・Ｏにすべてを管理させよという命令が出され、また現地人にしてみればびっくりするような「破格の給与」が提示されたので、私がモレスビーから連れてきた生え抜きの幹部たちはだんだん隅に追いやられ、疎外感を味わうようになっていった。そしてついに、タクシー会社を一緒に作り、農園作業でも共に一生懸命に汗をかいてきた私の「右腕」のＤ君に対しても、「ポートモレスビーに帰れ」という本社命令が出されるようになったのである。

この決断は、それまでに築き始めた人事構造が一気に壊れ始めることを意味しており、大変に良くない傾向だとは思ったが、私もまだまだ経験不足であった。本社の役員らは皆、何十年も会社経営をやってきた大先輩たちだし、その人たちには私の見えていないものが見えているのだろう、と思ったのだ。それで私はＤ君を呼んで話し合いをすることとした。Ｄ君は興奮を抑えながら言った。

「私は、確かにＪ・Ｏほどの学歴もありません。日本語も話せません。しかし情熱では負けないつもりです。これまでも丸谷さんについて一生懸命にやってきました。間違っていたとは思っていません」

突然に切られることになったのである。この反応は当然だ。私は何度も頷きながら、彼の言いたいことを全部聞いた上で口を開いた。

「よく判っている。お前がいてくれたから、今の俺がある。もし二〇〇五年にお前と会っていなかったら、俺はここまで来られなかった」

こう言うと、D君は目を真っ赤にして頷いた。私も心がちぎれるような気持ちだった。

「だがな、あのJ・Oはとても日本語が上手だし、本社としても直接話ができるから安心なんだ。だから、ここは一歩引いて、モレスビーでのタクシー会社にしばらく集中してくれないか。本社としては、俺が日本に戻っていても、誰か日本語ができて信頼できる人間を置いておきたいんだよ」

彼はしばらく考えていたが、ゆっくりと頷いてくれた。そして、

「あなたの言うことなら従います。私はポートモレスビーに帰ります」

と言ってくれた。

「お前は引き続き、パプアニューギニアにおける俺の耳であり目なんだ。これからも、引き続き心は一つでやっていくつもりだ。いつか必ずお前が活躍する時が来るし、その時は必ず迎えに行く。だから、ほんの少しだけ我慢してくれ」

そう言ったら、彼は再び目を赤くして頷いてくれた。私も悔しい気持ちで一杯であったが、D君はその後、屈辱感をこらえるようにしてモレスビーに帰って行った。

新たにGMとなったJ・Oには、最も大きい鍵付きの個室が与えられることになり、私はその隣の

小部屋に入ることとなった。そして新たな体制で業務が始まった。J・Oは、普通に話していれば極めて気持ちのよい男で、わずかにゴマをするようなところもあったが、特段の問題は見られなかった。私とは日本語を中心にして会話し、部下に対する命令はピジン語で行った。部下たちも特に不満を見せず、あたかも何ごともなかったかのように数カ月が過ぎ、やがて私に対して一時帰国の命令が出され、三週間ほど日本に戻ることとなった。しかし、私が消えたとたん、問題が一気に噴出した。

連続した「裏切り」と「反乱」

帰国して二週間後、小口会計と銀行口座の管理を任せていた「生え抜き派」のM君（オロ州出身で、お母さんが日本兵の幽霊を見たという彼）が、めずらしく日本の私の携帯に電話をしてきたのだが、そこで驚くべき情報を伝えてきた。私が帰国して以来、J・Oが会社の金を使って連日遊びまくっている、と言うのだ。

まさかと思ったが、様々な側面から調べたところ、確かにJ・Oは何十万円もの金を勝手に使い込み、ホテルなどで酒を浴びるように飲み、宿舎の個室に女を連れ込んでいた。そして、この横領を隠すため、資金管理をしていたM君を脅迫しただけでなく、一度も学校に行ったことがないせいで読み書きができない年長者を、「ロンロン（間抜け）」と呼んで、毎日罵倒していたのである。私はこのことに一番腹を立てたと言っても過言ではない。貧困の中から立ち上がろうともがき、文盲とはいえ日本人のために毎日真面目に働き、そのことで人生を立て直そうとしている四〇歳に近い男を、何の苦労もなく日本への留学もできて、たまたま金が少しあっただけのわずか二五歳の青二才が、偉そうに

「間抜け」呼ばわりするということを、私は絶対に許せなかったのであった。

私は本社の許可を得てただちにポートモレスビーに飛び、その時までに構築していたあらゆるルートを使って地元警察と弁護士に事情を説明、そこからラエの宿舎に電話をかけ、巧みに抗弁しようとするJ・Oに対し、極めて強硬な態度でクビを宣告した。

「あと一時間以内に荷物をまとめて、ただちに宿舎を出ろ。お前をこれ以上、俺の大切な部下たちと一緒に働かせることはできない。従わない場合は、地元警察に突入させる。すでに副署長とは話をつけてある。こちらを甘く見ていると、後悔するぞ」

しかし、それに対してJ・Oは、巧みな言いわけを繰り返し、ついには、

「私はここを出ません！　本社の社長や専務は判ってくれるはずです！　それに、私をクビにしたり、警察なんか呼んだら私の一族が黙っていない。彼らはみんな怒って丸谷さんを襲うでしょう。あなたこそ、後悔しますよ！」

と言って居直ったのである。完全なる宣戦布告であった。ついに私は、自分でも驚くくらいの勢いで相手を怒鳴り飛ばした。

「いい度胸だ！　そこまで言うなら、俺は明日にでもラエに飛んで行ってやる。そして、お前を部屋から引きずり出して、その場で俺がお前を撃ち殺してやる。お前の部族が俺を殺しに来るなら、それも上等だ。最後まで戦って華々しく散ってやろうじゃないか！」

今から考えれば、よくもまあ言ったものだと思うけれども、当時は三〇歳を少し過ぎたばかりの血気さかんな頃で、もちろん全部「本気」だった。間違っているのは明らかに相手だ。それが判らない

ようなら、愛すべき部下を守るためにも戦い抜いてやる、とさえ思った。今でも、あの時に体に走ったアドレナリンで体がカッカした感覚を思い出す。結局J・Oは、私がそう怒鳴ったことでシュンとなってしまい、あきらめることにしたらしい。

「丸谷さん、本当にすみません。私がバカでした。今から宿舎を出ます。私はこれからも、日本の皆さんと仲良くしていきたい。いつか、再び笑って会えるようになりたいのです」

突然相手がこう言ったので、私も一気に毒気を抜かれてしまい、

「判ればいいんだ。お前がふざけたことをやってみんなの期待を裏切るから、こんなことになるんだ。この大バカ野郎」

と言うしかなかった。J・Oはそれから一時間で去って行った。

一方、私は、本社命令によってポートモレスビーに戻され、その後かつてのタクシー会社に復帰していたD君に電話をし、数カ月ぶりに再会した。そして、心から、「助けてくれ。ラエが危ないんだ」と頼み込んだ。この時点で、本社はまだD君をラエに戻すことにまでは同意していなかった。本社の「メンツ」というものがあったからだ。このあたりの事情までしっかりと黙って聞いたD君は、「本当なら私が行きたいところですが、それも無理そうですね。では、良い人がいるかどうか探してみます」とだけ言って、早速動いてくれた。

やがて、元牧師という男が新たなGM候補として来てくれた。今回はD君が通っていた教会の紹介だった。かつて、ポートモレスビーで一大ギャング団を率いて暴れ回っていたD君は、過去の悪事を反省し、人生をやり直すきっかけとしてキリスト教にすがっていたのだった。私はD君の判断を信用

し、真面目そうなこの元牧師を採用することにした。

J・Oを採用するはるか前の話であるが、ラエの会社で数十人を統率するにあたって、最大の悩みであったのは、教育も何もない従業員ら全員をどうやって統率するのかということであった。そこで私が最初に使ったのが「教会」であった。この時、私はD君の信仰する宗派に協力を要請した。この宗派は、当時はまだラエに自らの教会を持っていなかったので、我々の宿舎の裏庭を日曜日に開放し、現地人なら誰でも説教を聞くためにに入れるようにしたら、結構な人が集まるようになった。その結果、信者を世話する職員らの間にも自意識が芽生え、なかなかに良い結果を得ることもできたのであった。この体制は、J・Oによって潰されてしまったのであるが、元牧師を新たなGMに採用しようかと考えたのは、その時の成功体験を思い出したからである。

私と一緒にラエに飛んだこの元牧師は、新顔であることもあり、生え抜きの職員らに対しても控えめな態度を貫き、その後も一生懸命に仕事をした。給与にしても、J・Oほどの破格の待遇は用意せず、常識的な範囲のものとしたが、彼は「それで充分です」と言って笑顔を向けてきたので、ひと安心であった。そして今度は、私が鍵付きの個室に入り、全体を管理する一方で、この新GMが日常の業務を全部見るようになった。もちろん、日曜日には宿舎を開放し、元牧師らしく、地元の人間や職員らに対して説教をしたりもしていた。この間、ジュースの生産量は徐々に上がっていき、私は極めて満足していたし、ポートモレスビーでタクシー会社に集中していたD君も安心していた。

しかし、こんな平穏な日々も、それほど長くは続かなかった。数カ月して、私が途中経過報告のため、再び二週間の予定で日本に帰国した直後、何とこの元牧師が「ストライキ」を起こしたのである。

再び状況を報告してきたM君によると、元牧師は、

「今まで低い給与で真面目に頑張ってきた。規律もすべて守った。それなのに、前にいた人間（J・Oのこと）よりも低い給与というのは納得できない。これまで支払われていない賃金（日本円で二五万円ほど）を、ただちに支払え！」

と主張したのである。これにより、工場の業務はすべて停止した。

私が現場を離れたとたん、再び起こったこの種の不祥事に、私は完全に自信を喪失してしまった。あまりに悩んだせいで、しまいには自宅近くの神社の階段でごろ寝をしながら、夜中に一人、コンビニで買った酒を飲んで頭を抱える始末だ。そのくらいに苦しみ悩んだ。しかし今回は、私よりD君の方がはるかに衝撃を受けたようだった。この元牧師を尊敬し、わざわざ紹介したD君は、みずからの責任の重さと、何よりも信じた相手に裏切られたという思いで打ちのめされ、しばらくジャングルの中にある自分の村に引きこもってしまったのである。

しかし起こってしまったことは仕方ない。ここは、何がなんでも一人で立て直すしかない。元牧師の処遇については、教会の大司教に連絡をして、そこからクビを宣告した。大司教は何万人もの信者から尊敬を集める人物で、私も個人的に親しくしていたのだが、その言葉の力は絶大であった。元牧師は、さすがにこの大司教には逆らえず、すごすごと山に帰って行った。

「最強チーム」の完成

それから一週間後、私は何の対策もないままに、ポートモレスビー経由でラエに帰った。やるべき

ことは全部やってきたのに、タクシー会社の時と違って、何もかも、うまくいかないのである。これからどうしてよいのかさえ判らなかった。

そうやって失意の底にあった私がラエの空港に到着し、荷物を取って空港の外に出た時であった。なんと、私の代わりにどんな「不良上司」がやって来ても、常に私を信じて決してブレることのなかった「生え抜き派」の部下たちが、揃いも揃って全員、空港の外で私を待っているではないか。しかも全員、「ツルツルの丸刈り」にして、綺麗に洗濯した制服に身を包み、列を作って並んでいるのだ。

中には一般社員として採用したラエ出身の若い連中もいて、「帰国」した私を嬉しそうにニコニコと見つめている。この光景、ほかの人が見たら、あたかもヤクザの大親分が出所してきた時の若衆による「出迎え」のように見えただろう。何しろ、筋骨隆々の肉体を持つ我が部下たちは、皆、ツルツルの丸坊主なのである。そんなデカい男たちが、私を見て子どものようにニコニコしているのだ。私はこんな彼らの「笑顔」によって救われたようなものだった。一人ひとりを強く抱きしめた私は、「もう一度、みんなで立て直そう。だから力を貸してくれ。D君もそのうち復帰させる。あいつが帰ってきた時、みんなでこうやって笑顔で迎えられるように頑張ろうじゃないか！」

と言った。それを聞いて、涙を流している職員もいる。それを見て、私は以後、すべてを自分が直接指揮して立て直そうと思った。ここには、本社の幹部らには見えない世界がある。信頼とか友情とか尊敬というものがある。それをもう一度掘り起こし、相手を信じきることで立て直そう、と決意した。こんなことを本社に口頭で説明したところで判ってはもらえないだろうが、現場にいない以上、それは仕方ないことだ。私は、とにかくすべてを立て直すために全力を投じることとした。

この三度目の正直にあたって新たに採用した方式が、かつて戦争中に日本軍がやっていたやり方であった。「ワンテムカイカイ、ワンテムトク、ワンテムスリープ」というもので、つまり「同じものを同じ場所で食べ、同じ目線で語らい、同じ場所で寝る」というものである。もちろん、必要に応じて浪花節も導入し、自ら有言実行、つらい仕事に関しては率先垂範を徹底するようにした。自分の部屋にも外出時以外は鍵をかけず、常に開放した。寝る時も部屋を開けっ放しにした。

よく考えれば、これは最初にタクシー会社を作った時に無意識のうちに実行していた方法であった。だが、日本でいろいろな経営者と知り合い、そこから学ばねばと思ってやり方を変えるうちに、徐々に私の中でもこの大切さを忘れつつあったのかもしれない。

もちろん、ラエに住んでいた華僑や外国人駐在員の友人らは、こんなやり方を始めた私を、必死に止めようとした。

「お前、気でも狂ったのか？　ここの地元民を信用するのか？　身ぐるみをはがされ、最後には命だって奪われかねないんだぞ！　絶対にやめろ。お前の理想主義は危険だ」

私のやり方に賛同する友人は、一人としていなかったと言ってもよい。もちろん、すべては私の身を心配するがゆえの「友情」のなせる業である。そんな友人たちにここまで言われて、それでもまったく不安にならなかったと言えばウソになる。もしかしたら、自分の見る目がまたまた誤っているのか、本当は彼らも、このアホで間抜けな日本人を、単なるカモでしかないと思っているのだろうか、とさえ思った。しかし次の瞬間、私はやっぱり決断していた。

「もう俺は決めたのだ。ここで身ぐるみをはがされたって、殺されたって構いはしない。相手を信じ

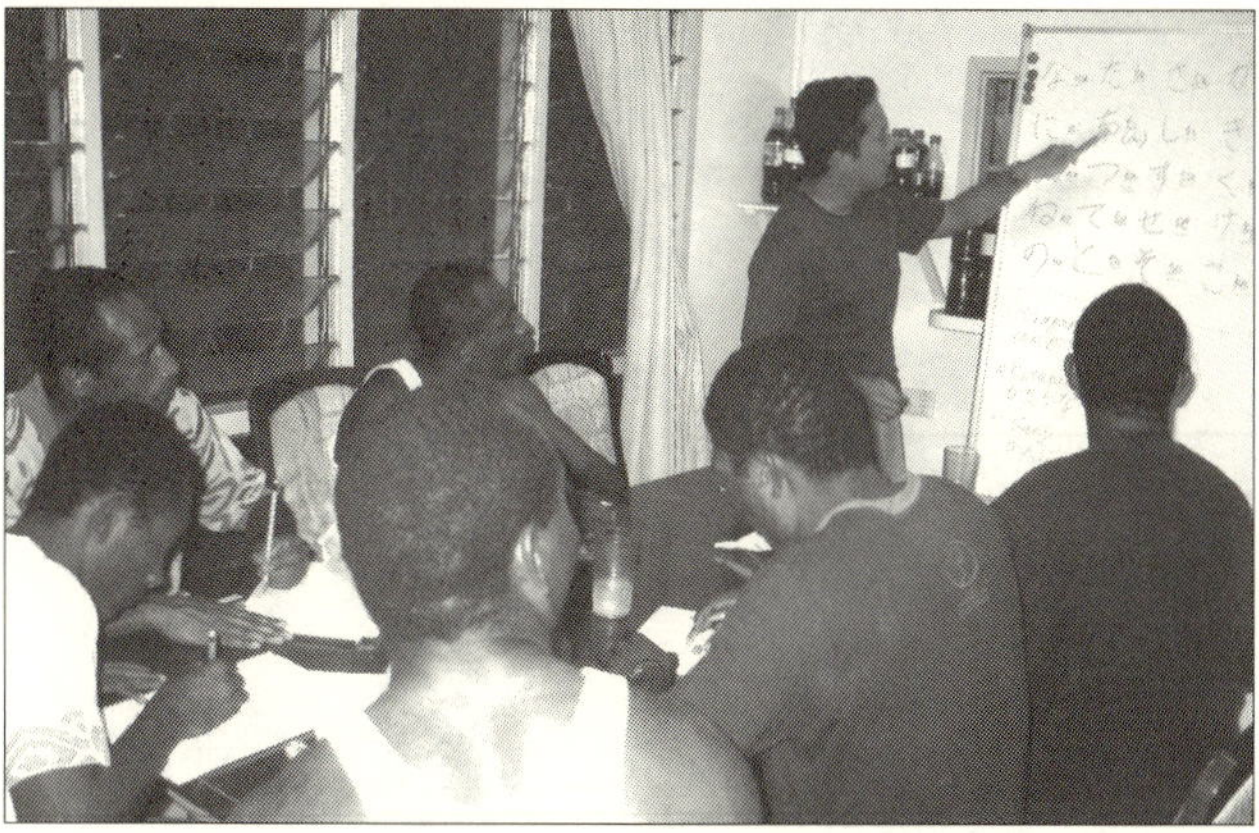

同じ宿舎で寝起きしていた幹部スタッフに日本語を教える

きって殺されたなら、それこそ本望じゃないか」

こういう時、私の頭の中には、日本に残した妻子の顔はまったく浮かばない。これを言うと多くの人に怒られ、「最低な男だ！」などと非難されるのであるが、事実なのだから仕方ない。命を賭けて本気で何かをやる時や、現地で何度か命の危険に晒された時、私の頭の中には家族の顔なんかまったく浮かばなかった。おそらく、それを考えた瞬間、自分の判断や動きが鈍る、ということを本能的に悟っていたからかもしれないし、また当時は今よりはるかに若くて元気だったので、ただ単に無鉄砲だったからかもしれない。

やがて、失意の底に落ちていたD君の復帰も許され、百万の味方を得たような気持ちになった私は、早速タクシー会社でやっていたのと同じ方式、つまり日本の兵隊さんが戦争中にやった方式で、愛すべき部下たちに接した。宿舎と工場の掃除を一緒にやり、農園で草刈りをやり、部下たちのために食糧の買い出しを行い、順番を決めて私自身も全員分の食事を作ったりした。

食事のメニューは決まっている。朝と昼は、地元の大きなビスケットにコーヒー。夜は、社員らが大好きなメニューだ。つまり、カボチャの葉とタロイモをココナッツミルクに漬け、「マギー」のインスタントラーメンを放り込んで二時間も煮込んだものである。週に二回は、その鍋に鶏肉か豚肉を放り込んでタンパク源をとる。その味については、ご想像いただきたいところであるが、決して美味くはない。というか、はっきり言って、ほかに選択肢があれば絶対に手を出すことはない代物だ。しかし社員らはこれが大好きなのだ。

二時間煮込まれて「ボロボロ」になった麺がタロイモとカボチャの葉に絡み付いていて、それを薄いココナッツスープごと、茶色い米にかける。熱いうちなら、塩をかけてごまかすこともできるが、キリスト教徒である社員らは、ここで長いお祈りを始める。

「オー、パパゴッド、パパゴッド。ミープラ、テンキュー・トゥルー（ああ、父なる神よ。私たちはあなたに感謝します）」

これが一〇分は続く。そのうち、夕食は完全に冷めてしまい、米はスープを吸って膨れ上がっている。あのうだるような暑さと湿気に加え、毎日停電ばかりする環境の中、つらい農作業やジュース生産を一日中やってきて、もう腹は減り過ぎているはずなのに、冷めていくにつれて独特のキツい臭いを放ち始める「ココナッツスープ漬けライス」を見ているだけで、食欲が減退していく。しかし、これも我慢だ。

「丸谷さん、どうか先に始めてください。私たちの祈りはいつもこうですから、待っていただかなくて結構です」

私を気遣い、たまらず社員らが言ってくれるのだが、

「いや、俺もお祈りをしているんだ。だから、気にしないでくれ」
と言って、さらにやせ我慢だ。これを実際に毎晩やることは、体力的にも精神的にも大変であった。おかげで私は、三カ月で一五キロも痩せてしまった。しかし職員らは相変わらず、筋骨隆々で元気一杯である。

こんな状態を見かねた本社の社長が、私の健康を大変に心配して、船便や航空便で日本食をたくさん送ってきてくれたのであるが、そんな食べものについても、同じ宿舎に住んでいる社員たちと平等に分けた。もちろん、一〇人で住んでいるわけだから、それらはすぐになくなってしまうが、一人で隠れて美味いものを食うことだけはやってはいけないと思っていた。日本のインスタント食品や餅などを食べた社員らは、「こんなに美味しいものがあるのですか！」と大喜びだが、一方で、「これは丸谷さん専用のものだから、勝手に手をつけるやつは許さん！」というようなことをも言い合っている。微笑ましい光景であった。

こんな「やせ我慢」の毎日を繰り返した結果、すべてが変わった。幹部職員らは、自ら率先してやるべき仕事をやるようになったのだ。もう私は何かを指示する必要すらなくなった。

まず、朝五時半になると、職員らは一人ひとり起床し始め、宿舎の掃除をし始める。しかし、本社に送るべき毎日の報告書作成のため、だいたい夜中の二時半頃まで起きていた私を気遣い、なるべく音を立てないように気を使っての掃除だ。文盲であるせいで、かつてJ・Oによって「間抜け」呼ばわりされていた最年長の職員は、スルリと音も立てずに私の部屋に入ってきて、上司とはいえ、一〇歳も年下の私の脱ぎ捨てた服を持ち去り、庭で一生懸命にゴシゴシ洗ってくれている。

やがて六時半になると、金庫番であるM君が、ビスケットと熱いコーヒーを淹《い》れて、「ミスター、朝ご飯です」と言って部屋に入ってくる。私は、そこで初めて目覚めたような振りをして、朝食をとる。宿舎の中は、この時までにすべて綺麗になっていて、チリ一つ落ちていない。やがて、私は腰に護身用の拳銃と予備弾倉、それにナイフを着け、その上から会社の作業衣を着て車に乗り、部下たちを後続のトラックの荷台に乗せ、工場に出勤していく。

生産工場は朝八時から稼働する。普通、職業訓練も何も受けていないパプアニューギニア人に対し、朝八時に仕事に来いというと、多くの場合、彼らは八時に起きて、九時か一〇時にのんびりやって来る。しかし、私が採用した人たちは違った。ラエ出身の一般社員らは、朝七時半にはすでに工場の前に座り込んで、開門を待っているのだ。私はそんな彼らに向かって、「モニン、モニン！（おはよう！）」と挨拶しながら門を開ける。すると、彼らはニコニコしながら工場に入り、私が何かを指示する前に工場の中に水を撒いて掃除をし始めるのだ。これもすべて、一緒に住んでいた幹部社員らによる指示であったが、一般社員らは、気合いの入った幹部たちの姿を見て、自分たちもそれに習ったのだ。

一方、資金管理も完璧であった。私が信じて資金を管理させていた金庫番のM君は、私が帰国していた間、何度も酒に酔ったJ・Oに、「追加の金を出せ。さもないと、お前の首をへし折って殺す」と脅されたということであった。その時、彼は運悪く重度のマラリアにも倒れたが、その間も私から預かった金庫を絶対渡すまいと決意し、自分の腹に抱くようにして守り続け、J・Oの脅迫にも耐え抜いたのだった。実際、彼に管理させていた銀行口座や小口現金などを計算してみたところ、一銭の狂いもなかった。これには本当に感動した。

ジュース工場のオフィスで現金の管理

それから数カ月もしないうちに、我が工場の評判は周辺に広がっていき、あれだけ私が現地人らと同じ屋根の下で暮らすことに反対していた外国人駐在員らも、ほとんど何も言わなくなった。「本当にお前は変わったやつだな」と笑うだけである。

そしてその頃から、一部の外資系企業の人事担当者がウロウロし始めた。彼らは、真面目きわまりない我々の社員の噂を聞き、早速「引き抜き」に来たのだ。そんなある日、部下の一人が私の部屋にやってきた。彼はニコニコ顔で、開口一番こう言った。

「ミスター、私は今、欧米系の×××社から誘われています。給与は今よりも倍を出すと言ってきています」

話を聞いてみると、外資系の人事担当者らは我々の社員を見て、

「君たちはどこで教育を受けたのか？　オース

トラリアの職業訓練学校出身か？」
と聞いてきたという。こちとら、最高学歴を持つ資金管理係のM君でさえ高校三年までしか行っていない。平均は小学校四年生といったところか。中には、刑務所帰りも何人かいたし、完全文盲で、かつてJ・Oに「間抜け」とバカにされた男もいる。しかし彼は今や、ジュース生産の最終工程である「充填前殺菌」の作業を完璧にこなすようになっていた。気がつけば、彼らは皆、ほかの企業がうらやむほどの人材になっていたのだ。

一方で、そんな他社からの引抜き話を聞いた時、私の心には一抹の寂しさが漂った。もはや我々は家族同然だという気持ちがあった。しかし社員たちにはそれぞれ、食べさせていかねばならない本物の家族がいる。子供の学費を払わねばならない者もいる。給与の良い方に流れるのは仕方ないことだ。笑顔で、彼の将来の成功を祈って見送ってやらねばならない。そう思ったので、

「もしそちらの方が将来の生活を考えても有利だと思うなら、そちらに行けばいい。俺は喜んで見送るよ」

と言った。そうしたら、相手はその表情から一気に笑みを消し、怒り始めたのである。

「何を言うんですか！　何で止めてくれないんですか！　私はもうとっくに断りました。私は、日本の皆さんにここまで育ててもらいました。それなのに、それを裏切るようなことはできません！　私は引き続き、ここで働きたいのです！」

彼らにしてみれば、転職する気なんかまったくなかったのだ。ただ、これまで教育も職もなかったのに、外資系の企業に引抜かれるほどになった自分が誇らしく、この私にもそれを知ってほしかった

のだ。まさに、学校で先生に褒められた子供が親に報告に行く、あの感覚である。

これ以後、我々は「鉄の結束」を誇るようになった。あれだけのんびりしていた地元の連中が、ここまで変化したのである。やはり彼らは、上の人間の一挙手一投足をすべて見ているのだ。「ああ、うちのボスはあれだけ努力してくれている。だから自分たちも頑張らねば」という感覚が広がり、部下たちが互いに切磋琢磨して規律を守り始め、結果的に生産量は一気に増加したのであった。私たちは、気がつけば、当初目標の倍近い三七トンものジュースを生産することに成功していたのである。

二度の裏切りにあい、暗中模索でもがいていた頃からすれば、まさに奇跡であり、部下たちの姿が「光り輝いて」見えたものである。パプアニューギニアで現地人を使って働いている日本人の皆さんの多くは、苦労の末に同じようなことを体験されているに違いないが、つまり、日本人らしくやれば、現地人の大半は、それを必ず理解してついてきてくれるということなのだ。以来、私は、

「やはり、日本の兵隊さんたちがやった方式は、決して間違っていない」

という、揺らぎない確信を持っている。

第五章　「南太平洋の管理者」オーストラリア

なぜオーストラリアは豊かなのか

　ここまでの章で、豊富な資源埋蔵地帯である南太平洋地域がいかに重要であり、日本との関わりも深く、親日の情を抱いているかがお判りいただけたかと思う。その一方で、南太平洋島嶼国に対する理解をさらに深めるためにも、この地域を伝統的に管理してきたオーストラリアが有する「対日感情」についても知っておく必要がある。

　オーストラリアの経済は、もう二〇年以上も景気後退を経験していない。リーマンショックの後でも唯一、景気後退しなかった先進国であり、今日でも大変に豊かな国だ。オーストラリアは、安全保障面ではアメリカとの同盟を基軸としている一方、自らを「ミドルパワー」と位置づけており、最近こそ、第一章で説明したようにフィジー問題で大きくつまづきを見せているものの、基本的には独創的な外交政策を展開しようとしている。

　私が初めて赤道を越え、南太平洋に飛んだのは、二〇歳の時（一九九五年）であった。オーストラリアに留学するためであったが、初めてシドニー空港に降り立った直後から、この国が、日本とは比べものにならないくらいに資源の豊かな所なのだなという印象を強く持つ場面に遭遇した。

当時、まだそれほど海外旅行慣れしていなかった私は、衣類を大量に詰め込んだスーツケースを押して空港の外にようやく出たのであったが、頭の中に描いていたオーストラリアの印象と言ったら、先述のように、「つばの広い帽子をかぶった半ズボンのお兄さんが、コアラを抱っこしている」という程度のものであった。恥ずかしい話だが、そのくらい、赤道以南の国々のことについては知識もなかったのである。

そんな無知きわまりない私の前を、結構なスピードで一台の車が走り去った。そして私の目はそれに釘づけになった。なぜなら、その車の運転手は、綺麗な白髪を持つ七〇代半ばくらいの白人の老婆だったからである。彼女はやがて、身内をピックアップするために近くに車を停めたのだが、そんな光景を見て、「これが、日本が戦争に負けた一つの原因なのだ」などと思って衝撃を受けてしまった。一九九五年当時、もしその老婆が七五歳くらいだったとすると、その女性は戦争中か戦後すぐあたりには二〇代から三〇代であり、つまりは、その頃すでに自動車免許を取っていたに違いない。

つまり、オーストラリアではあの戦争の最中でさえ、一般人、特に社会的にはまだ男より一つ地位が低かったに違いない女性ですら自動車に乗っていて不思議ではなかったものであり、それを補うだけの豊かな石油資源や工業力もあったのだ、ということが、この一瞬の光景を見ることですぐに想像できたのである。日本なら、当時はまだ白髪の七五歳くらいの女性が一人で車を運転し、成田や羽田まで誰かを迎えに行くなど、ほとんど考えられなかったと思う。

そんなシドニー空港における光景で頭をガツンと殴られた気になり、そこから私は、東海岸の小さな町にある大学付属の語学学校に行き、早速その学生寮に入った。だが、到着した最初の晩、またさらに驚天動地の光景を目の当たりにした。

私が入った寮は、三食付きであった。やがて、初めての夕食の時間になった時、私が海外からやって来た新入りだ、ということに気付いたらしいアメリカ人の交換留学生（医者の卵であった）が部屋にやって来て、「おい、夕飯の場所はあっちだぜ」と教えてくれたのだが、その彼の後ろについて寮の食堂に向かい、そのドアを開けたとたん、私はそこで文字通り腰を抜かしそうになったのだ。

まず、一〇〇人以上のオーストラリア人大学生が大きな食堂内のあちこちに座っていて、ワイワイ騒いでいるのが見えた。彼らは、互いにわめきながら何かを投げ合っている。男女ともに大きな体でキャッキャと子供のようなはしゃぎっぷりだ。すぐに事態が呑み込めなかったので、呆然と立ち尽くしていたら、彼らの投げ合っていたものの一部が飛んできた。そうして足元に転がったのは、なんと、茶色いパンのかけらであった。つまり、彼らは夕食の一部を互いに投げつけ合って、男女ではしゃいでいたのである。

目の前で、パンのほか、米やスイカ、メロン、フライドポテトが雨あられと飛び交っている光景を見て、「純粋日本人」である私は怒り心頭に発すると同時に、「こんな国に戦争に負けたのか！」と思って大変に悔しいという思いを持ち、日本人は絶対にそんなことはしない、というプライドさえ湧いてきたものであった。オーストラリアに最初に足を踏み入れた日に体験した、この二つの強烈な思い出は、この国がどれだけ資源の豊かな国であるかを想像させるのには充分であり、その後も留学生活を続けながら物事を考える上で、常に頭をよぎることとなった。

そもそも私が海外、特に英語圏に留学しようと思ったきっかけは、「英語が話せるようになりたい」とか、「国際的な仕事がしたい」というような、一般的なものではない。当時から安全保障や戦史に強い興味を持っていた私は、なぜ日本が明治維新以降、必死になって「欧米化」しようとし、その結果があのような未曾有の大戦争とそこでの敗北に繋がったのかを、ひたすら知りたいと思っていた。もっと言うなら、三〇〇万人もの日本人はなぜあのようにして死んでいったのか、また、そんな日本人を打ち負かしたアングロサクソン諸国が、なぜ何百年間にもわたって世界を席巻し、今もなおその権威を維持し続けているのか、そしてそんな彼らが、日本やアジアをどのようにして見つめ、どの種の言葉で表現しているのか。これらを、とことん知りたかったのである。

そんな「変わり者」に違いなかった私が、その留学先にオーストラリアを選んだ理由は至極単純であり、かつ実用的なものであった。まず、オーストラリアはアメリカと違って、大学の学費が極めて安かった。当時、一豪ドルは六〇円を切る時代であったので、実際にはもっと安く上がる。そして第二に、海外からの留学生に対し、アルバイトが認められるということも魅力だった。アメリカではそれが難しいと言われていたし、イギリスはそもそも、物価も何も、すべてが高かった。加えて、私の伯父が一九六〇年代の終わり頃、オーストラリアの首都キャンベラにあるオーストラリア国立大学のインド哲学科で博士号を取得しており、子どもの頃に何度か、「キャンベラはいいところだぞ」という話を聞かされていた。それが心に残っていたのか、まだ見たこともないオーストラリアという土地に対する親しみのようなものさえあったのだ。

一方、五年以上におよんだオーストラリアでの留学生活の中で、私が最後まで判らなかったことが二つあった。一つ目は、「クリケットのルール」である。これは今でもまったくもって理解不能なスポーツだが、オーストラリア人の中には熱狂的なファンも多い。そして二つ目は、「オーストラリアの豊かさ」である。いくら資源が豊富とはいえ、日本人ほど働かないオーストラリア人が、なぜあれほど大きな大陸をうまくまとめ、しかも我々より数段裕福な暮らしをし続けることができているのだろうか、ということがまったく判らなかったのである。

しかし、後にパプアニューギニアを訪問し、そこでしばらく様子を見るうちに、五年間かけても判らなかった二つ目の理由だけはすぐに判った。それは、オーストラリアの「富」は、なにもオーストラリア本土だけから得られたものではなく、植民地時代に南太平洋島嶼国から「搾取」したものであり、その最たるものがパプアニューギニアであった、という事実である。そのくらい、あの地域の資源というのは膨大なのである。

オーストラリア人はシャイで純朴

留学当時、せっかく勉強に来たのだから、同じ日本人やアジア系とばかりつるんでいてはいけないと思い、相部屋になった日本人学生を除いて、できるだけ積極的に、同じ寮に住んでいるオーストラリア人らと交わるようにした。同じ寮に住むオーストラリア人学生の多くは、内陸のど田舎から来ていて、強烈な訛りを持ち、話す内容は「人種差別的な」ことばかりであった。

彼らは、日本人に対しては「ニップ」と言い、香港人に対しては「ホンキー」、アメリカ人のことは「ヤンクス」と呼んで馬鹿にする。それに対して噛み付いたり、会話の文脈によっては一緒になって笑ったりしていたら、最初こそは戸惑うようだった連中が、次第に打ち解けるようになってきた。

しかし中には、そういった私の行動を好ましく思わない連中もいた。父親がオーストラリア陸軍特殊空挺連隊（ＳＡＳＲ）の隊員としてベトナム戦争を戦ったという学生がいて、この男はなかなか良い顔をしているのに、とにかく凄まじい「人種差別主義者」だった。彼は酒が入ると、

「俺の親父は、ベトナムでアジア人どもを殺しまくった。そのことを俺も誇りに思っている。俺の夢は、大学を出て陸軍将校になり、アジア人を徹底的に殺しまくることだ」

と言うのである。これにはびっくりした。こんな発言、日本では考えられないことだ。

そんなある夜、普段あまり話をしない連中から、「ビーチに行こう」と誘われた。夕食が終わり、部屋で一人くつろいでいた時のことである。相手はすでに酔っぱらっていて、妙ににこやかだったが、こちらも二つ返事で応じて後に続いた。しかしビーチに着いてすぐ、彼らは私に向かって、

「おい、ここで日本の相撲を教えてくれ。今から勝負だ。俺たち全員を相手にしてみろ」

と言った。そこで初めて、彼らのお誘いが「リンチ」である可能性に気がついた。アジア人のくせに、日頃から寮の中でデカい顔をし始めた私を痛めつけて、オーストラリアのルールを判らせてやれ、というわけだ。見上げると、大きな体の全員がほぼ戦闘態勢であった。当時は英語もまだまだ話せなかったので、うまい具合に言い逃れることもできない。そこで私は、すぐそばに落ちていた木の枝をさっと取り上げて、実につたない英語で言った。

「相撲というのは、男と男の一対一の戦いだ。まず、俺が円を書く。これを『ドヒョー（土俵）』という。この中に入って、一人ずつ勝負する。手をついたり、足を出したら負けだ」

その間、できるだけ大きな円をゆっくりと書いて時間を稼ぎつつ、頭の中では「戦い方」を必死で考えた。そこで一つの妙案が出た。

やがて、審判となったハンサムな学生が、「レディー、ゴー！」と開始の合図をかける。その瞬間、「先鋒」を名乗り出た一八〇センチくらいの学生が、高い位置を利用して勢いよく飛びかかってきた。その男の突進をわずかに避け、相手の腰をつかみ、太ももを押さえてから思いきり放り投げると、彼は一瞬で濡れた砂の中に頭から突っ込んでしまった。それを見た仲間たちが大声で笑い、砂だらけになった彼にヤジを飛ばす。もちろん、次の相手も同じように放り投げ、三人目は海の中まで飛んで行った。

なぜこんなことができたかと言うと、理由は単純で、幸いにも「純国産」で安定した短い足を持つ私が、相手より低い位置にいたからである。つまり足が長くて背の高い連中が高い位置から攻撃してくれれば、そんな相手の勢いをそのまま利用して下から投げ飛ばしてやるだけで、彼らはいとも簡単に飛んで行ってくれるのである。

こうして私は一〇人ほどの相手を全員、海の方に放り投げることができたが、その中に一人だけ四つ手で組み合った相手がいた。体の細いやつであったが、バネがある筋肉を持っており、これには大変に手を焼いた。その体の強さと、組み合う瞬間の相手の真剣な眼差しは今でも覚えている。最後は二人で息を荒げ、大汗をかきながらほぼ同時に砂地に墜落したが、その時までに完全にシンパになってくれていた審判が、私の勝利を宣言してくれた。投げた私も、投げられた彼も、あまりのしんどさにゲラゲラ笑った。

こうしてなんとかピンチを切り抜けたのであったが、驚いたのは、その後の彼らの態度の豹変であった。翌朝、それまで一人で朝食を食べていた私の周りに、多くのオーストラリア人学生が集まってきて、「一緒に食べていいいか」とやってくるようになったのである。最初は戸惑ったが、やがて、相撲の審判を務めてくれたハンサム・ガイが来て、「みんな、お前のことを『男』だって認めたんだ」と説明してくれた。この体験を通じて学んだのは、男どうし、力の限りぶつかりあえば、たとえ人種が違っても何か互いに判り合えるものが出てくる、ということであった。それからというもの、私はその寮ではほとんどの学生と仲良くなることができ、そこを出てキャンベラに行くまでの約半年間、一生忘れられないような楽しい時間を経験することとなった。

対日戦争の記憶

もちろん、オーストラリアでの生活は、良いことばかりではなかった。つらいことの方が多かったと言っても過言ではない。大学での勉強は付いていくだけで大変だったし、考え方も何もかも違うので、それに戸惑ってばかりであった。ただ、中でも一番につらかったのは、やはり人種差別的な場面に遭遇したり、戦争の話をされて一方的に断罪されることであった。「日本は性奴隷（慰安婦）狩りをやって、強制連行をやった」「お前たちは、アジア全域で残虐な行為を働いた」というものが多かったが、そのほとんどは、戦時プロパガンダそのままの、正確な知識を欠いて発せられる言葉である。

オーストラリアの田舎では、残念ながら現在でも日本人（というか、アジア人を含む有色人種）に対する偏見は根強く、日本から交換留学にやって来た学生にも、歩いていていきなり唾をかけられたという経験をした人がいたし、私自身もクイーンズランドのある島に行った時、何十人という白人観光客らにあちこちで「中指」を立てられ、後ろからハンバーガーをぶつけられたこともあった。その他、ここでは書けないようなことを言われたり、やられたりということは何十回もある。そんな時は、「日本人なら、オーストラリアから来た人を大切な客人としてもてなすのに、この国の人間はなんでこうなんだ！　もう二度と、こんな国に来るものか！」と思ったものだった。

私が最初に勉強していた沿岸部の町は、近くに大きな工場地帯が広がる労働者の町であった。飲み屋にはたいがい、日焼けした労働者たちがたむろしていて、アジア人と見ると、こちらに向けて強烈に意地悪そうな視線を送ってくることもある。

そんなある日、酔っぱらいがたくさんいるパブに入って酒を飲んでいると、ビリヤードをしていた体の大きい男が突然近付いてきて、「日本人か？」と問うてきた。「イエス」と返すと、彼はいきなり私を突き飛ばし、

「お前らチビのニップどもは、二度と俺たち大国に偉そうなことを言うんじゃねえ！」

というようなことを言ったのである。こちらもカッとなったので、

「日本はアメリカに負けた記憶はあるが、オーストラリアに負けた覚えはない！」

とやったら、当たり前のことだが、取っ組み合いになりそうになった（もちろん、自分もバカな青二才であったと、今では反省している）。そうして殴り合いが始まるかと思ったその瞬間、我々の間に入ってきた男がいた。同じ寮に住んでいる若いオーストラリア人学生のS君だった。S君は相手の酔っぱらいを押さえて、

「やめろ！　お前はこいつを知っているのか？　こいつはいいやつなんだ」

と叫んだ。酔っぱらいは彼に向かって、

「なんだ、こいつはただのニップじゃねえか！　お前、ニップのお友だちなのか？」

と言い返したが、そこで彼が言った言葉が心に残った。

「いつまでも戦争のことばっかり言うな。俺もこいつも、戦争が終わって何十年も経ってから生まれたんだ。お前だってそうだろうよ。それなのに、何の理由があって戦争の話をほじくり返してメソメソ文句ばかり言っているんだ？　本当に情けない野郎だ！」

その直後、その場にもっと体の大きなセキュリティがやって来た。セキュリティは、私を救ったS君の話を聞き、何度か頷いたが、しかし結局、私とS君だけを店外につまみ出した。S君が「喧嘩をしかけたのは向こうだ。なんで、俺たちが外に出るんだ！」と抗議をすると、そのセキュリティは、

「あいつら、週末に必ずやって来る地元工場の常連なんだ。俺の立場も判ってくれ。今度から、もっとすいている平日の夜に来てくれ。あんなレッドネックもいないから静かに飲めるよ」

と言った。「レッドネック」とは、首のあたりが日に焼けて赤くなっている人を指す言葉で、つまりは「教養のない労働者」に対する蔑称だ。

一方の私も、いまだに腹の虫が収まらなかったので、

「何かあれば、オーストラリア人はすぐに戦争の話ばかりだ。日本はあんたら白人の国家に経済封鎖をされ、それでもただ一国で世界中を相手に戦ったんだ。戦争には負けてしまったが、しかし四年間戦い続けて、絶対に逃げなかったのだ。それが判るか？　いつまでも、自分たちがすべて正しいと思うな！」

とわめいた。ただ、酔いが回っていたので、こちらもロレツはあまり回っていない。下手な英語が一層通じなくなるかと思ったが、なぜかこの時はとても良く通じた。そうしたらそのセキュリティは、

「日本人が強かったのは知っている。お前たち、言い方は悪いけれども、体は小さいのに根性がある。俺もジュージュツ（柔術）をやって鍛えているから、よく判る」

と言って、太くたくましい腕に巨大な力こぶを作ってみせた。そして、

「ただ、俺が一つお前のことを気に入らないのは、お前が『オール・ブラックス』（ニュージーランドのラグビー代表チーム）のユニフォームを着ていることだ」

と言って私の胸を突きながら笑ったので、こちらは完全に毒気を抜かれてしまった。

それからというもの、私は時おりその店に行くようになり、そのセキュリティとも仲良くなった。ある時など、同じ寮に住む別の学生が持っていたオーストラリア代表ラグビーチーム「ワラビーズ」の黄色いユニフォームを拝借して一緒にその店に行ったら、例のセキュリティがすぐにこちらを見つけて、

「おい！　ずいぶんとセクシーになったじゃないか、この『伝説のニップ』め！」

と言って大きな手で握手を求めてきた。コトの経緯を知らないほかの仲間が、そんな「暴言」を聞いて一瞬けげんな顔をしていたが、私が大笑いしているのを見て、さらに不思議そうな顔をしていた。

この飲み仲間の一人に、クリス君という背の高い男がいた。大学で哲学を専攻する、いつもにこやかな愛すべき人物で、寮内でもよく一緒に食事をしたものであったが、ちょうど戦争が終わって五〇周年となる八月のある日、彼と二人で大学の寮のそばにある店に酒を飲みに行ったことがあった。そしてちょうど乾杯をした時、このクリス君がポツリと言った。

「もし俺たちが五〇年早く生まれていたら、こうして酒を一緒に飲めることなんかなくって、多分パプアニューギニアあたりの戦場で銃を持って向き合っていたんだろうな。俺たちの時代には、日本とオーストラリアが戦争をしていなくて本当に良かった」

その言葉を聞いた瞬間、私の心の中に湧き上がったのは、つまり、この国の人たちとの「和解」は必ずできるという一つの確信だった。この確信は、第三章でも言及した一部の過激な人々（例えば、「日本に原爆を一〇〇発落とせ！」などと言う人）に会った時などは、「一時的にグラグラと」揺らぐことはあった。しかしクリス君を始めとして、向こうで出会った多くの素晴らしいオーストラリア人のおかげで、今日も崩れることなく維持することができている。

そしてこんな確信のせいだろうか、私は出会ったオーストラリア人とはなるべく、特に戦争の記憶については、先方が望む以上、できるだけ腹を割って話すようにしているが、その方が常に良い結果を得られることを体験的に知るまでになった。おかげで今では、実に多くのオーストラリア人と大変仲良くなっている。一度だけ議論を交わした、ある番組制作会社のプロデューサー氏からは、「オーストラリアのテレビ討論に出たら、お前なんか面白いキャラだぞ」と言われたりもした。

日本人の多くは、こういった話題を相手と直接交わすことをできるだけ避けようとする傾向がある。それはオーストラリアの大学に留学していた多くの日本人学生にしても同じであった。彼らの多くはもちろん、一部の無知なオーストラリア人から一方的に断罪されることを快く思っていないが、しかし自分自身も反論できるだけの知識がないか、英語でそこまで討論する自信がないか、さもなくば、ただ面倒くさいことには巻き込まれたくないという理由で、きっちりと反論をすることを避けている。

しかし、多くの若い人には、もし外国人とこういう議論になった場合には、ぜひ相手と真正面から討論していただきたいと思う。私自身、英語などほとんどできなかった頃から、一生懸命に辞書を引きつつ「討論」した。最初は相手の言うことが判らなくて連戦連敗であったが、やがて気がつけば、互角に討論できるようになってくる。なぜなら、少しでも真面目に勉強すれば、特に歴史問題では、日本人の方が自らの歴史をより深く知り得るのは当然だからだ。

ただしこの場合、日本が一〇〇パーセント正しい、というたぐいの議論ではない。善悪、正誤の問題ではなく、なぜ日本があの戦争に突き進んだのか、個々の戦場で取った行動の裏にはどんな論理が存在したのか、という点についてである。お互い人間である。誠意と思いやりを込めて、戦争に直面した我々の祖父母らの立場に立って考えれば、相手も多くの場合はこちらの考えを判ってくれるものだし、気がつけば、やがてこちらも相手のことを判り始めるようになるのだと思う。

『オーストラリア本土攻略論』の幻想

日本との戦争の記憶は、オーストラリアでは常にホットな話題であるが、ここ数年、特に話題になっていたのは、第二次大戦中に日本がオーストラリア大陸占領を企てていたとする、『オーストラリア本土攻略計画』の有無である。日本人留学生や仕事でオーストラリアに在住している方などは、もしかしたら、このような議論を聞いたことがあるかもしれない。

このトピックのポイントは以下の通りである。

①パールハーバーを攻撃した日本は、オーストラリア本土を占領しようとしていた。
②ダーウィン空襲に代表されるオーストラリア本土空襲や、特殊潜航艇によるシドニー湾攻撃が、その証拠である。
③ニューギニアの戦いにおける勝利は、まさにオーストラリアにとっての祖国防衛の戦いであった。

これらに対する答えは、明らかに「ノー」である。第三章の冒頭でも説明した通り、確かに戦前から日本では、海軍軍令部作戦課長の富岡定俊などを中心として「オーストラリア攻略論」という構想は存在した。そして、間違いなく英連邦の情報部では、その兆候を明確に捉えていただろう。

現実に、②で指摘されている通り、日本は海軍航空隊を中心にしてオーストラリア本土を二〇〇回以上も爆撃しているし、中でもダーウィンに対する攻撃は六四回にものぼる。

シドニー湾には海軍の特殊潜航艇が侵入して、湾内に停泊していた船を攻撃して死傷者を出しているし、日本軍が上陸したニューギニアは、当時はオーストラリア領であった。だから、オーストラリア人が今日にあってもなお、「日本はオーストラリアを占領するつもりだった」と考えることは、致し方ないことではある。

しかし史実としては、その考えは「誤り」なのである。なぜなら、そんな海軍の妄想にも近い大計画の存在を知った陸軍は驚愕し、徹底的に反対したからである。戦車第二八連隊の中隊長として米軍の本土上陸作戦に備え、戦後は防衛庁の戦史編纂官となった元陸軍大尉の近藤新治氏は言う。

「あの広いオーストラリア大陸を占領するとなったら、少なくとも三個師団はいる。では、その三個師団はどこから引き抜くのか、また仮に上陸させたとしても、では補給はどうするのか、海軍には陸軍に対する補給を担保するだけの船腹があったのか。これらのことがまったく考慮されていなかった」

この陸軍の猛反対によって、昭和一七年三月の段階で「オーストラリア攻略論」なるものは雲散霧消してしまった。そもそも、当時の日本の国力と、開戦後に各方面に展開させた大兵力、そして、アメリカ海軍の潜水艦作戦に対して極めて脆弱であった不安定なシーレーンの状態から考えても、物理的な問題として、オーストラリア攻略など、できるわけもなかったのだ。だから史実としては、日本がオーストラリア上陸侵攻作戦の具体的な計画を持っていたというのは、大きな誤りなのである。

何年か前には『オーストラリア』という映画が作られて話題になったが、そこでは、オーストラリア原住民である「アボリジニー」を温かく見守る「心優しいオーストラリア白人」が登場する。そんな彼らが平和に暮らしていたある日、突然日本軍がオーストラリア大陸に「上陸」し、残忍な日本兵らがアボリジニーを虐殺するというシーンがあるらしいが、そもそも日本軍はオーストラリアに上陸なんかしていないのだから、こんなものは噴飯ものである。あまりにあほらしい、知能指数の低い視聴者向けの醜悪なプロパガンダ映画だ。幸いにも私の周辺の人々は、こんな映画を話題にさえせず、中には、「まったく、バカらしい」と吐いて捨てる人もいたが、もしこんなものを作って悦に入っているとしたら、オーストラリアという国のレベルの低さを証明するだけである。

もし、オーストラリア人から『オーストラリア本土攻略論』に関する指摘をされたら、次のように答えることをお勧めする。

「もちろん、日本はオーストラリアを何度も空襲したし、オーストラリア領ニューギニアにも上陸したから、オーストラリア人がそう思うのも無理はない。事実、海軍はその構想を持っていた。しかし史実としては、戦争が始まって四カ月後の段階で、すでに日本ではオーストラリア攻略論は完全に消えていた。なぜなら、陸軍が猛反対したからだ。そして実際に、日本軍にはそれに振り分けられるだけの兵力どころか船腹すら存在しなかった。具体的な計画など、まったくなかったのだ」

私は今までこの方式でずっと反論してきたが、これが常に決定打となって、その議論自体を平和裏に終了させることができている。これが歴史的事実なのだから仕方ない。事実の前には、底の浅いC級プロパガンダ映画など、ひとたまりもないのだ。

靖國神社で考えを変えたオーストラリア人教師

こんなバカバカしいC級映画の影響や、人種差別的な感情から日本の戦争について語ろうとする無知な人間がいる一方で、大いなる学問的良心を持って日本との戦争の歴史を真剣に見つめている人もいる。例えば、政府系のある研究者は、前述の『オーストラリア本土攻略論』がメディアに登場し、一部の保守系ジャーナリストらがそれを誇張し、無知なオーストラリア人視聴者らを煽動しようとした時も、「そんなものは、史実に基づかないフィクションに過ぎない」と、一刀のもとに斬って捨てた。彼は別に日本の肩を持ったわけではない。ただ、史実に忠実にあろうとしただけである。一方、それで思いきりメンツを潰された保守系ジャーナリストは、その研究者が勤務する政府機関のトップに手紙を書き、「あの研究者をクビにしろ」とまで進言したらしい。

その研究者と一緒に食事をし、一部オーストラリア人の心の中に今でも棲む「白豪主義的な」考え方について話し合ったことがあった。そこで私は、かつて広大な農場が地平線まで広がるような地方のパブで飲んでいた時、酔っぱらった農場経営者らが、

「アジア人どもはゴキブリ同然だ！　こうやって絶滅させてやらねばならん！」

と言って、大きな手のひらをテーブルに叩き付けていたという話をしたら、彼は笑って、

「私が生まれ育ったところもそうだった。周りはみんな、アジア人蔑視が当たり前の農場地域でね。日本人に対する蔑視も同じ。あまりにひどいので、彼らに一度、『これまでいったい何人の日本人に会ったのか』と尋ねたら、誰ひとり、会ったことも見たこともないんだから、救いようがないよ」

と言って、「まったくあほらしい」とでもいうように首を振った。彼によると、「白豪主義」なるものは、単なる田舎者の「無知」によって支えられているだけで、その奥には「知らないものへの恐怖」があるのではないか、ということであった。

一方、オーストラリアのある地方都市で、子どもたちに対して、「日本人の視点からあの戦争を振り返ってみよう」という、極めて「挑戦的」で興味深い授業をやっている高校教師がいる。ニューサウスウェールズ州ゴスフォードにあるヘンリー・ケンダル高校の歴史担当教諭、デイビッド・アルドレイ氏だ。

今もなお、日本との戦争の記憶と日本人に対する嫌悪感が多くの人々の意識の中に残っているオーストラリアの地方にあって、アルドレイ先生自身もまた、かつてはその種の「普通の」オーストラリア人であったという。しかし、二〇一〇年に訪日し、靖國神社と遊就館を見て回って、かなりの衝撃を受け、以来、考えを変えたというのである。そのアルドレイ先生は言う。

「私は二〇一〇年、教員や政治家を含む五名の指導員と、八名のオーストラリア人学生らと共に『アンザック奨学金』という制度を利用して日本に来ました。宿泊したのは九段のグランドパレスです。当然、歴史担当教師として、近くにあった靖國神社に行きたいと思ったのですが、その直前、我々は韓国に立ち寄ったこともあり、特別な『配慮』によって、オーストラリア人学生らをそこに連れて行くべきではない、という意見が出ました。もちろん、そんな『配慮』と言っても、極めて政治的なものですが、それによって韓国側が機嫌を損ねるかもしれないし、まだまだ多くの議論がなされている問題の場所に学生を連れて行くべきではない、という意見になったのです」

しかし、アルドレイ先生は、ほかの二人と一緒に「非公式」で靖國神社と遊就館を回ることにした。先生が最初に注目したのは、靖國神社と遊就館において、「何が語られていないのか」ということである。先生は続ける。

「遊就館をざっと見ただけでしたが、ここでの経験が、私の目を大きく開かせることとなりました。あそこを見て、私は歴史を両方の立場から考えねばならない、ということを強く認識したのです。なぜなら、オーストラリアなど、日本以外の戦争博物館では、日本兵の残虐行為が必ず大きな写真と共に説明されていますが、そこには必ず特定の『政治的意図』があるのです。しかしこの遊就館は、当時の日本がなぜ戦争に突き進んでいったのか、という理由は極めて明瞭に説明されていてよく判ったのですが、その一方で、米豪軍が日本兵に対してどんな酷いことをしたのか、ということは、まったく書かれていないのです」

遊就館でアルドレイ先生が得たのは、自分たちが信じてきた一方的な歴史観に対する「大きな疑問」

であった。そこで彼は、徹底的に日本側からモノを考えてみようという立場に立つことにした、という。いわく、「教師は、生徒以上に物事に対する疑問を持たねばならぬ」という信条からである。

それ以来、アルドレイ先生は、高校での教育方針を一気に転換した。彼の授業は、「日本兵の立場に立ち、彼らがどんな気持ちでオーストラリア軍と戦っていたかを考えてみよう」というものになった。そして、現地の高校生たちは、その授業に熱心に参加し、初めて日本人の気持ちが少し判った気がする、という生徒が一気に増えたのである。

もちろん、中にはそんなやり方に反発する生徒もいたらしい。ある女子生徒は、

「私はニップ（日本人の蔑称）は大嫌いだ！」

と言ってアルドレイ先生に噛み付いたのだという。先生が、

「そうか。では、なぜ君は日本人が嫌いなんだ？　実際に日本人に会ったことはあるのかい？」

と尋ねると、彼女は「ない」と答えた。つまるところ、それは彼女の家庭における教育の問題であり、両親や祖父母らがそういう考えで固まっていたからであったが、前述の研究者が言う通り、ここでも「無知」が根拠のない憎悪を作り上げていたのである。

第三章で紹介した、高知放送制作の『ボーンマンの約束』という素晴らしいドキュメンタリー作品の中でも、この高校が取り上げられている。その取材に同行した私も、その際に初めてこの高校を訪問したが、驚いたことに、約四〇人ほどいたこのアルドレイ先生のクラスのほとんどは、女学生たちであった。そして、彼女らは日本人の側に立ってあの戦争を振り返ろうとし、実に熱心にレポートを書いているのである。これには本当に驚いてしまった。

アルドレイ先生のクラスでは、ニューギニアにおける戦争を日本人の視点から見つめ直すため、二〇〇九年に私が監修した『ココダの約束』(ランダムハウス講談社)と、二〇一二年に日本でも出版した『ココダ　遥かなる戦いの道』(ハート出版)の英語版が、教材として使われている。そのご縁で、先生はある日、私のところに連絡をつけてきた。以来、私は先生と一緒に多くの歴史に関する議論をするようになったが、このような高校教師がオーストラリアの地方で孤軍奮闘しているという事実を、日本国民はもっと知り、心から感謝しなければならないと思う。

靖國神社にA級戦犯の「遺骨」が埋葬されている?

このアルドレイ先生は、より深く日本のことを知るためには、どうしても自分の目で再び日本を内側から見なければならないと思い立ち、ニューサウスウェールズ州政府の奨学金を得て、二〇一二年六月に再び日本にやって来た。先生を成田空港まで迎えに行き、数カ月ぶりの再会を喜びあった翌日、我々は最初の訪問先に当然「靖國神社」と「遊就館」を選んだ。そうやって靖國神社に続く石畳を歩いていた時、アルドレイ先生が質問をしてきた。

「前に来た時も見つけられなかったんだけれども、いったい、靖國神社のどのあたりに、A級戦犯とされる人たちのお墓があるのですか?」

私の答えは簡単明瞭である。

「外国人の多くがいまだに判っていないけれども、靖國神社にお墓はありませんよ。神道には、墓というものはない。ここに祀られているのは、あの戦争で亡くなった人たちの魂であって、ご遺骨そのものではないのです。完全に魂、つまり心の問題なんですよ。それに、A級だB級だというのは、連合軍が勝手に付けたもので、我々には関係のない話です。第一、A級戦犯のご遺骨は、アメリカ軍がドブに捨てたと聞いています」

こう言ったら、アルドレイ先生は目を丸くして、自問するように言葉を漏らした。

「じゃあ、なんで我々欧米人は、日本の首相が靖國神社を訪問することに文句を言っているんだ?おかしな話じゃないか」

「それは我々が聞きたいですよ。私もずっとそれを考えているんですがね、よく判りません。くだらない『いちゃもん』を付けられているとしか思えないんですよ」

このやり取りをした直後、アルドレイ先生は大きなため息をつき、肩をすくめた。

「これは絶対に生徒たちに伝えなければならない。彼らはこれを知るべきだ。こんな、魂の問題について、我々外国人がとやかく言うべきじゃない」

それからしばらくして、アルドレイ先生が、「靖國神社での昇殿参拝をさせていただきたい」と言うので、社務所を訪れて昇殿参拝を申し込み、神官の方に我々二人のご案内をしていただいた。そこでも先生は真摯な面持ちで何事かを感じ取ろうとしていた。

こんな人々がいる一方で、オーストラリアの一部の大学には、歴史的な事実をまったく確認せずに講師として学生に教えている人がいる。それが、フリンダース大学の歴史講師、デイビッド・パーマー氏だ。彼は、所属するフリンダース大学が出している歴史学の紀要『多国籍文学』に、かつて私がオーストラリア国営放送の元プロデューサーと一緒に出版した『ココダ　遙かなる戦いの道』という本の批評を載せているが、歴史を教える人物とは思えないほどの初歩的な間違いを犯している。パーマー氏は、そこで靖國神社に関し、「靖國神社はA級戦犯の遺灰を納めている場所であり、過去数十年の間、日本と中国の間で行われた議論の中心となった場所である。ここはまた、日本が敗戦によって失った軍国主義に肯定的な価値を見出そうとする極右たちが終結する場所でもある」などと書いているのだ（傍点は著者）。こんな重要な問題に関する初歩的で明白な誤りに気付かぬまま、よく大学の講師が務まるものだと思うが、学者のはしくれとして、「事実の収集」に落ち度があるとしたら、その時点で学者失格ではないか。この人物は、同じ教師として、日本に足を運んで自らの目で確認し、なおかつ「下問に恥じない」あのアルドレイ先生の足元にも及ばない。

日本を必要以上に叩くことを飯のタネとしている人たちの正体など、結局はこの程度のものだが、間違いは間違いとして、指摘しておかねばならない。もしフリンダース大学自身が、この程度のことに気付かない人物にあえて教鞭をとらせているのだとしたら、これは大学のレベルそのものが疑われることになるだろう。

捕鯨論争の決着が必要

日本とオーストラリアの間に横たわる最大の「感情的しこり」は、何をおいても「捕鯨問題」であろう。これに異論の余地はあるまい。日本でも最近、オーストラリアにおける強硬な反捕鯨論が知られるようになってきたが、この論争は極めて政治的であり、かつ感情的であるので、相当の根気が必要になる。この問題のせいで、両国国民の感情的対立はますます深刻化していると言ってもよいだろう。これは実にもったいない話だ。

特に近年、日本が行う調査捕鯨に対する非難は、一層その激しさを増しており、過激な日本バッシングに加え、その表現方法にも人種差別的な色合いが加わることが多く、この問題の根深さを物語っている。例えば、毎年一一月頃になると、日本の調査捕鯨船が南氷洋に姿を現すが、それが「反捕鯨祭り」シーズンの到来となる。各新聞は、『殺戮者たちがやって来た！』などとセンセーショナルに書き立てて、テレビも感情的な報道を行う。これに対し、向こうに住んでいる多くの日本人が、顔をしかめている。とにかく、実に幼稚な報道姿勢であるが、大手メディアはあくまで「商業主義」だから、今さら「目くじら」を立てても仕方ない。

一方、この捕鯨問題さえ解決してしまえば、戦争の記憶などいずれ時間が経てば風化するのだから、ついに日豪間における深刻な対立はなくなると考えてよい。そして、はっきり言うが、この捕鯨問題の解決自体は、論理的にはそれほど難しいことではないのだ。

しかし、これを一番実現困難にしているのもまた、オーストラリアなのかもしれない。なぜなら、オーストラリアはこれまで自分の国家を一つにまとめるために、対日戦争の記憶を思いきり活用してきたし、捕鯨の問題では徹底的に日本を叩いてきたからだ。もちろん、その根底には人種的優越感が根強く残っていて、いくらオーストラリア人がそれを否定したところで、言われている日本人は、そのことを強く感じざるを得ない。

私は過去に、来日した多くのオーストラリア人のアテンドをしてきた。彼らはジャーナリストや研究者、映画プロデューサー、映画俳優、カメラマン、学生などであったが、暇ができると私は、彼らと「捕鯨」の議論をすることにしている。すると、彼らの多くが、たかぶる感情を抑えながら、極めて紳士的に(淑女的に)「反捕鯨論」を展開するのであるが、こちらがそれに対する反論を行えば、だいたい一〇分くらいで彼らは皆、黙ってしまうのだ。

また、今のところ九〇パーセントほどの確率で、彼らは私に勧められるがまま、実際に鯨肉を口にしている。ただし、味の感想に関する「打率」は少し低く、「美味い!」という人が半分、「うーん、よく判らない」という人が半分というところだろうか。これは日本人でも、鯨肉を食べたことのない若い世代なら似たような反応かもしれない。

面白いのが、多くのオーストラリア人が、国際捕鯨委員会(IWC)を「反捕鯨・正義の味方」と思い込んでいることだ。しかし、ここは「鯨類の適当な保存を図」りつつ、「捕鯨産業の秩序ある発展を可能にするため」に発足した委員会である。反捕鯨のためのものではない。これを言うと、「え、そうなの?」という反応が返ってくる。

また彼らは、「鯨は絶滅寸前であるから、獲ってはならない」という。論理的には納得できることだ。そこで、「それはそうだね。ということはその一方で、もし絶滅品種でなければ、獲ってもよい、ということなんだね?」と訊くと、彼らの多くは、「いや、それはちょっと違う……」となる。「おいおい、それっておかしいじゃないか?」と突っ込むと、彼らは黙ってしまうのだ。

一口に「鯨」と言っても種類がいろいろあるが、ホッキョククジラやカワイルカなど、ごく一部を除いて絶滅に瀕している種はあまりいないし、そもそも日本は数の少ない種の捕鯨は行っていない。例えば、日本の主要捕獲対象のミンククジラは、繁殖力が非常に強く、南氷洋だけでも七六万頭以上いるとされている。ちなみにこのデータは、「正義の味方・IWC」のデータである。

面白いことに、彼らは「人権尊重」「先住民保護」の観点から、伝統的に捕鯨を行っている各国の先住民に対し、絶滅危惧種であるホッキョククジラなどの捕獲を認めているのだ。しかし、個体数の多いクロミンククジラなどを追いかける日本に対しては、それもまかりならん、というわけだ。これは「二重基準《ダブルスタンダード》」である。

そもそも、一九世紀から二〇世紀にかけて、灯火燃料や機械油目的で鯨の乱獲が行われ、いくつかの絶滅危惧種が生まれることとなったが、その当事者は、アメリカやノルウェーであり、そしてオーストラリアであった。彼らは鯨のサイズを表す時には、トンやメートルではなく、「〇〇バレル」というように、「採取可能な油の量」で数えていたし、タスマニア島のホバートや、西オーストラリア州のアルバニーなどもかつては巨大捕鯨基地であり、これらの町は捕鯨産業によって栄えたのである。

オーストラリアが捕鯨から撤退したのは一九六〇年のことであるが、その理由は、その頃になって代替となる石油製品や植物性の油が普及し始め、捕鯨は効率性で優位に立てなくなったからだ。つまり、単なる採算が合うか合わないかの問題であったのだが、こんなことさえ知らないオーストラリア人が多すぎる。

また、「鯨は知性があるから殺してはならない」という意見もある。しかしこれも乱暴な論法だ。そもそも、何をもって「知性が高い」とか「低い」と言えるのか、その定義が曖昧である。じゃあ、バカと判定されれば相手が人間であっても殺してもよいのか、ということになる。

ではもし、インド人の研究者かベジタリアン団体が、「牛には感情がある。豚は自分の名前も覚えるし、簡単な芸もできる。犬より賢いのだから、食べるな！」と言ったとしよう。そうして、世界中のベジタリアンがオーストラリアの牧場主の家にやって来て、（まさに反捕鯨運動家が和歌山県太地町で捕鯨漁師に対してやっているように）報道カメラの前で一〇〇ドル札を見せびらかし、「これをあげるから、どうかかわいそうな豚さんを殺さないで！」と泣き叫んだり、働きに出ようとする牧場主の車の前に寝転んで、行く手を阻んだりしたらどうするのか？　こんなことをされたら、普通は怒るに決まっている。この問いかけに明確に答えられた人も、一人もいない。その一方で、

「牛や豚、羊、鶏は神から与えられたものよ。だから、それ以外の動物を殺す権利は人間にはないの！」

と言った、同じ大学の女学生がいた。しかし私が言ったのは、

「そんな神様、俺たちは知らないね。いったい、どの神様がいつどこで言ったんですか？　インドでは牛は聖なる生きもので、食べてはいけないらしいけど、あなたはその神様の言うことは聞かないんですか？」

ということである。これはもう宗教論である。ちなみに彼女は、自称ベジタリアンであったが、チキンだけは食べるのだという。いったいどういうことかと思って尋ねたら、その理由は、「美味しいから」ということであった。これにはひっくり返るしかなかった。別の反捕鯨論者は、

「鯨肉には大量の水銀などの汚染物質がたまっているから、食べない方がいいぜ。体に良くないからな」

などとトリッキーなことを言ったが、私はこの場合、

「大きなお世話だ。放っておいてくれ。何年経っても腐らない大手ファーストフード店の『薬漬けハンバーガー』をバクバク食っているより、はるかに安全だと思うがね」

と言うようにしている。実際、日本が捕獲しているクロミンククジラは、汚染の最も少ない食品の一つとされているのである。

昔の日本人にとっては、鯨を一頭獲れば七〇両の価値があるとされ、それと一緒にカツオも大量に現れたので、結果として多くの村が飢饉から救われ、その生活が豊かになったことから「豊漁の神」として親しまれ、ここから「エビス信仰」が発生していった。捕獲した鯨の肉は、欧米式の「油だけ取ってあとは全部捨てる」という方式ではなく、骨から皮、ヒゲ、糞（香料として）にいたるまで、すべて余すところなく活用した。

一方で、子鯨や妊娠している母鯨はできるだけ獲らないようにしていたが、万が一、殺してしまった場合は、そのことを悔いた漁師たちが墓を建立し、その肉にはいっさい手をつけずに埋葬したという話もある。そんな「鯨に対する敬意」を表していた証拠に、捕獲した鯨の魂を祈るための「鯨寺」は今でも全国各地にあり、死んだ鯨に戒名をつけ、過去帳までつけて年一回の鯨法会や鯨祭りを行う地域さえある。

ここまで説明できれば、どんな反捕鯨論者でも大概は黙り込んでしまう。こうして自らの論理根拠が実に曖昧でもろいかを理解した彼らは、なぜ自分が反捕鯨を信じてきたのかさえ判らなくなってくるのである。そして、私のような「悪辣な日本人」にまんまと勧められるがままに、鯨肉に手を出して「禁忌」を破ってしまう（！）のだ。あるジャーナリストは、高知県で出された鯨肉のステーキを食べ、「これは、ビーフじゃないのか？　鯨とはこんなに美味しいものなのか？」と感激したし、別の研究者は、「はりはり鍋」と「紅白造り（赤身と脂身を合わせ、薬味と一緒に食べる）」を口にした

とたん、その目を一気に輝かせ、無言になって何度もおかわりをしたものであった。そして、

「俺は今日から、捕鯨賛成に鞍替えする！」

と宣言したのであるが、こう付け加えることを忘れなかった。

「だけど、頼むからうちのワイフには内緒にしてくれ。日本で鯨を食ったなんて言ったら、彼女に殺されるからね」

こんな時、私はニヤリと笑って、

「大丈夫。任せときなさい。でも、悪事は仲間と隠れてやると、一層いいもんだろう？」

と言うことにしている。当然、相手は苦笑するしかない。

この経験から、私はもっと多くの日本人が、相手の言うことをしっかりと聞いた上で、自信をもって主張すべきはきっちりと主張していくという努力をしていけば、こんなくだらない捕鯨問題なんて、明日にでも解決すると思っている。

インターネットでは、日本人の側も感情的になって、「オーストラリアは犯罪者の末裔のくせに」とか、「アボリジニーを殺しまくったくせに」などと書き連ねている文章をよく見かけるけれども、これは単に相手に喧嘩を売っているだけだ。本当におかしいと思うなら（そもそも、くだらなくておかしい問題だけれども）、相手に向かって正々堂々と主張すればよいのだ。感情的に乱暴で品位を欠いた言葉をぶつければ、そんな自分自身もまた、向こうにいる一部の無知な人たちと同じレベルに堕ちていることを、わざわざ証明しているだけになる。

戦争の記憶にせよ、捕鯨問題にせよ、自信と正しい根拠をもって正々堂々と、そして紳士的に議論す

れば、きっと相手もいつかは判ってくれるに違いない。そうなった時、私たちの子供や孫たちは、「なんで昔、日本とオーストラリアは捕鯨問題なんかで喧嘩してたのかね？　今とは時代が違ったんだね」という感想を持つに違いないし、そうなった時、日豪両国には新しい時代が到来しているはずなのである。

オーストラリアの南太平洋外交と「白豪主義の亡霊」

オーストラリアは現在、中国の南太平洋に対する急激な進出に対し、相当神経を尖らせている。そして、オーストラリア一国だけでかつてのように南太平洋の安全保障を維持することは、もはや不可能なところまで時代は進んでいる。南太平洋諸国の人々が、オーストラリアの言うことを徐々に聞かなくなっているからだ。これはオーストラリアにとっては、非常にまずい事態だと言える。

するとオーストラリアにとってこの海域を共同管理できるパートナーといえば、アメリカを除けば日本だけであるし、日豪は先に述べた「戦争」と「捕鯨」の問題さえなければ、ほとんどの点で価値観を共有できるはずなのだ。

にもかかわらず、オーストラリアのやり方が今ひとつヘタだなと思うのは、彼らはいつも「キレイごと」を言うくせに、その一方であまりに「人種」にこだわりすぎることだ。

「移民による多文化国家なので、人種にはこだわらない」と言いつつ、あそこまで「人種」にこだわっている姿を見ると、時に滑稽でもある。しかしそれはもしかしたら、人間としてはある意味で自然な反応なのかもしれない。自国の文化どころか、文化や文明が内側から湧き出る感覚を肌で理解していないからこそ、「自分たちはそれを充分に理解している」と言いたい気持ちが働くのだ。それは一方で、

「アジア」のことなんてほとんど何も判っていない日本から「東アジア共同体構想」が常に発信されるようなものかもしれない。

現実には、オーストラリア人の多くは、善くも悪くも人種的優位を感じていないと不安で仕方ないのに、同時に、そんな感覚を表現することは一応、現代社会では「ポリティカリー・インコレクト」、つまり「言っちゃあならないこと」だとされているので、今度はその反動でどーんと思いっきり反対側に行ってしまうわけだ。

オーストラリアの対南太平洋外交でも、そのような「キレイごと」と現実のギャップから発生する齟齬が、オーストラリア自身を苦しめている。中国は今、南太平洋諸国に対し、「(オーストラリアの植民地主義からの)解放者」として振る舞っているが、それが一定の効果を上げているのは、つまりメインプレーヤーであったオーストラリア政府の態度が、これまで多くの現地人に不満を抱かせてきたからにほかならない。

実際に今、南太平洋諸国の多くがオーストラリアに背を向け始めているが、その根本の原因があるとすれば、それは時おり垣間見える、豪州人特有の「人種的・文化的優越感」であろう。これは彼らの「悪い癖」なのだが、官民いずれのレベルを問わず、折りにふれて彼ら独特の「白豪主義」的な態度の露出があり、それが相手の感情を著しく傷つけるのだ。そこはオーストラリア人に「いくら気をつけろ」と言っても、なかなか判ってもらえない。無意識に時々顔をのぞかせる「白豪主義の亡霊」とでも言うべきだろうか。

もちろん、オーストラリア人の気持ちも判らないでもない。南太平洋の人々は皆、大変に「のんびり」している。部族どうしで喧嘩ばかりして、口でモノを言う割には一向にまとまりがないようにも見え、政治家や官僚の汚職は日常的に横行しており、ある意味で、外から力を押し付けないと何も変わらないとさえ思えてしまう。しかし当の現地人からしたら、何万年も同じように、自分たちの土地で、独自のルール感覚で暮らしてきただけなのに、その土地から地下資源という「お宝」が発見され、またわずかここ数年で周りの国際環境が急に変わったという理由で、「だから、お前らも早く変われ」と言われるのは、たいそう迷惑であり、かつとても困難なことなのである。そのあたりを、オーストラリアはもっと我慢強く根本的に理解し、やり方を変えるべきではないだろうか。

「ソフト対策」による信頼醸成が必要

第二章でも述べたが、オーストラリア国内では時おり、南太平洋における諸問題を解決し、同時に豪州の権威を回復するために、オーストラリア軍の能力に過度の期待をする声も聞こえてくるが、それも場合によってはあまり良い選択だとは思えない。確かに、かつてこの地域で騒擾が生じた際は、小規模のオーストラリア軍部隊を派遣するだけで多くの問題が解決できた。しかし、もはや状況は変わってしまっている。

一つの例として、第一章でも説明した『ソロモン地域支援ミッション（RAMSI）』を挙げてみよう。パプアニューギニアの南西に位置するソロモン諸島では、一九九八年末以来、先住民ガダルカナル人と移民であるマライタ人の間で激化した部族対立によって治安が極度に悪化、当時の首相が武装勢力によって拘束されるという事態になった。そんなソロモン諸島の治安回復を見事に成し遂げたのは、オーストラリアが主導し、南太平洋島嶼国の警察や軍隊で編成されたＲＡＭＳＩであった。彼らはゲリラから武器を押収するなどして当初の治安回復（ハード対策）には極めて有効に作用し、殺戮と暴力の間で震えていた住民らは、それで大きな安心感を得たのである。

しかし、そんなハード面での仕事が一段落した後の政治的混乱にあっては、多国籍とはいえ、実態としてはオーストラリア軍を主体とするＲＡＭＳＩはあまり役に立たなかった。なぜなら、政治的な混乱とは、すなわち現地人の価値観を相手にする「ソフト対策」にほかならず、そこにごっつい白人兵士が戦闘服に銃をぶら下げて登場することは、必ずしも効果的ではなかったからである。

加えてオーストラリア政府はＲＡＭＳＩを通じ、ソロモン諸島政府の中枢に多くの「白人アドバイザー」を送り込み、「価値観の押しつけ」や「直接統治的な施策」を、かなり強硬に行いもした。財務省に白人スタッフを送り込んで国家財務を完全に握り、警察のトップにも豪州系白人を置くなどしたのが、その好例だ。そしてついに二〇〇五年、ＲＡＭＳＩは汚職まみれの現地閣僚らの逮捕に踏みきったのだが、「逮捕」されたのは豪州に非協力的な政治家だけであり、一方で親オーストラリア的な政治家は、いっさいノータッチであった。

こうしてオーストラリア政府の期待通りになる政治家だけを露骨に温存するというのであれば、それは違った形の植民地化にほかならないから、住民が黙っているわけがない。そもそも、欧米諸国がかつて五〇〇年の植民地支配を通じてやったのは、徹底的な「搾取」だけであることを、今では世界中の人々が知っているから、事態はさらなる悪循環を引き起こすのである。当然、ソロモン諸島政府はこれらをオーストラリアによる「内政干渉」「新植民地主義」として批判し、隣国パプアニューギニアも同調した。その結果、一時治安回復で安定していた同国では、地元民の反オーストラリア感情に火がつき、再び暴動が起こるなどして混乱したのである。

一方、二〇一一年八月以降、約一年にわたって「二人の首相」が存在したことで激しく混乱したパプアニューギニアに対し、オーストラリア軍を正式に派遣すべきだという意見が出た際には、さすがにオーストラリア国内においても、「アボリジニー問題を二〇〇年かかっても解決できなかった国が、またさらに、六五〇万人もの『非白人』であるパプアニューギニア国民をまとめることができるのか」という批判が出るなど、極めて冷静に物事を見ようとする考えも多く出された。オーストラリアは、そういう意味で、学び始めているのである。

軍の仕事はあくまで「戦争に勝つ」という「ハード面」の解決であるが、今、南太平洋諸国との付き合いで必要なのは、オーストラリア自身が「白豪主義の亡霊」と決別し、自ら大きく変わることによって得る、「信頼醸成」という名の「ソフト対策」なのだ。

ここで私は、オーストラリアと日本の両国に対し、「本当の相互理解と協力を通じ、一緒に手を携えて南太平洋の安全保障環境を維持していくべきだ」という提言をしたい。そもそも、南太平洋はみな「親日国」の集まりだから、オーストラリアもそれをうまく利用すればいいのだ。日本はいくら頑張ったところで、かつてのごとく南太平洋を支配しようなんて気はさらさらないのだし、オーストラリアにとっては、こんなに組みやすい相手はいないはずである。これができれば、誰もが幸せになれるウィン・ウィン（共栄）の関係を築くことも可能だ。

今後、オーストラリア自身が再び南太平洋地域において、「真の指導者」としての立場を再構築できるかどうかは、彼らの心に棲む「白豪主義の亡霊」を退治できるかどうかにかかっている。それを退治し、何万年も南太平洋の島々に住み続けてきた肌の黒い人々の本物の信頼を再び得ることこそが、この地域の安全保障に貢献するのみならず、これまで南太平洋問題で一番苦労し、努力してきたオーストラリアの長期的な国益にもかなうはずなのである。そして、その力になれるのは、ある意味で「日本」というダークホースかもしれないのだ。

第六章　迫り来る南太平洋での覇権争い

資源開発の「闇」

日本のシーレーンをも内包する南太平洋地域は、日本が必要とする膨大な地下資源を有しており、この地域の国々は、まだまだ手つかずのそんな資源開発を通じて、これから未曾有の発展をしていく可能性を秘めている。パプアニューギニアなどは、やりようによっては「高福祉国家・ブルネイ」のように豊かになれるだろうと指摘する人もいるほどだ。そしてこの膨大な資源を目指して、中国が勢いよくこの地域に進出してきており、それが中国政府のインフラ整備や軍事援助、開発ローンの提供という形で現れ始めている。

しかし、一口に資源開発といっても、石油や天然ガスの開発もあれば、「凄まじい環境破壊」を伴う鉱山開発もある。そして南太平洋地域は、これまでにいくつかの鉱山開発の過程で、時に内戦にまで発展するなどして大変に苦しんできた過去を持っている。

この地域の発展に対して遅れを取らないためにも、過去から現在にかけて存在する資源開発の「闇」を知らねばならない。また、それらを知らずして、南太平洋の今を語り、またその今後を語ることはできないのである。そのような観点から、この章では資源開発の「闇」の実態を見つめると共に、今まさにそんな南太平洋で起こりつつある、中国との「覇権争い」の姿を紹介していきたい。

「資源帝国主義」という言葉がある。世界中の各種資源権益を収奪し、価格まですべてをコントロールし、それを自国通貨の裏付けとしながら政治的・軍事的な覇権すら確立しようとする手法である。これからの世界は、好むと好まざるとにかかわらず、ハード面、ソフト面を含めてこの「資源帝国主義」の時代になっていく。そして、独自の資源戦略を持たない国はどこかの大国の言いなりとなり、生殺与奪の権すら握られることになる。そんな時代の先には、その帝国主義的施策を取る大国間における「大戦争」があるだろう。しかし、この考え方は、国際政治におけるマクロ的な視野は代弁しているものの、現場でいったい何が起こっているのかという視点が欠如している。実際に資源開発の現場を見ると、その現実はもっと「凄惨」であることが判る。

第一章では、インドネシア国境で操業する「オク・テディ金・銅鉱山」の話をした。この鉱山は、周辺住民に深刻な健康被害を与え、河川そのものが消滅しかけるという「甚大な環境破壊」を引き起こし、数万もの人々が生活基盤を失った過去を持っている。かつてこの鉱山で操業を行っていたのは、スーパー資源メジャーの一つ、ＢＨＰビリトン社（英）であるが、同社はフライ川という大河川の下流に大量のテーリング（選鉱過程で排出される尾鉱、つまりカス）や有害化学物質を、長年にわたって垂れ流し続けたのだ。このことは日本でも何度か報道されたことがある。

この事件で世界的にも厳しい批判を受けたＢＨＰビリトン社は、「オク・テディ金・銅鉱山」の開発から撤退すると発表、新たに「パプアニューギニア持続的開発プログラム社」という組織をシンガポールに立ち上げ、この新会社が、「鉱山から上がる利益をパプアニューギニア国内の各種開発プロジェクトに投入する」という構図を作り出した。しかし、この「持続的開発プログラム社」の役員の半数が、ＢＨＰによって指名された人間であり、また、あまり具体的な成果を出していないなどとして非難の対象になっている。そして、地元民の多くもまた、「ＢＨＰは、新しい組織の後ろに隠れただけで、引き続き、そこからの利益を得ている」と思っている。最近こそ、彼らも慎重な対話を行うことによって、ようやく周辺住民との信頼醸成が成功しつつあるが、この鉱山にまつわる悲惨な歴史は「資源問題の本質」という点で、多くの示唆を私たちに与えてくれる。

一方、「バリック・ゴールド社（カナダ）」が操業する「ポルゲラ鉱山」では、集団レイプや暴行などによる人権蹂躙が問題視されている。『アムネスティ・インターナショナル』の報告によると、一〇〇〇人以上もの地元民が先祖伝来の土地を追われ、警官隊に家を焼かれるなどしており、『ヒューマン・ライツ・ウォッチ』は、鉱山警備員による集団レイプや暴行が日常的に行われているという現地調査報告を発表している。「エンペラー・マイン社（豪）」が操業する「トルクマ鉱山」という別の金鉱山でも、やはり周辺住民が何千年間も暮らし、その生活を依存してきた大切な河川に、鉱山から出た廃棄物を年間二五万トンも垂れ流しているとして、問題視されている。

では現在、パプアニューギニアを未曾有の好景気に沸かせているエクソン・モービル主導の「世界最大規模」という天然ガス・プロジェクトはどうだろうか？　ここの天然ガスの液化工場は、日本の千代田化工と日揮が建設しており、生産されたガスの半分が日本向けに出されることから、日本の総合商社もわずかだがプロジェクトに資本参加している。だが、その現場がいったいどうなっているのか、ということは、ほとんど報道されることはない。

以前、いろいろとお世話をしていただいた知り合いの方の紹介で、この総合商社の一つの取締役の方に面会し、パプアニューギニアの状況に関する話をする機会を得たことがある。その取締役の方はこちらに気を使ってくださり、本社におけるこのプロジェクトの担当者を呼んでくださったのであるが、「パプアニューギニアにずっと滞在していた」というその人は、「いやあ、・エクソンモービルさんはさすがですよ！　あの難しい地域を完璧に押さえておられます。何の問題もありません！」と自信満々おっしゃったので、びっくりしてしまったことがあった。なぜなら、そのわずか数日前には、ガス輸送パイプラインの設置によって利益を受ける部族と、まったく何も受けられない隣の部族が「大抗争」を起こし、七人もの死者が出たばかりであった。なんだ、商社といってもまったく情報を持っていないのだなとがっかりしたが、よくよく考えれば、これは大変に由々しきことではないだろうか。

これらの部族は、少なくとも過去数百年間、互いに仲良く暮らしてきた人たちである。しかし、突然外部からやって来た「資源開発」による利権を巡って、あってはならない殺し合いまで起こしてしまったのだ。このような重要なニュースを、この商社マンはまったくご存じなかったのであるが、この種の事件は一つ一つきっちりと収集して分析しておくことがとても大切になる。なぜなら、感情的な問題、特に怨恨感情は、長い間、彼らの中に「静かに、かつ強く」残るものだし、それがまた別の形で爆発する可能性は決して低くないからである。その結果、工場設備が襲われたり、最悪の場合には人命に関わる事態にさえなるのだ。こんな大切な情報収集を現場の商社マンが知らないで、いったい誰がやるのかということである。「何の問題もありません」という認識は、危険ですらあるわけだ。

実際、このエクソンモービルのプロジェクトでは、地主や関係住民らが自分たちの権利や補償を要求して工事現場に「突入」し、設備を「破壊」し、地元で雇用された従業員を「襲撃」するという暴力事件が発生している。政府は、国家経済の牽引役であるこのプロジェクトを必死で守ろうと、国防軍まで派遣しているが、エクソンモービルがこの軍の経費をすべて負担しているような状態では、根本的な解決には繋がらない。

二〇一二年一月には、エクソンモービル関連の工事現場で土砂崩落事故が発生、六〇人もの人が生き埋めになったが、国も会社側も充分な救出作業を行うことなく、道路工事を再開している。また四月には、住民らによる抗議行動が発生し、警官隊が発砲して死者が出る騒ぎになった。この警官隊の費用も、結局エクソンモービルが負担しているが、いったい誰が射殺したのかという点については、曖昧なまま放置されているから、殺された方の住民には怒りが鬱積する。その結果、このままでは「第二のブーゲンビル内戦（次項で詳述）」に発展するのではないか、という恐れさえ出ているのだ。

しかし、このことを理解し、真剣にその危険性を考え、予防措置を検討している日本企業の「東京本社」は、いったいどれだけあるだろうか。このプロジェクトから天然ガスを「大量購入」し、かつこの地域の安全保障に「影響を受ける」日本とすれば、これら現場での動きについて、報道がないから知らないでは済まされないのである。

最近の日本企業は、本当に地元の情報を持っていないのだなと痛感せざるを得ない。もちろん、現地に入っている駐在員にはとても優秀な人が多く、実際に現地に深く溶け込んでいる方もおられるが、そういった「文章にできない」重要な情報を集積し、地元の人間関係のみならず、文化的・民俗的・

歴史的背景を理解し、そこから導き出される「危機管理対策」を組織全体で作り上げ、共有するシステムや企業風土がないのだ。だから、アルジェリアのプラント襲撃のような事件が発生する。

あの事件では、もし商社あたりが若くて根性のある者を地元のベドウィン族の中に放り込み、しばらく一緒に生活させることで深い人間関係を構築していたら、「重武装の外国人テロリスト」が組織的に集結し始めていたなどという情報くらい、事前に充分に入手できたはずだと思う。部族社会というのは、噂の社会でもある。情報はまたたく間に広がるし、意外と正確でもあるもので、その中にパイプを構築していれば、危険情報など真っ先に入ってくるものだ。

かくいう私も、似たような経験をしている。何年か前、パプアニューギニアでは「反中国人感情」が一気に盛り上がったことがあった。しかし、現地ではインターネットも発達していないし、新聞報道でもそのような兆候はなかった。私がその噂を最初に聞いたのは、やはり現地人からであった。その頃、数カ月以内に「中国人を一気に襲おう」という呼びかけが地元民らの間で囁かれていたのである。

実際、私たちを「中国人だろう」と思った現地人が、襲撃のために我が宿舎を下見に来たらしいが、こちらから見ていると、宿舎の周りにはいつも多くの現地人がたむろしているので、その区別はまったくつかない。しかし、現地人にはその違いが判るのだ。

心配した私の部下たちが、互いに話し合って門の前に立つようになったある日のこと、何人かの若者が再び「偵察」にやって来た。彼らは、

「ここに住んでいるのは中国人だろう！」

と訊いてきたそうだが、門番をしていた我が愛すべき部下たちが、

「違う。ここには日本人が住んでいる。我々のボスだ。日本人は中国人と違うのは、お前らも知っているだろう。日本人は素晴らしい人たちなんだ」

と告げたところ、相手は満面の笑みを浮かべ、

「そうか、日本人なのか！　一緒に働けるお前たちがうらやましいよ。よし、この家だけは襲わせないように、ちゃんと仲間たちに言っておく」

と言って去って行ったという。全国的に大規模な反中暴動が起こり、各地で多くの中国人商店が襲撃されたのは、まさにその数カ月後のことであったが、当時向こうに住んでいた日本人でも、それに巻き込まれて大怪我をした人は一人もいないはずである。現地に溶け込むということがどれだけ大切か、ということだ。

鉱山開発が引き起こした「ブーゲンビル島内戦」の悲惨

本書で、これまであえて記述を控えた「世界最大規模の巨大銅鉱山」がある。それが、ブーゲンビル島の「パングナ銅鉱山」だ。この島は地政学的に見ても、将来の日本の安全保障においても、極めて重要な「戦略的要衝」となる場所であるが、同時にここでかつて起こった鉱山開発にまつわる「凄惨な歴史」は、今後激しくなるであろう資源開発競争において、私たちに重大な教訓を与えてくれる。

ブーゲンビル島はパプアニューギニアの東にある島で、「地球最後の秘境」と称されるパプアニューギニアの中でも、秘境中の秘境と言ってもよいところだ。島民は、地理的・文化的観点のみならず、人種的にもソロモン諸島の人々に近く、第四章で述べた通り、そこに住む人の肌は高級木材「黒檀（エボ

ニー)」のように世界で一番黒く、地元のその道の「通」によると「美人の産地」でもある。

さらに、昭和一八年四月、連合艦隊司令長官の山本五十六が乗った一式陸上攻撃機がこの島の上空で撃墜されて以降も、陸海空のすべての戦域において日本軍と米豪軍が死闘を繰り広げ、猖獗を極めるマラリアなどの風土病で多くの兵士が命を落としたため、「墓島」と言われたところだ。第四章で述べた通り、ここの島民と日本兵の関係は極めて良好であったが、住民たちの生活は戦争によって傷つかざるを得なかった。

そんな「墓島」の住民にさらに悲惨な運命が訪れることになったのは、戦後この島で「世界最大規模の銅鉱脈」が発見されたことによる。その発見を受け、イギリスに本社を置いていた「世界最大の資源メジャー」リオ・ティント・ジンク社の子会社、コンチンク・リオ・ティント・オーストラリア社(CRA)が、一九六九年以降、島の中央にあるパングナ鉱山の開発を開始したのである。

銅があるところには金(ゴールド)が多く採れる。このパングナ鉱山では、一九七二年から一九八九年の間に三〇〇万トン以上の銅と九三〇万オンスの金が採掘され、年間五億米ドルもの利益が上げられるようになったが、一方では毎日一三万トンものテーリング(選鉱の際に出るカス)や大量の化学物質をジャバ川に垂れ流し続けていた。その結果、川底は上がり、鉱毒のせいで周辺の密林は姿を消し、地元民の生活に大きな打撃を与えることとなった。CRAの子会社としてこの鉱山を運営する「ブーゲンビル銅鉱会社(BCL)」では、酒を飲んで暴れた現地人労働者を収監する刑務所まで設置していたというが、このあたりのひどい事情は、当時現場をつぶさに観察した資源環境ジャーナリスト、谷口正次氏の著書『メタル・ウォーズ』に詳しい。

その後、一九七五年にパプアニューギニアが国家として独立するが、人種も何も違うブーゲンビル島が新たな独立国家の一部として編入されたことが、その後の長い内戦の導火線となる。そもそも、ブーゲンビル島がパプアニューギニア独立国の一部に無理やり編入された最大の理由は、つまりBCL社のパングナ鉱山から上がる収入が、当時のパプアニューギニア政府の外貨収入の六割から七割を占めていたからであり、このパングナ鉱山からのロイヤリティ収入なしには、パプアニューギニア新たな独立国家を運営することすらできなかった、という切実な事情があったのだ。

このBCLの株式の八〇パーセントはCRA社が、そして残りの二〇パーセントほどをパプアニューギニア政府が保有しており、同政府にはそのほかに鉱山収入の一・二五パーセントが支払われることになっていた。一方で、先祖伝来の土地を著しく汚染され、農作物や水産物さえとることができなくなった地元地権者らに対する支払いはごくわずかであり、健康被害に苦しむジャバ川流域住民らに対する補償も、ほとんどなかった。BCLの資料によると、一九八八年に同社が得た純収入のうち、地権者に対して支払われた補償は〇・六パーセントであり、ロイヤリティは〇・一パーセントに過ぎなかった。

もちろん、住民らはBCL社などに対して環境改善を申し入れるが、彼らの訴えがまともに受け入れられることはなかった。こうして徐々に鬱積していった住民らの不満は、ついに爆発する。

一九八八年、このパングナ鉱山の従業員であり、地元地権者の一人でもあったフランシス・オナがブーゲンビル革命軍（BRA）を結成してブーゲンビル島の独立を宣言。直後、BCL社の鉱山事務所や空港、政府機関を襲撃占拠し、これによってパングナ鉱山は完全閉鎖に追い込まれてしまった。

このBRAには、当時ブーゲンビル島（北ソロモン州）の知事であったジョセフ・カブイ氏も参加するなど、全島的な独立運動に発展していく。やがてフランシス・オナは一九九〇年に「ブーゲンビル共和国」の大統領に就任すると宣言、BRAの兵士らは戦時中に日本軍が残した武器を使い、また隣国ソロモン諸島からボートで密輸される武器弾薬で強力に武装した。

これに対し、当時のパプアニューギニア政府は、ブーゲンビル島を兵糧攻めにするための経済封鎖と、BRA殲滅のための軍事作戦の発動を決定。その後、パプアニューギニア国防軍がブーゲンビル島に上陸した。しかし、パプアニューギニア軍は、怒りに燃えたBRAと現地住民の凄まじい抵抗にあい、上陸地点に釘づけになってしまう。この時、上陸第一波に参加した元国防軍将校で、当時、歩兵小隊長であった人によると、実際の戦闘はかなり激しく、上陸後に死傷者が続出したという。

BRAの兵士らは海岸線に張り付いたパプアニューギニア軍に対して突撃を繰り返し、仲間の死体を次々と乗り越えて来る。敵の弾がビュンビュン飛び交う中で、この小隊長はとにかく部下の兵を鼓舞し、前方に対する火力を集中したものの、やがて弾薬切れになることを大変に恐れたという。

また、私が会った別の退役軍人は、「あの地の戦いは地獄のようだった」として当時を振り返った。彼の部隊にいた戦友の一人は、やはり突撃を繰り返すBRAの兵士に対し、焼き付いた銃身を途中で何度も替えながらアメリカ製の機関銃M60で何千発もの弾丸を発射し続け、ようやく戦闘が終わった時には、あまりの緊張のせいか、弾切れとなった機関銃の引き金を握った手を自分ひとりで離すことができなかった、という。この話をしてくれた退役軍人は、足には敵弾に撃ち抜かれた大きな銃創を持っており、笑顔で話してくれたものの、その目だけは決して笑っていなかったのが印象的であった。

パプアニューギニア国防軍の作戦は数度にわたって失敗し、それでもなんとか主力部隊をブーゲンビル島の奥地まで侵攻させたものの、そこで長らくBRAと対峙することとなってしまった。このあたりの状況について知るには、『ココナッツ・レボリューション（ヤシの実革命）』というドキュメンタリー番組をご覧になられるとよい。残念ながら英語版しかないが、ブーゲンビルの人々が、経済封鎖とパプアニューギニア軍の攻撃の下で、どのような考えのもとに暮らしていたのかがよく判る。

興味深いのは、経済封鎖を受けた結果、多くの老若男女が食糧や医薬品の不足によって死んで行ったが、それでも彼らは、地元に根を張るヤシの油から車の燃料や調理用の油、武器の手入れに必要なグリースまでを作り、文字通り「地産地消」で独立のために戦ったのである。

女子供を含め、島民の一割が命を落とすという凄まじい殺し合いは、その後一〇年も続くことになったが、この戦いには、実はオーストラリア軍も関与している。彼らは陸軍特殊部隊（SASR）を派遣してパプアニューギニア軍の将兵に訓練を施す一方、陸軍航空隊（ヘリコプター）を投入して物資や兵員輸送に従事したが、この輸送ヘリは当然「防衛用」の機関銃を装備していたから、「武装ヘリ」ということになる。パプアニューギニア軍将兵を載せたこの武装ヘリは、ジャングルの奥地の村々を上空から急襲し、その結果、BRAの兵士のみならず、多くの女子供が命を落とすこととなった。

一方、オーストラリアからの支援を受けつつ戦い続けてきたパプアニューギニア政府も、この問題の解決に業を煮やし、ついにジュリアス・チャン首相が、世界銀行から融資された資金の一部を使い、南アフリカの民間軍事会社「サンドライン・インターナショナル社」に対して、三カ月で三六〇〇万米ドルの契約を結び、BRAの鎮圧を要請。これを受けて、戦争慣れした白人の傭兵部隊が、武装へリなどの重装備を持ってポートモレスビーに到着した。

この「サンドライン社」は、イギリス陸軍スコットランド連隊出身の元大佐で、フォークランド紛争を戦ったティム・スパイサーが設立した民間軍事会社で、かつて、国内のゲリラと戦っていたアフリカのシエラレオネ政府から航空機による物資輸送の業務を請け負っていたが、同時に彼らの関係会社は、何と敵方のゲリラに武器弾薬を供給していたというから、戦士としての「黙約」も「プライド」も何もない、カネだけで動くまさに「傭兵」であった。ちなみにスパイサーは、二〇〇四年に発生したアフリカの赤道ギニアにおけるクーデター未遂にも関与しているという情報が流れた人物で、今やその業界では有名人だ（このクーデターを計画し、失敗したスパイサーの友人サイモン・マンは、逮捕後禁固三四年の刑を受けた。また、サッチャー元首相の息子、「サー」マーク・サッチャーもこの事件に関与しており、南アフリカで逮捕されている）。

こんな「殺し専門部隊」の投入については、オーストラリアの背後にいたイギリス政府が実は事前に「承知していた」ということさえ判っているが、しかしこれに怒ったのはパプアニューギニア国防軍司令官と高級幹部らであった。彼らは、「ラシム・クイク作戦（ピジン語で『やつらをさっさと追い出せ』という意）」という名の作戦を計画し、実際に反乱を起こして白人傭兵らを拘束、パプアニューギニア大学でも大規模な抗議運動が起こった（この際、大学生たちの前に立ち、熱弁を振るっていたのが、当時まだ若き陸軍大尉であったベルデン・ナマ元副首相である）。この結果、チャン首相は辞任を追られ、実際に首相の座から転落している。

一九九八年、オーストラリアやニュージーランドの仲介でようやく和平合意が成立、一〇年に及ぶ大規模な内戦に一応の終止符が打たれた。一方、BRAを創設したフランシス・オナら強硬派はこれに応じず、新たに「メカムイ防衛軍」を設立して引き続き鉱山周辺で抵抗を続けたが、二〇〇五年六月には国連選挙監視団の管理のもとで住民らによる選挙が行われ、ここに大統領制の「ブーゲンビル自治政府」が発足した。

この自治政府は、二〇一五年から二〇年の間に再度総選挙を行い、パプアニューギニアからの完全独立を果たすかどうかを決めることになっている。なお、フランシス・オナは自治政府発足の翌月にマラリアで死亡しており、現在、別の「後継者(複数)」がゲリラの一派を指揮している。

現在、カトリック教会の元神父であり、一九七五年のパプアニューギニア国独立に際して導入された新憲法の共同執筆者の一人でもあるジョン・モミス氏(前駐中国大使)が自治政府の大統領となっているが、彼は残された武器の回収や、地雷など爆発物の除去、すでに発生している自治政府内での汚職の撤廃を最優先課題に掲げている。

二〇一二年には、そのモミス大統領が、かつては「お尋ね者」とされていたゲリラのリーダーとも和解したという情報も流れた。私自身、その情報を複数のソースから確認し、また二人が握手する写真も見たが、ほかにも「国王」を名乗るゲリラ首謀者がいるので、すぐの解決は難しいかもしれない。

しかしこのパングナ鉱山の再開については、欧米勢が大きな期待を寄せており、近い将来、ブーゲンビル島の住民たちは、「独立」と「鉱山再開」という難しい選択を迫られることになるだろう。なぜなら、鉱山再開による巨額の収入を得る以外、失業率七五パーセントの「ブーゲンビル独立国」の国家経済を支える財政基盤はなく、現実的にこの二つの問題は不可分の関係にあるからだ。

島には、前大統領のジェームス・タニス氏のような「早期完全独立」を主張する一派と、モミス現大統領のように「もう少し自治政府の状態を継続しよう」とする慎重派がいるが、おそらく両者ともに共通しているのは、財政の面からも、いずれはパングナ鉱山を再開せねばならないだろう、ということである。その一方で、引き続きパングナ鉱山の再開を強硬に反対している人々もおり、その中には、「パングナ鉱山再開が強行されたら、再び流血の事態になるだろう」とまで言う人もいる。

動き出した中国、「蚊帳の外」の日本

こんな現地人らの「意思」を横目で見ながらも、資源メジャー「リオ・ティント」はパングナ鉱山の再開に向けて慎重に動き出している。世界は二〇二〇年までに、毎年一〇〇〇万トンもの銅不足に陥る可能性があると言われているが、このパングナ鉱山には、現時点では少なくとも五〇〇万トンの銅（二〇一三年四月時点の価格で約四兆円相当）と一九〇〇万オンスの金（同二兆六〇〇〇億円相当）が埋蔵されていると見られている。過去に甚大な環境破壊と健康被害を引き起こし、長期の内戦を通じて全人口の一〇パーセントが命を落とすきっかけとなったパングナ鉱山の再開の有無は、好むと好まざるとに関わらず、世界の銅価格などに大きく影響する。実に頭の痛い問題である。

実はこの島には、同じ規模の銅鉱脈があと二つはあると考えられており、さらにその下には大量の石油と天然ガスも眠っている。そして沖合には大量のマグロ資源が確認されている。こんな豊富な資源地帯を誰が主導的に管理するのかという問題は、日本の将来にとって、この島の天然資源を得る以上に重要なことになるだろう。なぜなら、第一章でも述べた通り、ブーゲンビル島はニューギニア本

島やソロモン諸島と並び、日本にとって「最後の石油ルート」が通ってくる「南太平洋航路」のど真ん中にあり、日本にとって地政学的にも極めて重要な「戦略的要衝」でもあるからだ。

つまり、ブーゲンビル自治政府の動きのみならず、住民感情やゲリラの動向、そしてその独立問題は、日本の国益にとっては間違いなく「重大な関心事項」であるべきなのだ。しかし残念ながら、今の日本で、このことに気付いている人はあまり多くない。こうして日本がノロノロしている間にも、中国は着実にこの島に向かって触手を伸ばしつつあるのである。

二〇一〇年一一月、モミス大統領は三四名もの「使節団」を連れて中国を公式訪問した。民間から参加した数名を除き、これら使節団の旅費はすべて中国政府が負担したが、この訪問の結果、モミス大統領は、「鉱業」「観光」「水力発電」「住宅建設」「農業ビジネス」「海運」「航空輸送」など七つの分野で、北京政府と基本合意書を締結した。その翌月には、中国企業の実務担当者レベルがブーゲンビルを訪問し、三〇近い新たな覚書を交わしたと言われている。しかし、その内容はほとんど「非公開」のままだ。

中国が「鉱山」のみならず、新規の港湾開発や新空港建設が必要になる「海運」や「航空輸送」分野にまで注意を払い、合意書を素早く交わしたところの戦略的な意味を、我々はもっと真剣に考える必要がある。中国はつまり、ブーゲンビル島が独立した暁には、その出入国データに直接アクセスし、かつ軍事利用が可能な港湾や滑走路の整備をも視野に入れていると見るべきなのだ。

これらの合意書を交わした中国側のパートナーは、香港に上場している大手石油掘削プラットホーム製造企業「宏華集団有限公司」（四川省成都市）や、「廈門恒森化工有限公司」（福建省廈門市）のほか、「銅陵有色金属集団」(安徽省銅陵市)、「湖南省水利水電勘測設計研究総院」(湖南省長沙市)、「サン・イノベーション」(香港)などであるが、これらはいずれも、そうそうたるメンバーと言えよう。彼らはブーゲンビル自治政府と共に、すでに「ブーゲンビル-中国協力委員会(BCCC)」を設立し、この島を、中国をバックにした「経済特区」とすることで相互に意思確認を行っている。

このモミス大統領の使節団に対し、中国政府高官の一人は、ブーゲンビル島のパングナ鉱山について言及。その際に、パングナ鉱山を保有するオーストラリアの資源メジャー、リオ・ティントに関して、「リオ・ティントなんか中国が買収しても良いのだ」とさえ発言したという。実際、リオ・ティントの最大株主は、一二・九三パーセントの株式を保有する、中国国営の「中国アルミニウム社(中國鋁業股份有限公司。酸化アルミニウムの生産量は世界第二位)」なのである。

このBCCC設立以来、その下部組織として、ブーゲンビル島におけるすべての産業や開発の分野における中国系の投資を一元的に管理する「ブーゲンビル総合開発公社」が設立されたほか、島の輸出入管理を行う「ブーゲンビル輸出入公社」も設立された。前者の株式は、ブーゲンビル自治政府が五二パーセント、中国系投資家が四八パーセントを保有し、後者の輸出入公社にしても、四〇パーセントのシェアを中国系が有しているなど、徐々にこの島へのアクセスが中国に握られつつある。中国は、わずか数年の間に、ここまで動いたのである。

一方で、私自身は一つの疑いを持っている。それは、このモミス大統領の中国への急接近は、オーストラリア政府の方でも「ある程度望んだ結果」なのではないか、ということだ。もちろん、オーストラリアとしてみれば、この島の権益すべてを中国に持って行かせるつもりはないだろう。

しかし、オーストラリア人は内戦の結果、多くの島民の感情的反発を買っていて、みずからそこに手を突っ込んで、再び鉱山を再開させるようなことは、なかなかできない。すると、自らを「解放者」と名乗る中国に鉱山再開の仕事をさせることもありだ、と思っているかもしれない。そうなると、オーストラリアの沈黙が、決して中国の顔色をうかがっているばかりの結果ではないことの説明もつくし、先ほどのリオ・ティントの最大株主が中国国営企業であり、かつ、中国政府の高官の「買収発言」の背後にあるものさえ、判るような気がする。

リオ・ティントは、パングナ鉱山の再開を悲願としているし、彼らが本社を置くオーストラリアにしてみれば、自国内企業が巨額の利益を上げれば、国家への税収も増える。一方、近い将来にやって来る深刻な銅不足に備えたい中国にしても、この鉱山が再開してくれて、しかも自分たちがかなりの権益を押さえられるのだとしたら、それは願ったり叶ったりだ。このあたりが、全員の思惑が合致するところなのだろう。もちろん、これは私個人の勝手な妄想だが、想像すればするほど、実はこれは、主要プレーヤーどうしが裏で手を結んだ証拠なのではないか、と思えるのである。そして、私が心配するのは、このことに関して、日本政府のどのレベルが、どの程度の想像を働かせていたのか、ということなのである。

確かに日本政府は、内戦で破壊された主要幹線道路を使用可能とするため、二〇〇九年から約三一億円のODAを投入し、数年かけてブーゲンビル島内の一五カ所で橋梁を新たに建設し、住民の生活向上支援を行った。このことは、将来のこの島の発展において、間違いなく重要なことだ。しかし一方で、政治的には、日本は一歩も二歩も出遅れていると言わざるを得ない。

そもそも、元駐中国大使であり、北京政府とかなり密接な関係を有していたモミス氏が、やがてブーゲンビル自治政府の大統領選に出るだろうという兆候は何年も前から判っていたはずであり、日本政府はその周辺動向を注意深くウォッチし、何らかの対策を講じておくべきであった。しかし日本は何もしなかった。そして大統領に就任したモミス氏は、その最初の大仕事として、何の躊躇もなく北京に支援を求めたのである。ここで、日本が受け皿になれなかったことは大変に残念なことである。もし日本政府が強い覚悟と長期的な視点をもって、最初からこの島に関与する決意をしていれば、日本の生命線であるこの地域における政治環境は、私たちにとってもっと有利になったであろうし、島の住民の生活も格段に良くなっていたに違いない。しかし今や、そのメインプレーヤーは中国なのだ。

このように南太平洋地域では、過去の悲惨な「環境破壊」や「紛争」など歯牙にもかけない中国の活動が極度に活発化しているが、この地域の未来がどうなってしまうのかという想像をするために、同じように中国の一気呵成な進出によって「大変な状況」に陥っている、アフリカの「現在」を参考にするとよいだろう。

アフリカの「現在」に見る南太平洋島嶼国の「未来」

中国は五〇年以上前からアフリカに援助を行っているが、近年では一気にその額を伸ばしており、過去数年で一〇億米ドルを超える大型案件が増加している。現在、アフリカにとって中国は最大の取引相手国であり、その貿易額は一六六〇億ドルを超えていると考えられている。

中国の「対外援助」は、公的機関による「無償援助」よりも、ソフトローンを含む「投融資」がほとんどである。基本的な形態は、各種天然資源を担保に中国製機材を輸出し、その代金を「現物（資源）」で受け取るというものである。この形式は、昭和三〇年代から四〇年代にかけて日本政府が採用した、「対中援助方式」と同じであることに留意する必要がある。

そんな中国からアフリカへの「直接投資」の全体規模は、貿易額に比べて数字による把握が難しいが、陳徳銘商務部部長（商務大臣）は、対アフリカ投資額に関し、「二〇〇九年から六〇パーセント増加して、一四七億ドルを超える」と発言しており（二〇一二年）、同じ頃、駐南アフリカ大使を務める田学軍も、「中国からアフリカに対する各種の投資の額は四〇〇億ドルを超える」と述べているから、実際にはこの間の数字が正しいと思われる。

一方、米ヘリテージ財団によると、それら「対アフリカ投資」の四五パーセント、つまり日本円で二兆円近い額が「鉱物資源分野」に振り向けられており、この分野が非常に重要視されているのが判るが、一方で、中国の商務部の公式発表統計ではここまで目立った差は見られない。一見、とても不思議に見えるが、これは中国商務部の「統計作成方針」において、香港が、中国ではなく投資先（仕向地）の一つとして扱われているためである。

中国の対外投資の多くは在香港企業による「直接投資」か、本土から出されるものの、香港企業を経由する「間接投資」形式であるが、どのような形であれ香港を経由したとたん、商務部の統計では「投資先＝アジア」として計上されてしまうことになる。このことは、中国政府の「技術的カモフラージュ」とも言えるが、つまり、中国発表の各種公式データを見る場合には、かなりの注意が必要だということである。もちろん、この方式は南太平洋諸国に対するデータでも同様に適用されている。

これまで中国の国営企業は、中国国内の金融機関から「超低利融資」を受けることで圧倒的な資金力を身につけ、欧米メジャーとの競争を制しつつ、アフリカでの資源開発権を取得してきた。また、長年、自らを奴隷のように扱い、強大な権力を握ってきた欧米諸国や欧米メジャーに対して、抜き去りがたい不満を持っていたアフリカ諸国に対し、中国は自らを「欧米植民地から解放者」として位置付け、その資金を湯水のようにつぎ込んだため、アフリカ諸国の政府はそんな中国に色めき立ち、その進出を積極的に後押しした。その結果、中国企業はスーダンやジンバブエなど、欧米のスーパーメジャーでさえ立ち入りが難しい国々にも積極的に進出するようになっている。これはまさに、中国がフィジーやパプアニューギニアなどで行っているやり方と、まったく同じである。

中国の狙いは、二〇二〇年に世界中で一〇〇〇万トンの不足が懸念される「産業の血管」である銅のほか、鉄、クロム、ニッケル、それに原子力エネルギー資源「ウラン」に向けられているが、最近では中国系投資ファンドの姿も見え始めている。

「期待」から「嫌悪」へ

急速な中国の進出に対し、それと比例するようにして、南太平洋では中国に対する嫌悪感が増加しているが、それがさらに悪化した姿をアフリカに見ることができる。

中国人に対する嫌悪感の原因の多くは、現地で操業する中国企業の「実態」である。例えば、アフリカで事業をしている中国企業の多くは、労働環境や安全管理基準が充分でなく、アフリカ人の労働者に対して、信じられないくらいの低賃金しか保証していない。これは、二〇〇八年に大規模な反中暴動を起こす原因となったパプアニューギニア・マダン州のラム・ニッケル鉱山におけるパプアニューギニア人労働者の怒りと同じだが、アフリカ人もそれに対して反発を始めているのだ。

欧米の識者の一部には、中国政府や企業のこうした実態を「新植民地主義」だと非難しているが、中国にしてみればその非難の意味が判らない。なぜなら、こんなやり方は、中国が悪意を持って恣意的にやっているというよりは、自国内の「常識」をそのままアフリカに「無意識に」持ち込んでいることで発生しているからだ。

かつて、自分たちを「ムチで叩き」「奴隷貿易を行い」「資源を根こそぎ持っていき」「貧困しか残さなかった」欧米諸国の記憶を決して忘れることのないアフリカ諸国にとって、中国は細かいことをガタガタ言わずに大量のカネを落としてくれる良きパートナーであり、「本物の解放者」であるかもしれないという期待を持って受け入れてきた。しかし、中国政府や企業の実態を知るにつれ、中国人に対する反発がどんどん高まり、最近では多くの「事件」が発生している。

アフリカ人の中国嫌悪感情のもう一つの原因は、中国からの輸出産品がアフリカ市場を席巻していることにも求められるだろう。中ア貿易の基本構造は、アフリカ諸国が中国に天然資源を輸出し、その代わりに衣料品や電化製品などの安価な商品を中国から輸入するというものであるが、これはつまり、アフリカから輸入された「安価な原材料」が、中国製の「安価な製品」に変化し、それがアフリカに輸出されることで一層の貿易不均衡が生まれるという、「極めて皮肉な」構造のことである。

その結果、アフリカ内部の需要はすべて中国製品で埋め尽くされ、価格競争にも勝てないため、地場産業の成長する機会がなくなり、一方的に地元民が仕事を奪われているのだ。実際、南アフリカでは、安価な中国製品の大量輸入によって、二〇〇〇年代に入ってすでに八万人以上の製造業における雇用が奪われたと考えられている。

かつて、中国の投資を真っ先に受け入れたナイジェリアや南アフリカでは、公的機関がすでに正式な懸念を表明している。例えば、ナイジェリア中央銀行のサヌシ総裁は、イギリスの新聞に対し、「アフリカ人は中国との『恋愛』の現実に目覚めるべき時だ。中国は一次産品を持って行き、工業製品を我々に売る。これは植民地主義の本質だ」とコメントし、中国のやり方を痛烈に批判。また南アフリカの新聞は、ボツワナのカーマ大統領による、「我々は中国企業によって何度か痛い目に遭ってきた」というコメントを載せ、中国を批判した。

現地人と中国人との戦い

このように、アフリカでは経済界を中心にして、中国企業に対する恐怖感を強く持ち始めている。その一つの原因が、公正とは言いがたい「取引」を行って、不正な利益を上げようとする中国企業との露骨な競争状態が現実にアフリカで発生していることである。例えばザンビアでは、中国の農業従事者が地元市場で農作物を売り始め、地元農家との間で激しい競争が発生、商感覚の違う現地人が次々に敗北するという結果になっているし、人口わずか二〇〇万強のレソト王国では、大陸系中国人が首都マセルのみならず、国じゅうに中国語の看板を掲げ、様々な商店を営みながら、地元民に安くて粗悪な中国製品を売りまくっている。

また、ザンビアでは、中国人が経営する炭鉱で、労働環境や賃金の改善を求めた労働者による暴動が発生、中国人幹部が労働者の運転するトラックでひき殺されたし（二〇一二年八月）、アンゴラでは四〇人近い中国人ギャングが「誘拐」「殺人」「売春」等の容疑で逮捕され、国外退去・強制送還されている。

これらの中でも、最も深刻な事態に陥っているのは「ガーナ」である。ガーナでは、中国人による金の違法採掘が深刻化しており、その数は「一万人」にも上るという。彼らは奥地で中国製品を組み立てて勝手に操業し、金の精錬過程で使用される猛毒「シアン化合物」などを河川に垂れ流し、現地の貧しい村人を、極端に低い賃金（一日六米ドルほど）で「奴隷のように」使っている。また、中国人とガーナ人の間で双方に対する発砲事件も発生、ガーナ人の間には反中感情が極端に上昇し、一〇〇人近くの中国人が銃殺されている。もちろん、これに対して中国人らも武装を始めるなどして緊張が高まっているが、二〇一二年八月一六日には、アシャンティ州において反中デモが発生。これに対し、中国人側はガーナ人に向けて激しい威嚇射撃を行い、怒ったガーナ人側も発砲して応戦するという「戦闘状態」が発生した。

ガーナの村人たちは、鉱山だけではなく、ダム開発や森林伐採にも駆り出されており、この違法伐採された木材の七割が中国に輸出されているが、南洋材の宝庫であるパプアニューギニアでも、すでに同様のことが行われている。

私の知り合いの一人は、パプアニューギニア政府の「環境Ｇメン」であるが、彼は頻繁に奥地に「潜入」し、森林の違法伐採をする中国人グループに対する「捜査活動」を行っている。その写真を何枚も見せてもらったことがあるが、かなり生々しい写真ばかりであり、望遠レンズで撮影された違法伐採をやっている連中の面々は、なかなか凶暴そうな顔をしていた。彼はそれを見せながら、「彼らはとても危険な連中です。写真撮影をやっていることがバレたら、私も殺されます」と言うのであった。彼らは時に自動小銃や拳銃で武装しているらしいのだが、この「Gメン」も、おそらくは、環境省系とは言いながら、相手に見つからないように自らもカムフラージュして、まさに兵士のような格好で決死の偵察活動を行っているのだろう。

今から一〇年ほど前、パプアニューギニアの地方都市に、ある大陸系中国人がやって来た。彼は、現地でマネーロンダリングや売春、麻薬売買などをやって金を稼ぎ、地元警察に逮捕されたが、数年後には刑務所から出所、さらにその数年後には、いったいどうやったのか判らないけれども、大陸から違法に中古重機などを仕入れて建設会社を設立し、今ではそこの会長に収まっているのだという。そして、未曾有の成長を遂げるパプアニューギニア国家経済の後押しを受け、州政府などが発注する道路建設プロジェクトで、かなり儲けているらしい。商魂たくましいという以前に、その生命力と「根性」には正直、脱帽せざるを得ない。日本人にはなかなか真似できない芸当だ。

このようにアグレッシブな中国の海外進出の目的は、経済的なものと政治的なものが主であるが、最近ではそれに、軍事的な目的が加わっている。

①自国の生存のための各種資源権益を獲得する（経済目的）
②「一つの中国」政策を推進し、国際社会で台湾を孤立させる（政治目的）
③中国軍のプレゼンスを拡大し、アメリカの覇権を崩す（軍事目的）

我々日本が特に注意せねばならないのが、この三つ目の「軍事目的」である。第一章で述べた通り、中国は西太平洋から南太平洋にかけて、着々とその覇権を確立しようとしているが、中国は「各種資源」をとるためには軍事力が必要だと考えているし、その中国の軍事力を「容認」する政治原則こそ、「一つの中国」政策であるからだ。もちろん、この原則は、詰まるところカネで買うしかないのだが、人口が多く、陸地も広大で、かつ中国本土から距離のあるアフリカへの「投資」に比べれば、人口も陸地も小さく、中国本土からの距離も短い南太平洋諸国を「買い占める」ことなど、実にたやすいことに違いない。そして、アメリカ政府が財政難にあえぎ、現在の軍事力の維持さえ難しくなりつつある今日の状況は、中国にとっては、これまでの「パクス・アメリカーナ（アメリカ一極体制下の平和）」をひっくり返す、まさに千載一遇のチャンスなのである。

アフリカで大変な問題となってきた不良中国人の増加や資源の違法収奪を含む中国系企業の横暴、そしてそれに反発する反中暴動は、すでに南太平洋諸国でも発生しつつある。ただしアフリカと違うのは、南太平洋の「近さ」である。

もしこの地域で大規模な反中暴動が発生し、しかもそれが時期的に中国の目指す「第二列島線」の内側の覇権確立目標時期（二〇一五〜二〇二〇年前後）と合致していたとすれば、中国は「自国民保護」の名目で、周辺に遊弋《ゆうよく》している中国海軍艦艇と、海軍陸戦隊（海兵隊）を派遣することだって考えられる。事実、オーストラリア軍あたりは、「中国はそんな『チャンス』を望んでさえいるだろう」と想像しているのだ。

中国の情報収集（諜報）活動

南太平洋における中国国営企業の各種投資活動においては、その背後で国家レベルの情報機関が相当活躍していると考えて間違いはない。例えば、中国政府は、対象国の基本情報、プロジェクト計画、マーケティング戦略を含め、すでに現地に入っている中国移民からの情報を丁寧にすくい上げ、それを極めて合理的に分析しているのである。

このことは必然的に、中国の民間企業における投資でさえ、中国政府の諜報機関の関与なしにはあり得ないことを意味しているが、ある現地政府の関係者によると、南太平洋における中国系諜報部員の急増もまた、目を見張るものがあるという。その活動量の増加は、中国の援助や投資の増大に、見事なまでに比例しているのである。

この諜報活動を担当する主要部門は、以下の三つである。

①国家安全部（ＭＳＳ）
②中国人民解放軍 総参謀部 第二部（ＧＳＤ）
③商務部（商務省）

中国の海外におけるビジネス関連の情報収集は、③の「商務部」が主体的に行うのであるが、相手国政府や民間機関と接触する場合には、この限りではないだろう。当然ながら、軍系の情報機関もその動向をウォッチすることになるし、この体系は国家命令として強制的に統合され、統括管理されている。

アジア経済研究所は『アフリカにおける中国――戦略的な概観』という極めて優れた分析を発表している。これは、アフリカにおける中国の諜報活動をレポートしたものであるが、アフリカのみならず、海外でビジネス情報を収集する人にとっては必須の読みものだろう。それによると、「世界経済の情報収集機関の最高峰」であることを自負している中国商務省は、外国の商業グループと政府との公式窓口であると同時に、経済情報収集担当の特別部門を持っているという。

この中国商務省は、外国人ビジネスマンに対するスパイ活動や監視を徹底的に行い、各種工作活動や秘密作戦まで実施している国家安全部（ＭＳＳ）と緊密に連携しているらしく、フランスの情報によれば、未確認ながら、ＭＳＳ要員に対しては、中国商務省内に特別のポストが用意されているらしい。

旧ソ連のＫＧＢと非常に似た組織であると言われているこの諜報機関は、「北京市東城区東長安街一四号」に本庁舎を置いていることは判っているが、公式ホームページもなければ、広報担当官さえ置いていないなど、今でもその多くが謎に包まれた組織だ。欧米などの情報機関は、ＭＳＳが一二の局と六つの独立庁で構成されていると考えているが、その実態は今ひとつ不明なところが多い。

アジア経済研究所の指摘によると、ＭＳＳは国内外において唯一の、かつ最も重要な戦略情報機関であるということだが、確実に判っているのは、その組織には実際に工作員を運営管理する部署も明確に規定されており、「情報工作員」「データ情報管理収集担当」「予算・会計担当」のほか、「統計収集」「コンピュータ要員」「情報分析」「インターネット担当」に至るまで、相当数の人員を揃えているということである。この点を見れば、確かに中国最強の諜報機関の一つであると言えるだろう。

通常、中国の在外公館における駐在武官の管理をしているのは、②の人民解放軍総参謀部（ＧＳＤ）第二部であるが、例えばアフリカにおける中国大使館の大半は、その内部に①の国家安全部（ＭＳＳ）の部局も有しており、場合によっては大使クラスがＭＳＳ要員であると言われる。これは、南太平洋諸国の中国大使館でも同じことだろう。もちろん、欧米の諜報機関も、こんな腕利きの工作員らに対する防諜活動を強化している。

中国諜報機関のナンバー2を雇っていた日本政府と「高級新聞」

彼らはもちろん、高官に扮しているばかりではなく、一般のビジネスマンに扮して事業を行っている場合も非常に多いと言われる。つまり、読者の皆さんが国内外で接触する（または、すでにしている）中国企業の幹部や職員が、実はＭＳＳのケースオフィサー（工作員）である可能性も低くないということなのである。これは我々日本人にとって、決して絵空事ではない。その一つの例として、最近発生したＭＳＳがらみの「大スキャンダル事件」を以下に紹介しよう。

二〇一二年に明らかになったこの事件の「主人公」は、ＭＳＳ中枢に勤務する中国人職員であり、その事件の舞台こそ中国とアメリカであるが、やがてこの主人公が仕える直属の上司が、戦後日本に「異常繁殖」した進歩的文化人が愛してやまない「日本の高級紙」のみならず、日本の政府機関にまで入り込んでいたことが明らかになったのである。不思議なことに、このニュースは日本ではほとんど報道されなかった。しかし、調べれば調べるほど、日本にとっても事態が深刻であることが判る。以下、ロイターやＢＢＣなどの報道を中心に事件を説明していこう。

二〇一一年の途中から、MSSは組織内の「ある異変」に気付き始めた。長年、多額の予算と人的資源を投じてアメリカ本土に送り込んでいた自分たちの工作員が、かつてないくらいの異常な勢いで、アメリカの防諜機関によって次々とその身柄を確保され、諜報ネットワークが摘発を受けたのである。あわてたMSSが緊急対策を講じようとした時には、すでにその対米諜報網は「大打撃」を受けていた。ぼんやりした日本人なんかと比べれば、はるかにインテリジェンス能力の高い中国の巨大国家諜報機関の話であり、普通ならあり得ないことであるが、それでも考えられる唯一最大の原因は、「ネズミ」の存在だ。つまり、内部の裏切り者である。

この報告を受けた胡錦濤国家主席（当時）の怒りは、怒髪天を突くようだっただろう。怒りに燃えた中国政府は、その威信にかけて厳しい内部調査を実施。その結果、ついにMSS内部に棲んでいた「ネズミ」を発見し、これを逮捕した。二〇一二年一月から三月の頃の話である。

逮捕された「ネズミ」は、MSSの中枢で現役として勤務する「英語が堪能な」人物であるが、過去にアメリカ中央情報局（CIA）によってその素行を洗われ、自身のキャリアにとって決定的な汚点となる「女性問題」を握られてしまったらしいのだ。そんな弱みを握られた男は、その後CIAに雇われ、ラングレー（CIA本部）に対して数年間にわたり、「政治、経済、戦略情報」の漏洩を行っていたという。もちろん、それらの情報が二〇一一年以来のアメリカにおける中国工作員の連続検挙に繋がったのかどうかは不明のままであるが、男はCIAから「何十万ドルもの」報酬をもらっていたので、それらは決して重要度の低い情報ではなかったはずだ。しかし、より大きな問題は、何とその「ネズミ」が、MSSナンバー2（次官）の秘書であったことだ。これは、たとえば日本の警視庁ナンバー2の秘書が、外国諜報機関のスパイだった、というくらいの一大スキャンダルである。

ではなぜ、この事件が日本人にも関係があり、しかも深刻であるのか。その理由を理解していただくには、この「ネズミ」を側近中の側近として雇っていたMSSナンバー2「陸忠偉」という人物の背景を知っていただくのが近道だろう。彼の経歴については、朝日新聞が詳しい「情報」を持っているので、まずそれを紹介したい（ちなみに、二〇一三年五月の段階で、この情報は朝日新聞のウェブサイトにまだ掲載されている）。

陸忠偉
中国・現代国際関係研究所長
53年生まれ。黒竜江大で日本語習得後、現代国際関係研究所に入り、北東アジア研究部長、副所長を経て99年から現職。日本のアジア経済研究所客員研究員も務めた。
著書に「過渡期の東アジア」。

なぜ、朝日新聞が、日本でもほとんど報道されなかったこの「大スキャンダル事件」の中枢にいる、しかも中国最強の諜報機関のナンバー2の経歴に明るいかと言えば、答えは簡単で、何とこの陸忠偉氏は、朝日新聞おかかえのコラムニストであり、「アジアネットワーク」という記事の年間リポート執筆者なのである。つまり朝日新聞の読者らは、中国の対外スパイ機関トップが書く謀略記事を、金まで払って一生懸命読まされていたということになるわけだ。

これに加え、さらに「日本政府よ、大丈夫か?」と心配させられることがある。なんとこの陸忠偉次官は、日本の外務省が、「二一世紀における日中関係を一層発展させていくため、日中双方の有識者が、政治、文化、科学技術等の幅広い分野に関して議論し、両国政府首脳に提言・報告を行う委員会」として設置した『新日中友好二一世紀委員会』の「正式委員」でもあるのだ。こんな事実を知らされて、脱力してしまうのは私だけではあるまい。

繰り返すが、MSSといえば、中国政府がかつて有していた個々の工作機関を結集して作り上げ、その内部さえいまだに謎に包まれているという「中国最強の秘密諜報組織」である。そしてそのトップは、対外経済・貿易情報の収集、国際特許状況の監視、各種機密情報の集積と保護、さらには欧米各国の政治・軍事情報に関する最優秀の専門家であるばかりでなく、各国政府やビジネス組織の意思決定者に対する徹底的な監視を行い、その各種戦術やメディア動向を注意深く追跡し、必要に応じて膨大な予算を行使して強力な人的諜報（ヒューミント）や暗号情報（シギント）部隊を動員し、最終的には高度で大がかりな「秘密作戦」を行うという、恐るべき人物なのである（最近の噂では、このMSSは近く改組して「国家安全総局（SSA）」になると言われているが、詳細は不明である）。

そんな彼らにしてみれば、脇の甘いユルユルの日本外務省に入り込む一方、日本の「高級新聞」のコラムニストとして好き勝手な記事を書き、それによって愚かで従順な日本国民に対する情報工作活動を行うことなど、まさに「朝飯前」なのだ。しかも日本人は、そんな工作員の親玉を雇うために、デフレ経済に文句も言わずせっせと働いて「税金」を払い、また、決して安くない毎月の「購読料」を一生懸命に支払ってきたわけである。完全に舐められているとは、このことだろう。

狙われる自衛官

前述のMSS次官秘書の「情報漏洩事件」は、いくら謀略にたけた中国諜報部員といえども、アメリカのCIAによって逆に弱みを握られ、自在に使われることがあるという証拠であるが、それはすなわち、国家レベルの諜報戦というのは、そのくらい「一瞬の気も抜けない世界」ということにほかならない。それに比べて、外国のスパイにわざわざ税金を投じるばかりか、その給与まで払い、全国紙で有名人にして差し上げる「ニッポン知識階級」の救いがたい脇の甘さといったら比類がない。

そういえば、二〇〇四年には、上海の日本総領事館に勤務していた当時四六歳の外務省電信官が自殺するという事件があった。この電信官は、機密性の高い内容を公電として東京の本省に送る仕事を担当していたが、上海のカラオケ店で出会った中国人女性による「ハニートラップ」に引っかかり、中国の当局に弱みを握られたのである。これは本当にひどい話だ。

そしてその二年後には、海上自衛隊の上対馬警備所に勤務する一等海曹が内部情報を持ち出していたことが発覚したが、なんとこの海曹は無断で中国への渡航を繰り返しており、しかもその行き先が、上海にある「同じカラオケ店」であったというから、開いた口がふさがらない。また翌二〇〇七年には、中国人の妻を持つ海上自衛官がイージス艦の構造図面データなどの機密情報を持ち出しており、別の三等海佐一名が逮捕され、二名が書類送検、これを受けて当時の海上幕僚長が辞任している。

これらはすべて、外務省や自衛隊の持つ情報が「流出する」、またはそれらを「流出させる」という性格の事件であった。しかしここにきて、そんな「情報流出型」が主であった情報戦が、「物理的攻撃型」に転換しつつあるのではないか、と思われるような事故が発生した。

二〇一三年五月三日午前二時頃、東京都千代田区麹町にある参議院議員宿舎前の国道を歩いていた男性が、走ってきたオートバイにはねられて死亡した。被害者男性は、防衛省統合幕僚部の幹部自衛官であり、この「事故」はテレビのニュースで小さく報じられただけだが、普通の事故として処理すべき問題ではなかった。なぜならこの一等陸佐（大佐に相当）は、尖閣諸島有事の際に、海路から真っ先に投入され、上陸した敵を巧みな攻撃力で制圧する最精鋭「西部方面普通科連隊」の前の連隊長であり、アメリカ海兵隊と上陸戦闘に関する合同演習を行っていた人物で、つまり「タダ者」ではなかった。

亡くなった時の肩書きは、南西諸島防衛における作戦立案を行う「特殊作戦室長」であり、つまり中国がその突破を目指す「第一列島線」の防衛における最高責任者の一人であったのだ。これを、ただ偶然に起こった「事故死」としてその背景を調べようとしないのは、知性を侮辱することになる。

このこと一つをとってみても、日本の防諜機関を強化すべきであるのは、火を見るより明らかだろう。この「不審な事故」は、締まりのない戦後日本の防衛体制に警告を発しているのだ。

オーストラリアの「地下」で活動する中国

さて、中国の不気味な動きは、何も日本や南太平洋島嶼国におけるそれだけではない。彼らは旧宗主国であるオーストラリア本土でも、様々な活動を行っている。

二〇一二年、二度にわたり合計五週間ほどオーストラリアに滞在したが、各所で大陸系中国人の数が急増し、またオーストラリア人の対中国認識が急激に悪化しつつあることを痛感させられた。現地の軍関係者や研究者の友人と話をしていても、彼らの対中認識の底には、著しい緊張感と恐怖感が共存しているのが判った。特に、南太平洋地域に対して積極的な外交攻勢を仕掛けてくる北京のやり方に対しては、一様に強い警戒心を抱いているようだった。

そんな彼らからの情報によると、オーストラリアの首都キャンベラにある中国大使館は現在、その地下に巨大な施設を建設中であるらしいとのことであるが、いったいどんなものが、何の目的で構築されているのか、まったく不明らしい。この建設に従事する作業員らもすべて中国本土から来た労働者たちであるため、詳細がまったく判らないとのことであった。

この中国大使館は、同じく大規模な地下施設を備えているオーストラリアの国会議事堂から、わずか数百メートルの距離にあるため、この中国側の見えない動きに対してオーストラリア政府と軍が極めて敏感になっていることを肌で感じた。過去五年間で南太平洋の資源地帯に対する中国の進出が急増したことを考えると、この中国大使館における地下施設建設の動きは、それに呼応したものであると考えるべきだ。

また、中国は過去しばらくの間、オーストラリア本土において広大な農場の買い占めを続けてきた。その第一の目的は、広大な農場を確保することで、中国が必要とする小麦などの穀物類や、牛肉、豚肉などの食糧資源の安定供給を実現することであるが、実はそこにはもう一つ、隠された目的がある、とする声も強い。それが「地下資源」の権益獲得だ。彼らは、実は広大な農場の地下にある石炭や鉄鉱石などの鉱脈権益の取得さえ狙っているというのである。

実際、私の知り合いの複数の政府関係者は、中国に対して凄まじいほどの警戒感を有している。その中の一人は、チベットを手中にした中国が、そこからユーラシア大陸の多くの方面に向けて流れ出す「豊かな水源」を完全に押さえた事実を引き合いに出し、中国の南太平洋進出の目的を「水産資源と地下資源の確保」であることを明確に認識しているし、今や中国とかなり近くなった馬英九政権下の台湾に対しても、疑いの眼差しを持っている。

「金融は香港とシンガポール、技術は台湾から調達すれば、あとは軍事力と資金と人間を中国本土から持って来るだけで、侵略の準備は完了する」というわけだ。

二〇一三年五月、こんな彼らの心配が決して絵空事ではない事件が起こった。場所は再びキャンベラである。現在、オーストラリア政府が六〇〇〇億円以上もの予算をかけて建設中であり、完成間近であった『オーストラリア保安情報機構（ASIO）』の、新庁舎の「設計図面」が、中国からのサイバー攻撃によって盗まれてしまったのだ。

ASIOといえば、日本の公安調査庁をはるかに上回る一八〇〇名もの陣容を誇る「オーストラリア版CIA」とも言うべき存在であり、同国内最大の対外諜報・防諜機関である。その本庁舎の設計図面となれば、これは「最重要国家機密」に属する。

これによりASIO中枢の通信線やサーバーの位置、セキュリティ情報は中国に完全に漏洩したと考えられ、またオーストラリア国立大学の専門家の見立てによれば、中国はASIO内部にセキュリティ・バグをいつでも仕込める体制ができた、ということになる。つまり、今後予想される様々な情報漏洩に対抗するには、もう一回、新庁舎をゼロから設計し、建設し直さねばならないだろうと言われているくらいに、ASIOが受けたダメージは大きい。

中国を戦略的パートナーだとする「リベラル派」のギラード政権は、この件に関しては口を濁すしかない状況であり、対応は後手後手に回っている。一方で、軍や情報関係者の受けた衝撃と苛立ちは大変なものだ。

観光客にとっては、ほとんど何の面白みもない、あの静かなキャンベラという小さな町で、今、豪中間の激しい「諜報戦」が行われているのである。学生時代、私はたまたまASIO本部のすぐ近くに住んでいたのであるが、当時はその重要性などまったく理解していなかった。オーストラリア人に「ここはとても重要なスパイ機関なんだぜ」と教えられても、「あ、そう」という感覚だった。しかし、その後、南太平洋における様々な政治的謀略を間近で目撃した身としては、このような事件が頻発しているのを聞き、今さらながら我がことのように身震いせざるを得ない。

インフラを押さえ、軍が展開

資源豊かな南太平洋島嶼国において、すでにフィジーを完全に味方につけ、パプアニューギニアにもうまく侵入し始めた中国ではあるが、この地域のオーストラリアによる支配構造を一挙に崩し、将来、アメリカの軍事力に対抗するためには、この地域における不動のプレゼンスを早期に確立する必要がある。

そのためには、これまでのように島嶼国に対する「投融資」を続け、「一つの中国」政策を認めさせるだけでは足りない。やはり、彼らが信奉する「軍事力」をサポートできる拠点づくりが、どうしても必要となる。

いくつかの情報源によると、中国海軍はポートモレスビーに海軍基地を作りたいと考えているようだが、しかし本当の狙いは「ラエ」などのニューギニア北部海岸や「ブーゲンビル島」あたりになるのではないだろうか。なぜなら、ポートモレスビーは地理的にもオーストラリア本土を直接攻撃できるくらいに近いため、中国がいくら地下資源を大量に買ってくれる「大切なお客様」とはいえ、そんなところに一大海軍基地を作ろうとすることは、さすがにオーストラリアも認めはしないだろう。

しかし、ニューギニア島北岸にある「国内最大の国際港・ラエ」は別である。実際、二〇一一年には、中国国営の建設企業がラエ港における二〇〇億円規模の大改修プロジェクトを受注したが、そこからは幹線道路を使って、石油や天然ガス、各種鉱物資源が大量に産出する「ハイランド地方」に繋がることができるし、そもそもこの幹線道路と、ハイランド地域におけるハイウェイ全般は、二〇一二年に決定された七〇億キナもの中国ソフトローンの提供によって、中国主導で建設されることが確実となっている。

一方で、これだけのカネをかけて作った設備を、中国が丸裸のままで置いておくとは考えられないから、これからも中国はあらゆる形で多くの人間を投入してゆくことになるだろう。さすれば、中国はパプアニューギニアにおける最も地下資源の豊かな地域から港までの幹線道路と、国内最大の輸出港を押さえることができるのだ。そして、新たに投入される労働者の多くが、実は元軍人である可能性は極めて高いのであり、いざ自国の権益が危機に晒された場合には、パプアニューギニアの奥地で「即席民兵」となることだって可能なのである。前述の通り、アフリカにおいて、銃で武装し、ガーナ人と戦っている中国人たちは、実はすでに「息の長い人民戦争」の一形態を演じているのかもしれないのだ。

先に述べた通り、中国はすでにブーゲンビル自治政府との間で「港湾」と「航空」の分野における合意書を交わしているが、ラエからハイランドに至るインフラ整備と同様、それらが徹頭徹尾、この地域にある膨大な地下資源権益と輸送インフラをいかに押さえるか、という点に注目した結果であり、しかもまったくぶれていないというのは、驚くべき計画性である。

最も恐るべき事態の一つは、パプアニューギニア周辺において中国が海軍の根拠地となり得る拠点を構築すると同時に、練習艦隊の遠洋航海などの際における寄港を常態化させて周辺海域でのプレゼンスを強め、気がつけば中国海軍の潜水艦部隊まで進出していた、という状況が出現することである。例えば中国は、アフリカ沖インド洋に浮かぶ小国セーシェルに対し、「海賊対策」の名目で、軍艦の補給と固定翼偵察機を展開するための海軍基地を建設する方向で準備を進めている。これはつまり、海賊対策などの「大義名分」さえあれば、中国は一気呵成にその海軍力を展開してくるということである。

古典的な「毒薬」を飲む政治家たち

軍事に転用可能な候補地を「効率的」に確保するには、地元の政治家を味方につけるのが最も手っ取り早い。その場合、彼ら政治家が欲しがる「金と権力と名誉（と女）」をくれてやればよいのだ。さすれば、その政治家が要職にあり続ける限り、その国は「出資側」の思い通りとなる。

実際に中国は、南太平洋島嶼国における閣僚クラスの多くを賄賂づけにし、好みのタイプの女たちをあてがい、その「弱み」をがっちりと握ってきた。だから、中国に買収された閣僚らは、絶対に今さら「引けない」のである。

私は現に、中国政府の手先となって、パプアニューギニア政府使節団が中国本土を視察する際にあてがう「美人お世話係」を選ぶため、個々の閣僚らの女の好みまで細かく調べ上げていた現地在住の中国系商人（一九世紀にやって来て以来、パプアニューギニアの発展に尽力してきた「誇り高き華僑たち」ではない）の存在を知っている。ただでさえ、一般人より「パワフル」な閣僚らのことである。数週間に及ぶ中国訪問の間、好みの若い中国娘に二四時間からまれたら、それにどっぷりと落ちるのは時間の問題だろう。実際、彼の周辺から流れてくる各種情報は、実に生々しかった。

かつて私が密かにその将来を期待していた、比較的清廉だと思われた閣僚の数名も、それで見事に「撃沈」された。彼らが大陸に渡る直前、私はそのうちの一人と会って、何時間かじっくりと話し合った。「中国に行ったら、絶対に綺麗な女をあてがわれて、やっつけられてしまいますよ。だから、何があっても気をつけてください。弱みを握られたら終わりです」

そう強調する私に向かって彼は、「そういうことか。よく判った。気をつけないとな」と言ったが、しかし私には日本政府のバックも何もないし、彼からしたら「友人の一人」に過ぎない。それでもその閣僚自身、私のために何時間も時間を割いたのは、やはり本人もその点を心配していたということなのだろう。

にも関わらず、後になっていろいろなルートから情報を集めてみたら、彼もまた渡航した翌週には、案の定、現地の若くてスレンダーな「美人お世話係さん」の前に陥落してしまったことが判った。すべて、あの中国系の男がアレンジしたのだ。生々しくて聞きたくはなかったが、どんな風にしてそれら

「真面目な閣僚ら」が次々と落ちていったか、毎晩ベッドでどんな行為をしたか、視察旅行の最後、空港での別れ際にどのように「女々《めめ》しい別れの台詞」を吐いたか、などということが、この男の周辺で大変な笑い話となって伝わっていた。もう今から七年以上も前の話であり、私自身もまだまだナイーブだったので、当時は激しい怒りを感じたものだった。

現地における私の親友は、ため息をつく私の肩を叩きながら、

「そりゃ、あれだけの美人に連日攻められたら、男はみんな落ちるぜ。お前の応援していた閣僚に関するくだらん話も確かに伝わっているが、そんなもん、仕方ないだろう。まあ、気持ちは判るけど、そう肩を落とすなよ」

と言って慰めてくれた。そして、続けて、

「でもな、この国じゃあ、きれいごとを言っていたら何も務まらないぞ。何かを本気でやる時には、賄賂や酒や女なんかを、すべて動員するんだ。相手はそれで攻めてくる。じゃないと、戦いには負ける。お前がこの国と日本を繋ぐために本気で何かをやろうとするなら、自分のつまらないポリシーなんかは捨て去ることだ。もし本気であの大臣を守りたかったんなら、なんで日本で代わりにもっとイイ女をあてがわなかったんだ？　違うか？　本来、そのくらいの覚悟がないと駄目なんだ。これは、正しいとか正しくないの問題じゃない。勝つか負けるかなんだ。戦う以上、絶対に負けてはならないのは、日本人が一番学んだはずだろ？」

と言うのであった。確かにその通りである。私がやったことは、安全圏から発した口だけの「助言」に過ぎず、自らを汚してまでその閣僚を守ることはしなかったのだ。

次に会った時、私が応援したその閣僚は、もうあたり構わず、かなりきわどい「女の話」を平気な顔でするようになっていた。彼の飲んだ毒は、すでに全身の隅々に回っていたのだ。これが、南太平洋における政治の現実だった。

いろいろな見聞や体験を通じて汚れてしまった今と違い、まったくもって尻の青い若輩者であった私は、その時に初めて、自らの理想が「完全敗北」したことを知ったようなものだった。

パプアニューギニア国防軍に「出資」する中国

二〇一三年に入り、中国は軍事分野においてパプアニューギニアと「急接近」するような動きを見せ始めている。一月、パプアニューギニアのファビアン・ポク国防大臣は中国を訪問し、梁光烈国防大臣と会談、両国の軍が今後も交流し、地域の平和と安定のために相互に協力していくということで合意した。そして二月四日、中国政府は、パプアニューギニア国防軍に対して四〇〇万キナの資金援助を行うことを発表した。中国は「無償援助」として、装甲車や兵員輸送車までも供与するのだという。これまでパプアニューギニア国防軍にはなかった「高級装備品」である。

この時、ポク国防相は同時に、今後一〇年間でパプアニューギニア国防軍を一万人規模へと一気に五倍に増強し、新しい兵器のほか、航空機や監視艇を購入することを許可すると発表した。パプアニューギニア国防軍は、かつては四五〇〇人ほどいたが、その後削減され、現在は陸海空すべてを合わせて二〇〇〇人ほどの兵力しか有していない。それが一気に五倍になるのだ。この資金援助の結果、国防軍が急速に「中国化」する可能性がある。

これは、ついに中国の南太平洋における本格的な軍事分野の介入が始まったという点で、この地域の戦略環境が「新たな段階」に入ったと見るべきだろう。もはや、過去のあらゆる推測はまったく役に立たず、我々はこれから「厳しい現実の世界」に放り込まれていくことになる。このことは、日本にとっても極めて「危険な前兆」であることを、我々は強く認識すべきだ。

前述の通り、パプアニューギニア国防軍は、ブーゲンビル内戦でかなり傷ついた過去がある。この時、パプアニューギニア軍は、過去最大の兵力（約五〇〇〇名近い）を有していたが、やがて内戦が終わった後、軍は戦争で増えた兵員を一気に減らしていく。わずか一〇年ほど前の話だが、ここには、「近代化」の名目でパプアニューギニアの軍事力を減らそうとする「オーストラリア政府の思惑」が強く働いていた。

わずか二〇〇〇名の軍隊と言えば、軍司令部や工兵、通信、補給、衛生などの諸部隊、事務方などを抜くと、実際の戦闘部隊（歩兵中心）は、七〇〇名にも満たないだろう。頑張って一〇〇〇名の歩兵を有したところで、軍隊は常にローテーションで動くので、前線の戦闘部隊はせいぜい三〇〇名、短期間限定の作戦なら気合いを入れても四〇〇から五〇〇名といったところだ。

実際、戦闘部隊は「王立太平洋島嶼連隊」が二個あるだけで、連隊戦闘団とは言っても、装備から見れば大隊規模に過ぎない。こんな、全軍を集めてもようやく他の国における平時の一個連隊程度にしかならない「国防軍」で、日本より大きな国土が守れるわけがない。輸送船を数隻有しているが、それで移動をしようとしても、上空援護ができる航空部隊が存在しないため、相手がそこそこの国家であれば、島嶼間を移動中の軍は航空攻撃を受けて一瞬にして壊滅してしまうだろう。

すると、この国の軍は、実際の軍事力を期待されているのではなく、むしろ国内の治安維持や、「英連邦の一員として」の象徴的な意味合いの方が重要、というのが現実であろう。そうなると、政治が最低限「安定」していなければ、軍はただの「お飾り」か、武器を持った無法集団に過ぎなくなる。

もちろん、ブーゲンビル内戦以降、オーストラリアの保守政党が長らく続き、しかもパプアニューギニア周辺における安全保障環境が極めて安定していたため、特に問題はなかったのであるが、これからは南太平洋が資源争奪戦の「主戦場」になることは間違いなく、中国がこのタイミングで「第二列島線」の外側に存在するパプアニューギニアの軍隊に資金援助や武器の無償供与を行うというところに、先の先を読もうとしている中国の「計画性」を感じる。

もし、南太平洋のどこかに、こんな強気の中国の軍事的バックアップを受けた国家が現れ、中国海軍艦艇に軍港などを使用させるような事態になれば、日本は今までタダで享受してきた「南太平洋航路」の安全を失い、まさに背後から「包囲」されていくことになる。

南太平洋で日本を「包囲」する中国

ここ数年、日本の政財界は東南アジアの新興国ミャンマーに熱い視線を浴びせているが、パプアニューギニアや台湾と同様、この国も伝統的に「超」が付くほどの「親日国」であり、日本の力に強い期待を示してきた。しかし、過酷だったイギリスの植民地支配から脱し、何がなんでも独立するのだと強く願うミャンマー人に対し、まだまだこの国における「権益」をあきらめきれない旧宗主国イギリスやアメリカは、ミャンマー政府が「軍事政権」であったことを理由に、長年にわたって「経済制裁」を課してきた。そして、ここでも欧米諸国の顔色をうかがうことしかできなかった日本は、ミャンマーの本物の「親日さ」に打たれて何とかしようと現場で頑張る一部官僚や知識人からの意見に耳を貸さず、ミャンマーに救いの手を差し伸べることはなかった。もちろん、欧米のニュースを無批判に切り売りするだけの日本の大手マスコミも、ほとんど現場を見ることなくミャンマー政府を徹底的に叩きまくった。

その結果、経済的に追い込まれたミャンマーは、中国に接近せざるを得ない状況に陥った。気がつけば、ミャンマー国内には中国資本が大量に進出し、ベンガル湾アンダマン諸島近くのミャンマー領の島には中国軍の海洋偵察・電子情報ステーションが建設され、その沖合海底では、中国石油化工集団（シノペック）が大型ガス田を発見している。

また、中国石油天然気集団公司（CNPC）は、同国ラカイン州から雲南省へと繋がる全長二八〇六キロに及ぶ石油ガスのパイプライン建設を行っているが、これが完成すれば、年間二〇〇〇万トン以上の原油と、一二〇億立方メートルのガスを輸送することになる。これを守るため、中国は「真珠の首飾り」と呼ばれる方式で、バングラディシュやパキスタン、スリランカなどの周辺地域からアフリカにかけて海軍の基地をたくさん作っているが、今後、パプアニューギニア周辺でもこのようなことを計画している可能性は充分にある。

敗戦以来七〇年近くも、「欧米の顔色」ばかりをうかがうのが習い性となっていたせいで、ミャンマーを中国に急接近させてしまったあたりの事情は、元々「大の親日家」として日本に期待したソマレ首相を、最後には中国の方に走らせてしまったのと同様、日本外交の「伝統的失敗例」と言える。

今、パプアニューギニアを始めとする南太平洋諸国の多くは、旧宗主国オーストラリアを取るか、それとも新たな「投資家」である中国を取るかの選択を迫られているが、そこに日本の姿はほとんどない。こうして日本は懲りずに、「臆病と不作為による外交的失策」を繰り返しているのだが、これはつまり、中国の影響力を各地で増加させているだけだから、結果的に日本は自らの首を絞めるだけの結果になっている。誰がなんと言おうと、主張すべきところは主張し、違うことは違うと反論し、やるべきことをきっちりとやっておけば、こんなことにはならなかっただろう。

そして中国は、そんな「弱腰な」日本政府をさらに追い詰める行動を取りつつある。二〇一二年秋、パプアニューギニアのピーター・オニール首相は、ウラジオストックで開催されたＡＰＥＣに参加し、その帰り道に中国に立ち寄ったのだが、そこで李克強首相はオニール首相に対し、

「釣魚島および付属島嶼は古くから中国固有の領土で、中国は争うことのできない主権を持っている。中国の国家主権と領土保全を守る決心と意志は変わらず、釣魚島への主権を断固維持する」

と述べ、尖閣諸島問題について言及したのだ。李首相は続けて、

「第二次世界大戦中、中国とパプアニューギニアは共に日本に侵略された。（中略）日本の釣魚島問題での立場は世界反ファシズム戦争の成果に対する否定であり、戦後の国際秩序に対する挑発である。平和を愛し、正義を持つ国と人民は、これを認めることができない」

と述べたが、それに対してオニール首相は、

「パプアニューギニアには中国と似たような歴史的境遇があり、中国の釣魚島問題での立場を理解している。日本のやり方は国際社会に認められない。（中略）国際社会は共に第二次世界大戦後の国際

秩序を維持するべきだ」

と返答したのである。日本政府の当事者たちがどのように考えているかは知る由もないが、このことはとても重要な意味を持つ。なぜなら、中国はこの尖閣問題についてあまり明るくないオニール首相を利用し、この問題を「日中間の領土問題」から、「普遍的なファシズムとの戦い」という論理構造の転換に成功したからである。

その結果だろうか、オニール首相は中国政府から、中国輸出銀行経由で七〇億キナ（約二六〇〇億円）もの「ローン」を得ることとなった。これは前述の通り、天然ガスや石油、鉱山などで資源供給の中心地となっているハイランド地方の幹線道路「ハイランド・ハイウェイ」などのインフラ工事に使用されることになっているが、中国は今後、従来の「一つの中国」政策に加えて、豊富な資金をちらつかせながら、南太平洋島嶼国に対しても、尖閣問題を「踏み絵」にして外交攻勢を仕掛けていくだろう。彼らの短期目標は第一列島線の突破だから、これはむしろ当たり前のことである。

つまり、かつて日本軍の将兵が、多くのその命と引き換えに強固な基礎を作り上げたパプアニューギニアの「親日性」をよく知っていて、しかもそれを苦々しく思っている中国は、ソフトローンの提供に際して、「努々《ゆめゆめ》日本につくことは許さんぞ」と、しっかり「釘」を刺すという外交戦略に転換し始めたのである。日本はここでもやはり後手に回っているのであるが、この問題の深刻さに、日本の政治家たちもそろそろ気付くべきだ。

一方で、中国はオーストラリアに対しても、「驚くべき注文」をつけ始めている。『シドニー・モーニング・ヘラルド』など、オーストラリアの主要新聞の報道によると、中国人民解放軍の上級大佐が、なんとジュリア・ギラード豪首相に向けて、「東シナ海の緊張状態は今後も続く。日中戦争に発展した場合、オーストラリアは日本の味方をするな」とする警告メッセージを発したというのである。

この発言の主は、中国人民解放軍の劉明福上校（上級大佐）である。劉大佐は、中国国防大学軍隊建設研究所の教授兼所長であり、中国人民解放軍の中でもタカ派に属する人物である。二〇一〇年には、『中国の夢――ポスト米国時代の大国思考と戦略的位置づけ』という本で、中国をして世界最強の軍事強国とすべし、と書いて大きな話題になったことがあり、最近では『なぜ人民解放軍は勝利するか』という、イケイケの本を書いてもいる。

劉大佐はアメリカをして「世界の虎」とする一方、日本を「アジアの狼」などと表現し、「これら二匹の動物は、狂ったように中国に噛み付いている。（ただ）中国人民は、動物の中でも『狼』が一番嫌いだ」と言っている。

日本も「嫌われた」ものだが、そんな狼野郎に比べ、「巨象」である中国は、平和国家であるが、もし攻められれば「死ぬまで」戦うそうだ。つまり「日本なんか踏み潰してやる」ということだろうが、これは一般社会における人間どうしの関係であれば、完全に喧嘩の「売り言葉」である。

劉大佐は続けてギラード首相向けのメッセージとして、日中戦争が勃発した場合、オーストラリアは「心優しい羊」となって、決して日本という「狼」の味方をしてはならない、という意味の発言をしている。

「虎（アメリカ）にとってのジャッカルになるな。狼（日本）とダンスをするな」と言うのである。

それだけではない。大佐は日本に対する核攻撃についても、こう言ってのけた。

「もし、この日本狼がアメリカの真珠湾やオーストラリアのダーウィンを再び攻撃したら、日本はまた核攻撃を受けることになるのではないですか？　その時、世界はこの日本に対する一撃を大いに歓迎するでしょう」

これはもう、核ミサイルを使うぞという脅迫だが、こんなことを言われれば、普通の人間感情として、頭に血がのぼるのは避けられない。特に、世界で唯一、広島・長崎で核攻撃を受け、現在もなお、福島周辺で多くの人々が放射能汚染に苦しんでいる我が国に対し、こんな物言いをして平気であるとすれば、劉大佐の品位もさることながら、栄《は》えある（はずの）人民解放軍のレベルの低さを暴露することになるのではないかと思うのだが、日本政府はこれを「国家に対する侮辱行為」として問題視し、「一言くらい」きっちりと抗議すべきである。いつまでも無言のままだと、相手は日本の臆病に便乗してますます図に乗るだけでなく、その勘違いが彼らの力に対する「自信過剰」を招来して非常に危険なのだが、日本国外務省はやっぱり「とても静かで紳士的」なのである。

オーストラリアで日本語教育を「狙い撃ち」する中国

オーストラリアの大学では、伝統的に日本語教育が人気である。これはまさに日本大使館や、現地に住む多くの優秀な日本人と、日本を理解してくれた心あるオーストラリア人が長年脈々と培《つちか》ってきた努力の賜物《たまもの》であるが、そのせいで、オーストラリアの大学で日本語教育を受けた学生は、驚くくらい上手に日本語を話す人が多い。そんな「伝統ある日本語教育システム」を今、中国が虎視眈々と狙って潰しにきている。

オーストラリアの首都キャンベラには、二つの大学がある。一つは「オーストラリア国立大学」であり、もう一つは「キャンベラ大学」だ。そのうち、後者のキャンベラ大学における日本語講座が「非常に不可思議な理由」で廃止の危機に瀕しているというのである。表向きは「財政難」であるが、「これからは中国研究が大事」という理由もつけられている。大学の上層部では、これらの理由で日本語学科を閉鎖し、中国語学科に力を入れたいというのだ。

前述の通り、日本語はオーストラリアの大学ではいつも一番人気の学科であった。それがここ数年でいきなり人気の減少でもあったのだろうか、と思ったのだが、関係者に話を聞いてみても、そんな事実はなかった。キャンベラ大学日本語科では、実際には今でも一〇〇人近くの学生がおり、その一方で講師は少なく、つまり「コストパフォーマンス」はとても良いから、学科としての財政事情はかなり優秀である。また、「これからは中国研究が大事」という理由も抽象的過ぎてよく判らない。実際、同大学の中国語科は四〇人弱の学生数らしく、どこからどう見ても「人気学科」ではないのである。

今回のケースは、その手続きも非常におかしいらしい。通常なら、キャンベラ大の日本語科における何らかの大きな変更があるときは、必ず「上位大学」である近隣のオーストラリア国立大学に対して事前に通知があり、専門講師がそこからキャンベラ大学に派遣されて統合会議を開くのであるが、今回はオーストラリア国立大学に対して、事前に何の通知もなかったらしい。国立大学関係者の誰に聞いても、今回のケースは非常に「摩訶不思議」なのだそうだ。

そこでいろいろと教育関係者のみならず、オーストラリア政府の関係者など様々な人たちに話を聞いてみると、彼らの多くが口にしたのは、「中国政府の暗躍」ということであった。つまり、今回のキャンベラ大学日本語講座閉鎖の裏には、中国の影が見え隠れする、というのである。どうやら実際に裏で動いているのは『孔子学院』という中国の政府機関であるらしく、彼らはキャンベラ大学の経営陣に対し、「日本語学科を廃止したら、それ以上に良いもの（金）を出す」というような条件を提示しているらしいのだ。

シドニーでも聞いた話であるが、ここしばらくオーストラリアの教育機関に対し、『孔子学院』が積極的にアプローチし、金をばらまく形で中国語の講座を増やそうとしているのだという。

『孔子学院』とは、中国語や中国文化の教育及び宣伝を目的に設立された政府機関であり、中国教育部（文部省）傘下の「国家漢語国際推広領導小組弁公室」が管轄している。彼らは北京市に本部を設置し、世界中で中国の宣伝機関として活動をしている。ジョセフ・ナイ教授のいう「ソフトパワー」論を地でいく国家機関だ。

実際、アフリカやアジア、それに南太平洋のフィジーでは、この『孔子学院』によって多くの教育機関が設立されており、現地人をして中国に親近感を持たせるために各種工作が行われている。偉大な孔子様の名前を使ってはいるが、その目的は政治的なものであり、教育内容も、孔子様の思想とはまったく関係がない。さすが「羊頭狗肉」という発想を持つ国である。

実はこの『孔子学院』、ここ数年はオーストラリア国立大学に対しても「資金」をぶら下げて積極的にアプローチをかけてきているが、大学側はことごとくそれを拒否しているという。我が母校であるだけに、個人的にはその誇り高き態度を喜んでいるが、さすがに世界に冠たる「英連邦（コモンウェルス）」の一員として、しかもオーストラリア唯一の国立大学として、そのあたりだけは譲れないのであろうし、今後も譲る気はないであろう（ことを祈る）。ことの善し悪しは抜きにして、過去何世紀にもわたって世界中を植民地にして「支配」の限りを尽くしてきた英連邦系には、多少「台所事情」が悪くなったとしても、そのくらいお高く止まった「スノビーさ」を維持してもらわないと困る。

このキャンベラ大学日本語学科における「存亡の危機」に対しては、さすがにキャンベラの日本大使館もいろいろと動いたようだ。このままだと、これまで第二次大戦やら何やらいろいろとある中で、とにかくそれらの問題を乗り越えて築き上げてきた、大資源国オーストラリアと日本の友好信頼関係の土台は、すべて中国のソフトパワー戦略に呑み込まれてしまうことにもなりかねない。ボヤボヤしていると、このキャンベラ大学のケースは、その「終わりの始まり」となるかもしれないのである。

もちろん、いくつか「救い」となる話もある。オーストラリア国立大学に在籍する、ある優秀な研究者が語ったところによると、日本研究をやっているオーストラリア人学生や研究者のほとんどは、「日本が大好き」で勉強しているのだが、一方で中国研究者のほとんどは、「今の中国が大嫌い」なのだという。確かに、私が在籍していたオーストラリア国立大学でも、ヨーロッパ学研究ではフランス語が「エリート」扱いされていたが、アジア学研究では日本語が「エリート」という雰囲気があった。ちなみに私自身は「中国語専門」であったが、研究者のほとんどは中国に対して批判的な人だった。この点で、中国のソフトパワー戦略は、まだまだ「ソフト」なのかもしれない。

実際、学生たちの様子を見聞しても、最近急激に増えた中国人留学生らは、論文を書かせてもほとんど第三者の研究をそのまま「盗作」してきて、平気な顔で提出するのだという。これには、大学の教員のみならず、ほかの学生たちも完全にあきれ顔だ。オーストラリアの大学では、これら「盗作」

については非常に厳しい態度で臨んでおり、二回やったら「イエローカード」、三回目は「レッドカード」、つまり大学追放という処分になる。しかし、この「盗作」をギリギリまでやる中国人学生が非常に多いのだという。「一人っ子政策」のおかげでさんざん甘やかされた世代の彼らは、そんな「盗作」行為をとがめられると「いったい何がいけないのか！」と逆に教員に食ってかかる連中も多く、「前科」のある人間でも「まだ二回目だから大丈夫」という感覚だから、みんな頭を抱えている。

つまり、他人のコピーがどこまでも違法だとかルール違反だと思えない程度の認識なのだから、いくら「官製ソフトパワー」で頑張ったところで、こんな連中が国際社会で信頼されるはずもない。

しかし、それでもキャンベラ大学の上層部の一部は、この中国の甘言に乗せられる形ですべてを了承したのであろう。物事をかなり強引に、かつ一方的に進める形で、現場で実際に教鞭をとる日本人教師の声も届かぬまま、この大学の日本語科廃止はほぼ決まりかけていた。もはや、すべては時間の問題のように思われた。

そんな時に立ち上がった人たちがいる。それが、キャンベラ大学日本語学科の若きオーストラリア人学生や、卒業生たちだ。彼らは多くの仲間の卒業生たちと共に『ユーチューブ（YouTube）』に動画をアップし、全世界に向けて発信。キャンベラ大学の日本語学科が、どれだけ親密な日豪関係の構築に重要な機会を提供し、また相互理解の促進に役立ってきたかということを切実に訴えたのである。

オーストラリアの教育機関における日本語教育は、あの戦争で傷ついた両国の先人がたどり着いた、真の相互和解のための解決策であり、これまで日豪で多くの人々が力を合わせて作り上げてきた「汗と涙の結晶」である。そして、日本のマスコミが完全に無視したこの伝統ある日本語教育の危機に際して、若きオーストラリア人たちが自発的に立ち上がり、必死になって守ろうとしたという事実を、我々日本人はしっかりと記憶し、心から頭を下げて感謝せねばなるまい。こんな彼らに対し、私たち日本人はいったい、どんな形で謝意を表すればよいのだろうか。

そんなことを考えていた時に飛び込んできたニュースがある。なんと外務省の所管する「独立行政法人 国際交流基金」が、キャンベラ大学の職員の給与支援の名目で、毎年六万豪ドル（約六〇〇万円）を向こう三年間にわたってキャンベラ大学に提供する、というのである。そしてこの三年間のうちに、キャンベラ大学日本語学科は、「赤字体質からの脱却」を図れるよう、より多くの学生を集める努力をするのだという。本当のところは、学生数からいっても「赤字体質」などではないのは明白なのだが、とにかく今回日本の政府機関が、現場教師の声や、若くて心ある優秀なオーストラリア人らの叫びに耳を傾け、その結果として、日本語学科存続のための一手を打ったということについては、心からの賛辞を送りたい。素晴らしい決断だったと思う。

今回のことは、日本政府だって本気になれば、中国のそんな狙いくらい、ひとひねりで対応可能だということを証明したわけである。しかも、今回の最大の収穫は、オーストラリアの若い人の中にも、こうやって日本との関係を見つめながら、二国間関係を何とか強化しようとする人たちがいたという事実であり、また彼らと日本人が共通の課題に直面し、極めてうまく連携をとりながら問題を上手に解決したことである。ここにも私は、日豪間の将来における明るい展望を感じるのである。

第七章　海洋国家・日本の復活

南太平洋に生じつつある「権力の空白」

ここまでの章で、かつてオーストラリアを始めとするアンザス連合（ＡＮＺＵＳ）が支配してきた南太平洋地域がどれだけ豊かな資源地帯であり、かつ地域の人々が日本人にどれだけ期待してくれているのかという事実のほか、そこに中国がどれだけ入り込んでいるかがお判りいただけたと思う。

一方で近年、中国の急激な海洋進出や領土問題が強く意識されるようになり、エネルギー安全保障への危機感も高まり、結果として意識の高い人を中心に「安全保障問題」の重要性に気付くようになってきた。この変化は、日本の将来にとっては大変重要なことであり、喜ばしいことだと思う。

十数年前、オーストラリアの大学院において、『ブルーウォーター（外洋海軍）化する中国海軍が東アジア安全保障に与える影響』というような題で、長めのエッセイを書いたことがある。当時は私自身も南太平洋の重要性にまったく気付いていなかったため、そのエッセイの主な論点は、中国が必ず尖閣問題で政治的軍事的圧力をかけてくるだろうとか、肥大化する中国が、東シナ海や南シナ海のみならず、アジア太平洋全域の安全保障に対する大きな脅威となるだろう、といったものであった。

当時、日本ではこの問題について警鐘を鳴らす人はまだそれほど多くなく、その中の数少ない専門家であった平松茂雄先生（防衛庁防衛研究所元研究官、杏林大学元教授）の書籍や、米英豪軍専門家の文章を一生懸命に読んで書いたものである。

このエッセイを採点してくれた教官の一人は、中国現代政治が専攻の、まだ若いオーストラリア人女性研究者であり、「とても面白い。将来、中国軍はその通りになるだろう」として大変に高い評価をくださった。その中で記述したことが、まさに今日、東シナ海や南シナ海のみならず、この南太平洋でも起きているのだ（余談になるが、私のことを「狂信的な超国家主義者」と弾劾したとして、本書の「はじめに」で紹介した朝鮮女性史専門のニュージーランド人研究者は、このエッセイの中に「沖縄県（Okinawa Prefecture）」という記述があったのを見つけるや、私に向かって見下すような薄笑いを浮かべ、「君、沖縄の行政単位は『県』なんかじゃないだろう」と言い放ち、こちらを別の意味で「動揺」させたものである。この種の人権派インテリにすれば、沖縄は日本本土に差別されているという思い込みが強いので、そんな県の地位なんか日本政府が与えるはずがないという感覚なのだろうが、つまり、この程度の認識しかなくても、「日本＝加害者、アジア＝被害者」という単純で乱暴きわまりない基本ラインに乗っていれば、東アジア研究の第一人者を名乗れるわけである）。

もし中国がパプアニューギニアやソロモン諸島、フィジー等において、衛星・ミサイル追跡監視基地や通信傍受施設のみならず、補給とメンテナンスの可能な海軍基地を建設し、西太平洋から南太平洋にかけても中国の艦船（潜水艦）が出没するようになれば、日本は前述のように「ロンボク‐マカッサル海峡ルート」のみならず、最後の命綱とも言うべき「南太平洋ルート」を喪失することになる。

中国の目的は、資源の豊富なこの地域における「覇権の確立」である。彼らは、かねてより進めていた「Anti-access/area-denial strategy（接近阻止・領域拒否戦略）」を着実に進めてきているが、その「領域」には、「世界最速の経済発展」を実現しつつあるパプアニューギニアが含まれている。そこは日本の「裏庭」であり、これまでタダで安全をむさぼっていた地域だ。ここを取られれば、日本は「おしまい」である。

こんな状況に対し、問題提起をしている現場のプロがいる。英国統合指揮幕僚大学（上級指揮幕僚課程）を卒業し、海上自衛隊第一護衛艦隊の首席幕僚から幹部学校主任研究開発官となった吉川尚徳一等海佐だ。吉川一佐は、南太平洋島嶼国の周辺地域について、「この地域の海底資源には、中国のみではなく、米国、ロシア、ドイツ、フランス、英国、日本のほかにも複数の国際機関が注目し、調査・研究、さらには先行投資をしていることから、これらの資源の開発や投資にかかわる利権を巡る競争が、同地域の新たな火種となる可能性は否定できない」と指摘し、「アジア太平洋地域の歴史を顧みれば、南シナ海から東シナ海へと拡大してきた中国の海洋進出は、近い将来、その矛先を、明らかな関与の拡大傾向が見られる南太平洋島嶼国の周辺地域へと向け、その結果として、アジア太平洋地域全体の戦略環境が不安定になる可能性は小さくない」と述べている（海幹校戦略研究二〇一一年五月（一－一）『中国の南太平洋島嶼諸国に対する関与の動向　―その戦略的影響と対応―』）。

さすが、海上自衛隊の高級士官として領海防衛の最前線で勤務したのみならず、海外の大学で一流の修行を重ねられた方だなと、改めて敬意を込めて見上げてしまう。第一章では、「南太平洋など重要ではない」などとして、アジアから南太平洋に至る海域が、これからの日本の「生命線」であることを理解しない、あるシンクタンク研究員の驚愕すべき「視点」を紹介したが、吉川一等海佐との間の「埋めがたい認識の差」は、もしかしたら「現場感覚」の違いかもしれない。海上自衛隊の高級幹部に、このような、広い海外視野と鋭い洞察力を有する方がおられることは、ある意味で日本の将来にとっても大きな安心と言えるだろう。

この章では、太平洋における海上覇権確立を目指して強気を崩さない中国と、米豪両国が相対的に影響力を喪失しかけている現状を指摘し、日本が「海洋国家」として復活することで、極東から南太平洋にかけて生じつつある「権力の空白」をどのようにして埋め、地域の安全保障体制を維持すべきかという方策について言及したい。

「中国の夢」は、筋違いの「先祖帰り」

すでに事実上の資本主義（拝金主義）となってしまった中国において、共産党幹部（そしてその子弟）がその強大な権力を維持するためには、「排外主義的・軍国的ナショナリズムを刺激する以外に選択肢がない」という切実な事情がある。だから、一層タチが悪い。実際、習近平国家主席は、さかんに、「中華民族の偉大な復興という中国の夢を実現するため、引き続き、奮闘努力しなければならない」ということを言っている。習首席の言う「中国の夢」とは、つまり、イギリスによって仕掛けられた阿片戦争以前の「清帝国」の版図、特に乾隆帝（一七三五年〜一七九六年）の頃の最大領土を基準としている。

この版図がどのくらいのものかといえば、北はモンゴルをすべて含み、西はカザフスタンの一部からキルギス、パミール高原、ネパール、ブータンまで、そして南はミャンマーとインド領アンダマン諸島、シンガポール、タイ、マレーシア、インドシナ全域、南シナ海全域、スールー諸島（フィリピン）までを含み、東は台湾から沖縄全域を収めて、樺太・沿海州までを併合するものである。

だが、これは元々、清帝国、つまり「満州族」の拡大した領土であり、彼らがその再興を望むのならまだ話が判るが、それがいつから「中華民族」の夢にすり替わったのかは定かではない。

そもそも「中華民族」というのは誰なのか、という議論をすれば、この主張はすぐにぐらつき始める。今の中国では、「中華民族」とは、決して漢民族だけを指すのではなく、ウイグル族やモンゴル族、満州族などすべての少数民族を含む概念とされている。一方、中国の「近代化」は、清帝国の末期に漢民族が起こした「辛亥革命」によって始まったのであり、中国自身は今でも辛亥革命一〇〇周年を祝ったりしているが、その革命の際に漢民族が叫んだのは、「駆除韃虜、恢復中華」ということであった。つまり、「満州族を駆除し、中華を回復せよ！」ということである。

こう考えると、異民族である「満州族＝清帝国」を打倒し、「漢民族＝中華」の国家を作ったはずなのに、そんなルーツを持つ「中華人民共和国」が突然、過去に全否定したはずの「満州族」に「先祖帰り」したがっているという、極めて苦しい論理になってくるわけだ。

これは例えば、アメリカ・インディアンを駆逐したホワイト・アングロサクソン（WASP）が、ある日突然、「よく考えれば、アメリカ大陸は元々インディアンのものだった。ということは、インディオの血を引く地域はすべてアメリカのものなのだ。カナダも中南米もみんなアメリカだ。インディアンの先祖はシベリアや東アジアから来たから、あっちも全部、アメリカの領土だ。これこそ、アメリカン・ドリームなのだ！」と言い出すようなものだ。

では、モンゴル族が仮に「モンゴル族復活」を叫んで、中国全土どころか、かつてチンギス・ハーンが攻略した東ヨーロッパやトルコまで自国の領土だから取り返さねばならないと言ったらどうなるのか。当然、中国は黙っていないし、ヨーロッパ人あたりは鼻で笑って済ますだろう。つまり、中国が言っている「中華の夢」が、どれだけ「あほらしい」ことなのかということだ。これはもう、「白昼夢」か「妄想」に過ぎないが、困ったことに、中国自身はとても「真面目」であって、実際に軍備を動かし、どう頑張っても筋の通らないこの「先祖帰り」を一生懸命に行っているのだ。

アメリカ国防省の顧問であるエドワード・ルトワク氏が指摘する通り、我々が懸念すべきなのは、そんな「ハチャメチャな論理」を振りかざし、「強大さを誇る」中国が、自国の軍事力を実力以上に過大評価し、周辺地域の反応を逆に過小評価しているということだ。中国には「夜郎自大」という言葉があるが、一〇年前ならそんな「ことわざ」を引用して笑うこともできただろう。しかしその軍事力は、今や周辺国にとっては大変な脅威だ。また、筋違いでハチャメチャとはいえ、先述のような「理論武装」さえ整えつつある中国にしてみれば、彼我の優劣判断を経て、「これはイケる！」と思えば、あとは相手に吹っ掛ける「いちゃもんのネタ」を探し回るだけなのである。

実際、先述した中国国防大学軍隊建設研究所教授の劉明福大佐は、自著『中国の夢』の中で、「アメリカが中国の無力化を試みるのを防ぐためにも、長期的な軍事的優位を目指すべきだ」と主張している。こんな自信たっぷりの姿勢を、「まったくあほらしい寝言だ」などと一笑に付し、何の対策も打たないでいると、劉大佐も我々に向かって（まったく違う意味においてだが）にこやかな笑顔を投げかけてくれるに違いない。なぜなら、劉大佐のみならず、中国にしてみれば、自分たちが本気になれば、アメリカに対していつでも「圧倒的な優位」を確保できると信じられる充分な根拠があるからだ。

中国が保有する「対米金融核爆弾」

アメリカは近年、アジア太平洋地域に重点的に兵力をさこうとしている、という見方があるが、おそらくそれはあまり正しい指摘ではない。アメリカは長年、イラクやアフガニスタンでの戦争によって大量の戦費を使用した結果、大変に疲弊しており、また二〇〇八年のリーマンショックの影響から完全に立ち直れないまま、連邦政府自身が大規模な財政カットを余儀なくされている。そこで仕方なく、ヨーロッパや中東における兵力を削減したのであるが、アジア太平洋地域においては、台頭する中国の軍事力に対峙するため、どう考えても兵力を減らすことができなかった、というのが本当のところだろう。相対的に増えたように見えるが、決してそんなことはないのだ。

もう一つの問題は、これまで中東地域に重点的に投入していた人的・財政的・軍事的資源をアジア太平洋地域に移したところで、いったいどの程度まで、これらの地域に根付かせることができるのか、ということである。南太平洋は、伝統的にオーストラリアがほぼ一元管理をしてきた地域であり、勢力バランス上の「棲み分け」もきっちりできていたが、そこに今、アメリカが割って入ろうとしている。アメリカがこの地域に入れたきっかけは、強大な中国に対し、一方ではその莫大な消費力に自国の経済成長を依存していたオーストラリアが、もはや一国では対抗できなくなったことであるが、しかしその一方で、歴史的に南太平洋島嶼国との深い関係を持たなかったアメリカには、この地域に対する深い理解がない。ここに「権力の空白」が生じるのであるが、中国はそれを狙っているのだ。

二〇一三年四月、中国を訪問したアメリカ軍のデンプシー統合参謀本部議長が、中国人民解放軍の房峰輝総参謀長と会談したが、中国側は共同記者会見の席で突然、「米中二国による太平洋の共同管理」を提案し、かなり気まずい空気が流れた。この驚くべき案は、実は二〇〇七年の段階で、すでに中国海軍高官から密かにアメリカ側に出されていた、「(中国が空母を保有した段階で)ハワイ以東をアメリカが、そして以西を中国が分割管理するという案で合意を図りたい」という提案の「焼き直し」だ。

当時のアメリカ太平洋軍司令官であるキーティング海軍大将は、この案に対し、「冗談だとしても、人民解放軍の戦略構想を示すものだ」として警戒感をあらわにし、「とてもクラブで一杯飲もうという関係ではない」と吐き捨てている。

この過去の「冗談」を、今回中国は公式の場で、世界を前にして突然口走ったのだから、これはまさしく公式発表ということになる。つまり中国は、西太平洋は自分たちが「管理する」と宣言したのである。一四九四年、当時世界中で勢力争いを行っていたスペインとポルトガルが、新しい世界を分割管理をするため、西経四六度三七分に線を引き、東西で領土分割を行うことで合意した「トルデシリャス条約」を締結したが、中国は「二一世紀版・トルデシリャス条約」をやろうとしているわけである。日本なんか、眼中にさえないわけだ。

さて、日本に対する核攻撃を「世界は大いに歓迎するだろう」と書いた劉明福大佐も、アメリカについて極めて自信たっぷりでこう述べている。

「アメリカの覇権は、その暁を迎えているわけでもなければ、絶頂期にあるわけでもない。今や夕暮れが迫り、夜の帳《とばり》に包まれようとしているのだ」

　この劉大佐の指摘は、ある意味でとても正しい。アメリカ政府には今、金がない。アメリカの連邦予算は、二〇二一年までに一兆二〇〇〇億ドル削減されることが決まっており、空軍の飛行訓練時間や、アフガニスタン展開部隊以外の陸軍の訓練の数が削減されている。これにより、国民総生産は低下し、失業率は増加するが、相対的に軍事力もまた確実に低下することになる。つまり、中国がここまで強気になるのは、彼らがこのようなアメリカの厳しい財政状態を知り、それが長期化するだろうことを見抜いているからであり、急激に国力を低下させているアメリカの「覇権」を突き崩し、太平洋の半分を支配したい中国にしてみれば、まさに「千載一遇のチャンス」なのである。

　一方で中国は、アメリカの「内政」をいつでも大混乱に陥れられるような「強力な武器」を保有している。その「強力な武器」とは、決して潜水艦や空母や戦闘機、核兵器などではない。それは、中国が保有する巨額の「米国債」である。つまり、金融兵器だ。

　二〇一三年四月の段階で、中国が保有する米国債の額は一兆二二九億ドルであり、世界最大の「債権者」の座を維持している。米国債はすでに中国の外貨準備高の三六パーセントを占めていることになるのだが、これは新たな「対米攻撃兵器」にもなり得るのだ。なぜなら、場合によって中国は、それら米国債を大量かつ一気に売却し、市場に「未曾有の大混乱」を生じさせることができるばかりでなく、その混乱によって利率を急上昇させることで、アメリカの内政に「大打撃」を与えることができるからである。つまり、中国は空母や潜水艦など、金のかかる弾や燃料を準備することなく、アメリカを「殺す」こともできるわけだ。これこそ、中国が新たに手に入れた「金融核爆弾」とでも言うべき武器である。

この危険性を指摘する識者は多い。その中の一人、アメリカの国家経済会議と国家安全保障会議に所属するブラッド・セッツァー氏は、ロイター通信の記事の中で、この状況を「国家安全保障上の脅威である」として強い警告を発している。

一九九七年、橋下龍太郎首相（当時）はアメリカのコロンビア大学において、「大量の米国債を売却しようとする誘惑にかられたことは、幾度かあります」と「冗談めかして」発言したことがあった。すると、その翌日のニューヨーク市場は急落、ダウ工業株平均も一九八七年のブラックマンデー以来最大の下げ幅を記録した。この時、橋本総理の「隠された意図」におののいたクリントン大統領（当時）が打倒・橋本に「動いた」のかどうかは定かではないが、その後、橋本総理は確かに失脚してしまった。そのため、それ以来、「敗戦国・日本」では米国債の売却を想像することさえ「タブー」になった感がある。しかし、いつの間にか「戦勝国」の一員に化けてしまった中国共産党にとっては、日本の持つ「対米恐怖症」などまったく関係のない話だから、アメリカにしてみれば、より手強い相手であるに違いない。

むろん、仮に日中開戦前夜という事態になれば、状況がどう転ぶかはまったく予想がつかなくなる。例えば、中国がアメリカに対し、「在日米軍は攻撃しませんよ。私たちは、東シナ海にある油田やガス田を開発したいだけなのです。アメリカさん、もしよかったら日本抜きで一緒に魚釣島（尖閣）周辺を開発しませんか。中国は半分出資しますし、石油もガスも全部買いますよ」と事前に通告すれば、アメリカは日米安保条約第五条の「自国の憲法上の規定及び手続に従つて共通の危険に対処する」をうまく適用して、つまり日中の問題に介入することをアメリカの議会が反対したという解釈を持ち出して、日本を積極的には助けに「来ない」可能性さえ残されている。

なぜなら、尖閣諸島の石油・天然ガス権益が欲しくて仕方ない欧米多国籍石油メジャーと、そのロビー活動を通じて巨額の献金を受けた多くの議員たちで構成されるアメリカ議会は、一方で現実的には中国とまともに事を構えられない政府の台所事情もあるから、最後の最後でどちらに転ぶかは判らないのだ。そしてこういう場合、過去のほとんどの類似のケースでは、国家は最終的には「利益のある方」へと転がっている。

なぜこんな心配をするかというと、一パーセントの人間が九九パーセント近い人間の富を持っていて、彼らおよび彼らが支配する多国籍企業や各種組織が大きな意味での政策意思決定に強い影響を及ぼすという点においては、中国もアメリカも変わらないし、政府にとって不利な事態や、戦争などの一大政治決定を正当化するために流されるメディア・キャンペーンに国民の多くが踊ってしまうという点でも、両国は類似しているからだ（メディアに関しては、日本はもっと程度が低いけれども）。この形態を、中国語では「一党独裁体制」と言い、英語では「コーポレートクラシー（企業利益優先主義）」と言う。

そうなった場合、日本は自分の裏庭に眠る九〇〇兆円とも言われる石油や天然ガスなどを、他国に全部とられてしまい、欧米メジャー企業からアメリカ国内の数倍の値段で買わされることになる。自分の領海内にある資源をである。もちろん、中国政府の謀略は日本のそれの数十倍は徹底しているから、中国には尖閣産の石油やガスが、きっちり廉価で供給されることになるだろう。これは良い悪いの問題ではなく、リアリズムに基づく国際政治力学の話である。

こんな最悪の事態に備え、日本は最低限、第一列島線内の南西諸島方面における離島防衛を独自に行いうる体制を整え、海空軍力のみならず、海上保安庁の強化と予算向上を図り、情報収集能力を可及的速やかに強化して、総合的な政治・外交・防衛力を向上せねばならないのである。

こういうことを書くと、「お前は日米同盟を無視するのか」というアタマの固い意見が出るが、むろん、そういうことではない。ドイツ出身の政治学者ハンス・J・モーゲンソーの指摘を待つまでもなく、「国家の外交政策は純粋な国益に基づいて決定されるべきである」という政治的現実主義の基礎の話をしているだけなのだ。それに、あまりにアメリカとの同盟関係に頼り過ぎた姿勢は、肝心な時にパートナーの「侮蔑」を買うのである。当然だろう。自主自尊の気概のない国など、どの国がまともに相手にするだろうか。

大英帝国が七つの海を支配していた「パクス・ブリタニカ」の時代、首相の座にあったヘンリー・ジョン・テンプル卿（第三代パーマストン子爵）は、「大英帝国には永遠の友も永遠の敵もいない。あるのは永遠の国益のみ」と言った。その原則は、「パクス・アメリカーナ」の時代に変わっても、アメリカの外交政策の根本を支えていたことは、極端な例だが、「イラン・コントラ事件」（敵対していたはずのイランにアメリカ政府が武器を売却し、それで儲かった金を、当時ロサンゼルスなどで麻薬を売りさばいていたニカラグアの反共ゲリラ「コントラ」の支援のために流用していた事件。一九八六年に発覚し、一大スキャンダルとなった）などを見ても明らかである。そして、そんな「パクス・アメリカーナ」を切り崩して覇権を奪いたい中国が、アメリカと同じかそれ以上の「現実主義」的な方針を貫いてくるのは、ある意味で当然過ぎることなのだ。

揺れるオーストラリア

こうして中国が一気に強気を見せている中、オーストラリアのジュリア・ギラード首相は、中国軍との共同軍事演習を行う方向で中国側と基本合意し、その時期や場所について、オーストラリア国防軍幹部らを含めて調整し始めている。そしてこの演習には、アメリカ軍も参加する方向で話し合いが進んでいるようだ。

尖閣諸島などを舞台にした日中戦争において、「オーストラリアは心優しい羊」となって、「アジアの狼・日本」に味方してはならない、という劉明福大佐の「助言」を真に受けたわけではあるまいが、日本にとってみれば、「少々雲行きが怪しいのでは」と思わせるような動きでもある。

なぜオーストラリアは、自分たちの「シマ」である南太平洋に、あれだけの勢いで中国が入ってきているのに、もっと強い態度に出ないのだろうかと、いぶかる向きもあるだろう。しかし、オーストラリアにとって事情はそれほど単純ではない。中国は、確かに無視できない巨大な脅威であると同時に、「最大のお客さん」でもあるからだ。

中国はもう何年も、「最大の貿易相手国」として、オーストラリアから産出される鉄鉱石や石炭などを大量に購入してきた。この中国の巨大な需要が、ここ一〇年のオーストラリアの好景気を支えてきたことは紛れもない事実であり、そんな「爆食」の恩恵を受けたせいで、オーストラリア人の平均所得は大いに上がった。だから、今さらこの「最大のお得意さん」を逃したくもないし、また絶対に逃してはならないのだ。ここがジレンマなのである。

アメリカの投資分析家で、元アメリカ軍の情報部員として勤務した経験を有するジェームス・ダインズ氏は、「中国がコモディティを国内に備蓄しているのは、次の世紀以降でも使用可能なハードマネー（通貨）とするためである」と述べる一方、南太平洋、特にパプアニューギニア周辺を管轄しているはずのオーストラリア（＝英連邦）が、強力な中国の進出に押され、有効な対策をまったく打ち出せていない現実を憂いている。パプアニューギニア周辺が今後いかに重要な地域になりうるかをよく理解している人は、当然ながら彼と同じように考える。

もちろん、軍や情報機関などの「国防族」は、南太平洋に急激に進出する中国の「政・官・業・軍」の動きに対してピリピリ神経を尖らせているが、中国の消費力による恩恵を守ろうとする「経済重視派」の意見にも一理あるため、どうしても後手後手に回らざるを得ない状況だ。

オーストラリアは国自体が非常に大きいため、必然的にインド洋から太平洋までの広大な海域を監視せねばならないが、中国の技術革新が速いため、このままだとオーストラリアはそれに備えるだけの充分な時間を確保することができないことも考えられる。そうすると、膨大な国防予算をかけるよりは、今のまま、中国を刺激せず、経済活動における最重要パートナーであり続ける方が、金も儲かるし、結果的には脅威だって相対的に減るではないか、という考え方も出てくるのだ。

こうして、オーストラリアでは「国防族」と「経済重視派」の間で対立が生じ、国内の意見も割れている。前者は、「政府は日米と協力して防衛体制を整えよ」と叫び、一方で後者は、「なぜ、オーストラリアが尖閣の問題で日本を支援しなければならないのだ？」とさえ主張する。

そう考えると、今回の豪中共同軍事演習は、「経済重視派」にとっては、中国に対して敵対心のなきことを証明するチャンスとなるだろうし、「国防族」とってみれば、中国の装備や能力、その意図などを調べるには絶好の機会となるわけで、つまり両者の気持ちがぴったりと合った結果と言える。

日本政府としては、この米中豪共同演習から得られるであろう詳しい情報を米豪軍とある程度共有することになると思うが（そう信じているが）、一方で日本が南西諸島で直面している中国海空軍の積極的な動きもオーストラリア側にきっちりと伝えるべきであろう。日本にとっては、南太平洋を失うことは国家的危機をもたらすことになるし、一方でオーストラリアにとっても、南太平洋を引き続き管理していくためには、その入り口で中国を押さえ得るだけの力を持ち、かつ信頼し得る国は、アメリカを除けば「日本だけ」だからだ。このあたりの事情に日本の政治家がもっと気付いてくれて、それに向けてきっちりとアクションを取ってくれることを切に願うばかりである。

前回（二〇〇九年）発表されたオーストラリアの『国防白書』では、中国の軍事的脅威が声高に叫ばれていたが、このような政治的経済的背景もあり、今年（二〇一三年）五月に発表された最新版の『国防白書』では、相当の政治的配慮がなされ、「脅威」としての中国の名前は綺麗に削除されている。その一方で、今回の白書が出された数日後には、オーストラリア海軍のフリゲート艦『シドニー』が横須賀に寄港、空母『ジョージ・ワシントン』を中心とするアメリカ海軍第七艦隊の「空母打撃群」の指揮下に入り、尖閣諸島周辺を含む地域の作戦行動に参加することになった。つまりオーストラリアとしては、独自の立場から日中両国にそれぞれの政治的メッセージを送ったわけだが、こうして尖閣周辺のパトロールにも参加したことは、何とかして日本を安心させようとの配慮であろう。

ついにオーストラリアも「巨額の軍事費削減」へ

二〇一一年、オバマ大統領はオーストラリアを訪問し、北部準州の州都ダーウィンにアメリカ海兵隊二五〇〇名を駐屯させる方向でオーストラリア政府と合意した。これに加え、同州のティンダル空軍基地にも、アメリカ空軍戦略爆撃機B52等が展開することになる。当然ながら中国は、そんな海兵隊の駐屯は自分たちを意識したものであり、冷戦時代の思考だと主張してきた。もちろん、オーストラリア軍は、「まさかそんなことはありませんよ」とは言いながら、自国の一個歩兵旅団にも新たに「海兵隊的機能」を持たせるなどして着々と準備してきた。だが、二〇一二年以降、それらの準備が一気に止まる事態が生じた。ギラード政権が、みずからの公約である「財政の黒字化」を優先させる形で緊急の財政の見直しを発表、「史上最大規模」の国防予算削減を断行したのである。

この大幅削減によって、オーストラリアの国防予算額は、第二次大戦以降で最も低い「対GDP比一・五パーセント」というレベルにまで落ち込むこととなり、二〇一二年七月から二〇一三年六月まででは、ほとんどの部隊の予算は実質約六割もカットされることとなった。かつては、対GDP比二パーセント程度で充分な安全保障環境を維持できるのかという意見があったものだが、今回の国防費の大幅削減は、そんな論議など一気に吹き飛ばしてしまうくらいの規模で行われており、その結果、多くの部隊の作戦行動や訓練、装備調達に多大な影響が出ている。

これに対して、国防省関係者を中心にして大きな反発が生じることとなった。ベトナム戦争を戦ったある歴戦の将校は、「我々のような規模の小さい軍隊は、限られた兵力に質の高い訓練を課し、また優秀な装備を持たせることで敵を圧倒する以外にないのだが、今回の装備調達の遅れによって、この体制が一気に崩れることになった」として、大変に憤慨していた。このような怒りの反応の中でも、オーストラリア国内で最も話題になったことの一つは、国防省次官であったダンカン・ルイス氏の突然の異動である。ルイス次官は、オーストラリア国防軍士官学校を卒業後、陸軍特殊空挺連隊（SASR）に入隊。その後は連隊長に就任し、二〇〇二年からの二年間は、特殊作戦部門の総司令官を務めたという、いわゆるエリート中のエリートだ。軍を退役後は、予備役将校のまま、国家安全保障補佐官を経て、国防省次官になった人物である。

約八万三〇〇〇名の兵力を持ち、海外一〇カ所で軍事作戦を行っているオーストラリア軍のトップとして、このルイス氏もまた、ギラード政権による巨額の国防費削減に激しく反発した。彼はある会合のスピーチにおいて、「(軍人や国防省勤務の文民が) 将来の軍の能力と役割に対して情熱を失い、その結果、プロとしての実力が発揮できなくなることを心配している」と発言。そのまま「抗議の辞任」という形で次官のポジションを降りるのではないか、という噂も流れた。

これにあわてふためいたギラード政権は、急きょ、ルイス次官に対してブリュッセルにある北大西洋条約機構（NATO）司令部に対する「大使」というポストを与えて何とか事態を収めたのであったが、ルイス氏の後任として国防省次官に指名されたデニス・リチャードソン氏（元外務移民省次官）もまた、ギラード政権の決定に対して異議を唱え、国内世論は再びその話題に沸いた。

リチャードソン次官は、長年「諜報畑」を歩んできた、情報のプロである。一九六八年にシドニー大学で名誉学士号を取得後、オーストラリア外務移民省に入省、書記官としてナイロビやジャカルタのほか、パプアニューギニアで勤務した後、一九九六年から二〇〇三年までは、対テロ、スパイ対策を主任務とする防諜機関「オーストラリア保安情報機構（ASIO）」の長官として辣腕を振るった。その後、二〇〇五年から二〇一〇年まで駐米大使としてワシントンに駐在したが、その期間中、ハワイを除くアメリカの五〇の州をすべて、自ら運転する車で妻のベティさんと共に回ったという人だ。

日本の大使でここまでする人がいるのがどうかは判らないが、自らの目と足を使って赴任国の隅々を見て歩き、そこから何かを感じようとするあたりは、さすが筋金入りの諜報畑出身の人だな、という感じがする。そんなリチャードソン次官は、「東アジアの経済・戦略環境は著しく変化しており、これにオーストラリアも対応せねばならない」と唱えており、現場のトップとして、「ぼんやりしていると、これまでオーストラリアが享受してきた広大な地域における安定は近い将来失われるぞ」という強い懸念を持っているのである。

駐NATO大使となったルイス氏は元特殊部隊出身だし、リチャードソン次官も諜報機関出身である。このような現場のプロフェッショナルたちは、現在緊迫の度合いを急激に増しつつある東アジア情勢に対し、日本の永田町茶番劇に似た「政局」ばかりを見ているギラード政権の決定に対しては、当然「あり得ない」と感じているのだ。

実際、オーストラリアの各情報機関の予算は二〇一二年までの一〇年間で「四一七パーセント」も上昇しており、急速にその人員、資源、体制を充実させてきた。これはつまり、伝統的な対インドネシア監視という任務以上に、南太平洋島嶼国に対する「シギント（通信諜報）」と「ヒューミント（人的諜報）」の両方を強化することで、中国の動きを着実に追跡するための措置でもあるだろう。もちろん、オーストラリアにも「縦割り」的な弊害はあるが、それでもこの上昇率は凄まじいし、それだけの強い危機感があったことの証左でもある。そしてそれらの組織が今、中国との凄まじい諜報戦を演じているのは、これまで述べた通りだ。

ジョン・ブルの精神を受け継ぐオーストラリアの情報機関というのは、今も昔も極めて優秀であり、戦前の日本の諜報活動の多くが彼らによって察知されていたことは、第一章で記載した通りだ。オーストラリア国防省の元研究官であるピーター・ウイリアムズ博士の研究によると、当時ニューギニア周辺における日本の諜報機関による各種情報収集活動の多くが監視されていたし、シドニーでも多くの日系住民が書店でニューギニアの地図を購入していたことも確認されている。彼らはまた、真珠湾攻撃のため、日本海軍機動部隊が単冠湾《ひとかっぷ》を出港すると同時にその動きを察知したようであり、少なくとも真珠湾攻撃の三日前には、ホワイトハウスのルーズベルト大統領に対して、ハワイが攻撃を受けるであろうことを連絡している（だがルーズベルトは、「共和党が政治的に流したデマだ」として、この情報を無視したという）。

ニューギニア・ソロモン戦線においては、敵地に侵攻する日本海軍航空隊は常に敵の待ち伏せを受けたが、その原因の一つは、日本軍の基地近くや周辺の島々に潜んでいたオーストラリア軍の沿岸監視員からの正確な通報であったし、南海支隊を支援するためにニューギニア本島に上陸した増援部隊も、たった一人の沿岸監視員が誘導した航空攻撃によって大打撃を受けている。こんな英連邦得意の「ヒューミント」は、今も健在と言うべきだろう。

もう何年も前のことだが、一時期、パプアニューギニアから出国する際には、首都ポートモレスビーにあるジャクソン国際空港の出国審査のところでは、現地人職員の背後にオーストラリア政府の白人職員が立っていて、旅行者らを一人ひとりチェックしていたこともあった。

一方、二〇一二年一月、オーストラリア寄りの新聞である『ポストコーリア』紙は、パプアニューギニアの諜報機関である「国家情報部」が、中国からの不法移民の情報をまったくつかんでいないとする記事を載せたが、それからしばらく経って、パプアニューギニア警察の特別任務部隊が、チンブー州で一人の違法入国した中国人を逮捕したというニュースが流れた。

逮捕された中国人は、「レオ・マライ」と名乗っていたが、本当は福建省出身の「林」という人間で、過去一〇年にわたってパプアニューギニアの官僚を金で籠絡し、偽物の出生証明などを手に入れていたという。この男が一〇年間、何の目的でどういう活動をしていたのか詳細は明らかではないが、以前ならまったく追及さえされなかったこの種の事件に対し、警察当局が「国家安全保障に対する脅威である」という認識を持ち、わざわざ特別任務部隊を投入したのであるから、当然そこには何らかの強い政治意志が働いていると見るべきだ。

つまりこれは、南太平洋島嶼国の現場では今日でも、水面下で様々な戦いや駆け引きが行われているという証拠であり、それを見てもオーストラリア周辺の安全保障体制の維持と強化は喫緊の課題であるはずなのに、「リベラル派」で鳴らすギラード政権は、まさかの「巨額の国防予算カット」という政策で、まったく反対方向に舵を切った、ということになる。諸外国の例に漏れず「リベラル派」というのは、見栄えの良いこと、格好いいことは言うけれども、現実の政策、特に安全保障分野にイマイチ疎《うと》いのである。それを補うのは、先に挙げた、極めて優秀かつ活動的な現場の指揮官や各省庁生え抜きのリーダーたちであり、政策に対して彼らから強い不満が出るのは当然のことであった。

現実には、これら現場のリーダーたちが憂慮する通り、この国防費大幅カットによって、オーストラリア軍の能力を現状のまま維持することは向こう数年間にわたってかなり厳しくなるだろうし、このことが南太平洋地域や東南アジアにおける戦略環境に大きな影響を与えるのは必至であろう。

日本の潜水艦を欲しがるオーストラリア

中国は近年、太平洋上におけるアメリカとの海上覇権争いにおいて、潜水艦作戦能力の向上に大変力を入れてきた。そのきっかけとなったのが、一九九六年に発生した「台湾海峡ミサイル危機」である。この年に行われた台湾の総統選では、一九九〇年以降に総統を務めた李登輝氏の再選が有力視されていた。京都大学から学徒出陣で帝国陸軍に入隊し、高射砲部隊の指揮官として、帝都東京に侵入したB29爆撃機と激しく戦った経歴を持つ李登輝総統は「親日派」で有名であるが、中国からすれば「漢奸」ということになる。そんな台湾の動きに危機感を持った当時の江沢民政権は、この選挙に対する恫喝を行うため、台湾の基隆と琉球諸島の沖合に向けてミサイルを撃ち込むという、強硬な「軍事演習」を行ったのである。

この際、人民解放軍の熊光楷副総参謀は、アメリカ国防総省のフリーマン国防次官補に対し、「台湾問題にアメリカ軍が介入した場合には、中国はアメリカ西海岸に核兵器を撃ち込む。アメリカは、台北よりもロサンゼルスの方を心配するはずだ」と述べ、一歩も引かない「チキンレース」の構えを見せた。しかし、当時はまだ国力の面でも、中国などその足元にも寄せ付けなかったアメリカは、ただちに空母『インディペンデンス』と、ペルシャ湾に展開していた空母『ニミッツ』の二隻を含む強力な機動部隊を台湾沖に派遣、威勢だけがよい中国に対して、圧倒的な軍事力による強力なメッセージを送ったのである。

結果、自らが「張り子の虎」であることを天下に晒した中国は、振り上げたその拳を渋々下ろさねばならなかったが、この事件は中国の内面を深くえぐった「心の傷（トラウマ）」となる一方で、そんな強大なアメリカに対抗できるだけの新世代戦闘機や空母、潜水艦を急速に整備しようとする「強固な原動力」となったのである。

それから約九年経った二〇〇六年一〇月、沖縄本島のすぐ近くで、アメリカ海軍を驚愕させるような「事件」が発生した。当時、この海域で演習中のアメリカ空母『キティホーク』のすぐそばに、中国海軍の「宋級」潜水艦が「いきなり浮上」してきたのである。その距離は約八キロだったそうだが、これは完全に魚雷射程内であり、実戦であれば、この段階で『キティホーク』は間違いなく中国潜水艦の雷撃を受けて多大な損害を受けている距離である。仮に撃沈は免れたとしても、艦載機はすべて発着艦能力を喪失するであろうから、結果として「完全な負け」であるが、問題は、『キティホーク』がその存在にすらまったく気付いていなかったことだ。このあたりにも、九六年の台湾海峡ミサイル危機を「トラウマ」として抱えてきた中国の潜水艦戦略における「本気度」がうかがえる。

こうして急速に近代化し、遠洋展開能力を有し始めた中国海軍は、南太平洋周辺でも活発な動きを見せている。第一章で述べた通り、中国本土から遠く離れたフィジー沖でも中国潜水艦の活動が強く疑われているくらいだから、パプアニューギニアやソロモン諸島周辺は完全な「作戦行動範囲内」ということになる。アメリカの国防予算削減のみならず、自国の国防予算削減に悩まされているオーストラリア海軍では、こういった中国の動きを非常に心配している。もはや、わずか六隻の旧式「コリンズ級潜水艦」では、オーストラリア周辺のあの広大な海域をカバーできないのだ。

問題はそれだけではない。潜水艦の乗員が持つスキルは、鉱山で必要なそれと非常に共通点が多いらしく、英紙『フィナンシャルタイムズ』などが報じたところによると、中国の活発な鉱物資源需要によって人手不足となった鉱山会社が、「高給」をちらつかせて大量の潜水艦乗組員を「リクルート」した結果、一時期、オーストラリア海軍の潜水艦乗組員が激減し、潜水艦稼働率が五〇パーセントにまで落ち込んだことさえあるのだ。

このことはつまり、六隻体制が実質的には三隻体制に落ち込み、また、潜水艦部隊も「実戦配備」「訓練」「ドック補修（乗組員休息）」の三交代ローテーションで稼働するため、あの広大なオーストラリア沖に展開していた潜水艦は、わずか一隻に過ぎなかった、ということになるのだ。

繰り返しになるが、最も恐るべき事態の一つは、パプアニューギニア周辺やフィジーにおいて、中国が海軍根拠地となり得る拠点を構築すると同時に、周辺海域でのプレゼンスを強め（おそらく、漁船と漁業監視船、海洋調査船の組み合わせという、尖閣周辺で行っていたのと同じ方式）、練習艦隊の遠洋航海などの際における寄港を常態化させ、気がつけば、日常的に中国潜水艦がウヨウヨしていた、という状況である。

特に、潜水艦というのは海軍戦力の中では最強の存在であるから、ここで技術力や練度の差が開いてしまえば、制海権確保の見通しはまったく立たなくなる。つまり、どんなに国防費が減らされようが、国防関係者としても、この分野だけは絶対に譲れないラインであった。その結果として、旧式化した「コリンズ級潜水艦」の後継艦としての「新型潜水艦」導入論議がにわかに活発となっている。そして、彼らが最も注目しているのが、海上自衛隊の保有する世界最大の通常動力型潜水艦『そうりゅう』なのである。

南北は「赤道以南から南極まで」、東西は「太平洋からインド洋まで」という、温度環境も何もまったく違う広大周辺海域を防衛するためにも、オーストラリア海軍は過去数年、ロワン・モフィット海軍少将をプロジェクト・リーダーとして、新型潜水艦導入計画を実際に動かしてきた。彼らが求めている攻撃型潜水艦のサイズは、水中排水量四〇〇〇トン以上のものであるが、通常動力型（原子力でない）でその規格を有し、かつ、外洋での長期作戦能力や隠密性、強力な攻撃力のバランスからも、世界最強の水準を持っているのは、海上自衛隊の保有する『そうりゅう』だけなのだ。これなら、増強する中国海軍の水上艦艇や潜水艦に対して、かなり優位な戦いを展開することができるからである。

明治時代から多くの犠牲者を出しつつ自前の潜水艦建造に腐心し、さらに第二次大戦における過酷かつ豊富な実戦経験を元にしつつ、「非原子力」という縛りのもとで今日まで血のにじむような努力と経験、技術を積み重ねてきた日本の潜水艦技術が世界最高であるのは、ある意味で当たり前のことである。そしてそのことを、オーストラリアの安全保障担当者らはよく理解しており、熱いラブコールを送ってきているのだ。

二〇一二年には野田政権下で「武器輸出三原則」の緩和が官房長官談話で発表され、現在の安倍晋三内閣でもその見直し論議が起きていることを見ても、このオーストラリアに対する『そうりゅう』

の提供は、いずれ実現するだろう。もちろん、兵器を製造し、海外に向けてそれを販売することは、ある意味で非常に気をつけなければならないのも確かである。例えば、以前、朝日新聞が指摘していたように、もしイスラエルに日本製の武器が売却された場合、これまで非常に厚い友好信頼関係を築いてきた中東諸国との関係に亀裂が入るかもしれない。だから、運用にもいちいちの政治判断が必要なのは当然のことであろう。そのあたりは、日本も充分に気をつけなければならない。

一方で、オーストラリアに『そうりゅう』を提供するということは、すなわち南太平洋の安全保障を日豪が共同管理することで、それが結果的にオーストラリアのみならず、我が国の国益に大きく資することになるのだし、同時に日本の防衛産業の維持発展にも繋がるので、大変に喜ぶべきことだ。

第五章でも指摘した通り、確かにオーストラリアは、「第二次大戦の記憶」や「捕鯨問題」で、時おりやかましいことを言うけれども、実際に自分たちの事実上の「シマ」である南太平洋に中国が強力に進出してくるという場面になれば、もう、尻に火がついたのと同じことであり、「クジラさんがかわいそう」なんてことは言っていられなくなる。それよりも、価値観の多くを共有可能であり、かつ能力的にも信頼できる日本と組んで、南太平洋の安定に寄与させる方が、オーストラリアにとっても、はるかに現実的であり、その国益にも繋がる。一方の日本にしてみれば、これは日豪間の一番の問題である「捕鯨問題」で傷ついた国民感情を一気に解決するチャンスでもあるのだから、大いに乗るべきなのだ。

今回、オーストラリア政府が国防予算を減らしながらも、特別に「サイバーテロ対策予算」に加えて、「新型潜水艦導入の研究予算」などをしっかりと確保したことは、軍事に「シロウト」の政治家たちが下した判断のせいで苦渋の取捨選択を迫られた現場の戦略立案担当者たちが、今後中国の打ってくるであろうその「手法」をよく理解している証拠であろう。

東南アジアや南太平洋の制海権を確固たるものにするためにも、日本は積極的にオーストラリアの安全保障担当者と交流し、相互協力体制を強化していくべきである。

今こそ島嶼戦への備えを

潜水艦部隊の充実以外に現時点でオーストラリア軍の現場が考えているのは、パプアニューギニアを始めとする南太平洋島嶼地域における島嶼戦にどう対応するか、ということだろう。

有事における中国人民解放軍の「離島上陸計画」によると、まず彼らの海空軍航空隊が敵国の港湾施設や艦隊を攻撃し、最初の一時間でその海軍力を奪うと同時に、北海艦隊と東海艦隊がアメリカ海軍の接近を牽制する。その間に海上に遊弋する強襲揚陸艦等から第一波となる陸上部隊（二個海兵師団と四個機械化師団のうちの第一線機械化連隊）が上陸、同時に空からは、三〇〇〇名の二個空挺連隊と、四〇〇〇名の二個空中攻撃旅団が降下して要所を襲撃占拠するのだという。その後、約五日の間隔でさらに第二波となる四個師団が続々上陸し、第三波の四個師団は二週間後に到着する。

これに参加する軍勢は、陸上兵力が一八万人（さらに三二万人を動員可能）、第四・第五世代戦闘機は九〇〇機、さらに軽空母二隻、潜水艦四五隻、駆逐艦やミサイル・フリゲート艦は六〇隻にものぼる（財団法人 ディフェンスリサーチセンター　上田愛彦、杉山徹宗、藤本晶士編著『国際安全保障データ2011-2012』）。

しかしこれは、あくまで九州や南西諸島方面を含む中国近海に対するものであり、数千キロの遠距離にある南太平洋島嶼地域に対しては、この数十分の一程度しか送れないので、このような離島上陸計画を想定するのは無意味である（ただし中国が、二〇二〇年以降に第二列島線を越えていれば、話は別であるが）。

むしろ南太平洋では、中国の伝統的な戦術である「人民戦争」のような、低強度紛争（ＬＩＣ）または非正規戦対策こそ想定されるべきかもしれない。まずは漁民がやって来て、ある島や岩礁に不法上陸し、台風時などの「避難小屋」とされる汚い小屋を作る。その後、気がついたらコンクリート製の施設ができていて、実行支配されてしまうという形だ。ある日目を覚ましたら、自分の領海内であるはずの小さな珊瑚礁に「中国製・巨大構造物」ができあがっていた、なんて話が実際にあるのだ。例えば、フィリピンの排他的経済水域内にあるミスチーフ環礁のケースである。

一九九五年、フィリピン海軍によるパトロールが行われないモンスーンの時期を突き、中国は密かにミスチーフ環礁に上陸、そこに「掘っ建て小屋のようなもの」を作った。やがて雨が上がった時、突然目の前に現れたそんな「掘っ建て小屋」にフィリピン政府は腰を抜かした。フィリピンは抗議をしたが、中国とまともにコトを構える力がないため、結局事態を静観する以外にはなかった。その間、中国は徐々に設備を拡大して頑丈な構造物を構築し、もはやその海域にフィリピン軍は近付くことすらできない状態が続いている。

一方、南太平洋島嶼国では、中国が各地の国際港の工事に入り込もうとしており、有事に際しては、そこが中国海軍の足がかりになる可能性もある。また、第一章で述べた通り、この地域で大規模な反中暴動が再発した場合、中国は「自国民保護」の名目で、それらの港から海兵隊を上陸させるかもしれない。それどころか、二〇二〇年以降、中国が予定通り本当にグアムからパラオ、パプアニューギニア付近に至る第二列島線内の海上航空優勢を確保していれば、前述の「離島上陸計画」の縮小版が実施されることさえ考えられる。

ただし、中国のそんな計画は、「前時代的」であるとも言える。なぜなら、外洋への侵攻作戦計画において、彼らは「陸地の占領」に相当の重点を置いているからだ。防衛大の田中宏巳名誉教授が主張されているように、「島嶼戦」とは「陸海空、三位一体の立体戦」のことである。つまり、陸地を占拠したからといって、周辺の海上・航空優勢を維持できなければ、補給路は遮断され、島に上陸した兵は干上がっていくのだ。

かつての日本軍はこの図式を理解しないまま、南太平洋の島々において次々と無惨な「玉砕戦」に追い込まれていった。その教訓から、今日の自衛隊では海上と航空の優勢を確保する戦術を重視しているとのことだが、一方でフィジーのように、これまで「上から目線で偉そうに」振る舞ってきた旧宗主国オーストラリアに対して明白な反旗を翻しかねない南太平洋島嶼国が、そんな中国の軍事力を当てにした場合、問題は一層ややこしくなる。

このようなケースに対抗するためには、「ハード面」と「ソフト面」の両方で様々な対策をとっていく必要があるが、アメリカもオーストラリアも、共に国防予算を大幅にカットしている現状では、それほど余裕ある対策をとることは難しいだろう。こんな時だからこそ、日本は米豪両国が不足している部分を補う形で、想定されうる限定的な「島嶼戦」に対する備えを整えていくべきであろうが、かといって、南太平洋島嶼国地域に対して、日本が単身でいきなり踏み込んでいくことはできない。そこで「キー」となるのが、次に紹介する「ジャンザス体制」の確立である。

「JANZUS（ジャンザス）体制」の確立を急げ

先述のように、第二次大戦後、南太平洋から日本を駆逐した連合国は、米豪ニュージーランドの三カ国を中心とした「アンザス（ANZUS）」体制で、この地域を管理してきた。しかし、過去二〇年で強大な軍備を整備してきた中国の海洋進出が著しくなり、しかも財政危機に陥りつつあるアメリカのみならず、自国の地下資源を大量消費してくれる中国のおかげで経済成長を続けてきたオーストラリアの両国が、時を同じくして国防費を大幅に削減するという状況の中、アジアから南太平洋にかけての地域で「権力の空白」が生じようとしている。

「権力の空白」が生じれば、そこに別の権力が入り込むのは世の常であるが、それが我が国の将来の安全保障に関わる問題である以上、私たちがその予防に取り組むのは次世代以降の日本人に対する義務でもある。

ここまで本書で指摘したことを総合すると、つまり既存のアンザス体制では、南太平洋地域を管理することが事実上困難になっているという結論が導かれる。過去に南太平洋が、外国勢力によって争奪戦の対象となったのは第二次大戦が最大であり、その時に外部から戦争という物理的な「暴力」を持ち込んでしまったのは日本である。しかし今回は違う。今、日本がやるべき役割は、そんな戦争や暴力、無秩序が入り込まないように、米豪と協力して南太平洋の安定を維持することである。つまり、事実上の「日米豪三国同盟＋ニュージーランド（ＮＺ）」の枠組みの中でいかに日本が自らの重要性とその潜在能力を前面に出し、必要な役割を果たすことによって、この三国同盟＋ＮＺによる「南太平洋の共同管理」を実現するか、という方策を真剣に考えるべき時期が来ているのだ。

実は、アンザスに日本を入れて太平洋の共同管理を行おうとする考え方は、以前にも出たことがある。最初にそれを出したのは、一九七〇年代のアメリカであった。当時、ベトナム戦争を経て疲弊していたアメリカは、ソ連や中国との勢力均衡を図り、極東・太平洋地域の安全保障体制を維持するためにも、このアンザス体制の中に日本（Ｊ）を組み入れた「ジャンザス（ＪＡＮＺＵＳ）体制」を作り上げるべきだ、という構想を思いついたのである。

これは一種の集団安全保障の枠組に日本を「組み込む」ということを意味したが、しかし専守防衛、軽武装の軍事体制を維持し、もっぱら経済成長を最優先の国家目標としていた当時の日本は、それにまともに反応することはなかった。しかし今、再びこの「ジャンザス体制」の重要性が急速に高まりつつある。実は、アメリカやオーストラリアの防衛当局者の間では、すでに非公式な形での「ジャンザス体制」を構築しようとする話し合いが何度ももたれている。今後見すえるべきは、日米豪三国同盟とも言うべき「鉄のトライアングル」なのであり、この理論構築ができて初めて、日本は関係国と協調しつつ、前述の「島嶼戦」への備えなどに関して具体的な計画を練ることができるのだ。

ただし、「ジャンザス体制」と一口に言っても、乗り越えるべき課題は多くある。まず、米豪と日本がどこまで協調するのか、ということである。戦後、日本はずっと平和憲法を楯にして、国際紛争への参加を拒み続けてきた。そのことは、強力な日本経済を作り上げることに成功し、また現在の成熟した日本社会の基礎を作ったという点では確かに成功であったが、しかし、「ジャンザス体制」を確立した後では、そうとばかりも言っていられない。日本はある意味で、米豪の期待以上の動きをしなければならないだろう。なぜなら、これまで「揉めごと」を避け続けてきた日本を、米豪がすぐに一〇〇パーセント信用するかどうかは、また別問題だからである。

もちろん、米豪が要求することをすべて受け入れるというわけにもいかないだろう。なぜなら、「集団安全保障」は戦争を予防するための考え方である一方、それは時に戦争を瞬時に広範囲に拡散してしまう可能性をも有しているからである。それに日本は、例えば対中東政策などにおいては、これら二国とは違った、独特の緊密で良好な関係を有している。これは、日本が歴史的にも中東諸国を攻撃したり、植民地にしたことがなかったからだ。

かつては、ミャンマーに対しても、日本の感情はこれら両国のそれとは本音の部分ではかなり違っていた。そしてそれは、ミャンマーという国を国際社会に復帰させる上で、極めて有効に作用したのも事実である。だから、このジャンザス体制は、あくまで「相互利益に資する」ということを最優先の行動基準にすえ、そこに一定の制約を設けることが大切になる。

その上で、この「ジャンザス体制」は、あくまで日米豪関係の中で、太平洋をどうやって管理するかという「協力分野の定義」が必要になる。その指針となるのが、二〇〇七年三月一三日、安倍晋三首相（当時）とジョン・ハワード豪首相（当時）が署名した「日豪安保共同宣言」である。これは日本にとって、アメリカ以外の国と初めて結ぶ安保共同宣言であり、九つの分野における協力合意がなされている。その中でも「ジャンザス体制」に使えそうなものは、「戦略的評価及び関連する情報の交換」および「海上及び航空の安全確保」という項目であろう。これに「南太平洋島嶼国周辺における海上監視活動」を加えるとよい。

南太平洋島嶼国には、まともな軍備を持った国家はほとんどない。そのため、中国の潜水艦や艦艇どころか、違法操業をする漁船や密入国者、武器麻薬等を運ぶ船が入って来ても、彼らだけでこれらを探知追跡することは不可能なのである。そのため、治安上の問題からも、最低限この南太平洋周辺において誰がどんな動きをしているのか、ということを把握できるだけの能力を持った人員や装備、設備を展開することは、今後、資源争奪戦に巻き込まれていくであろうこの地域における治安維持や安全保障管理のためにも、非常に重要になる。

これらの点から、「ジャンザス」はパプアニューギニアとも防衛協力を締結し、同国内において、日米豪パ四カ国の軍事訓練も行うべきだろう。パプアニューギニアは、将来の独立を視野に入れているブーゲンビル島を抱えており、また、第二章で述べたように、隣国インドネシア領パプア地域(ニューギニア島の西半分)の「独立運動」からも影響を受ける場所である。

天然ガスや鉱物資源の宝庫でもあるインドネシア領パプア地域の独立運動には、オーストラリアが様々な形で支援をしてきたが、それに対抗するため、インドネシア当局による苛烈な「弾圧」が行われてきた。その様子は動画配信サイトの『ユーチューブ』などでも流されているが、インドネシアは対中戦略において欠かせないパートナーであり、この国とオーストラリアの仲裁ができるのは、やはり日本ということになる。

このように、ブーゲンビル島やインドネシア領パプア地域と、どう付き合っていくかということを含めて、ジャンザスは、パプアニューギニアときっちりと論議していかねばならない。日米豪パでの合同軍事演習は、ニューギニア北岸の、インドネシア国境に近いセピック地方（ウェワクやバニモ）や、マヌス島からブーゲンビルにかけた島嶼地域で行うべきだ。その際、陸上自衛隊は医療チームを中心として民生協力のできる部隊を派遣し、海上自衛隊の艦船が人員や車両、補給物資を輸送するという形態を取るのがよいだろう。これによって、この地域に、戦後初となる日本の制服組の足跡を残し、知識と経験を構築すればよいのだ。

テニアン島とブーゲンビル島に「拠点」を設置

こんな合同軍事演習の次に行うべきなのが、本格的な「監視拠点の設定」だ。自衛隊によるフィリピン・パラワン島や、北マリアナ諸島テニアン島への駐留がすでに検討され始めており、それはそれで慎重に検討すべきだけれども、南太平洋に関しては、いったいどの場所で新たに日本が関与していくかを、白紙の状態から考えねばなるまい。

覚えておくべきは、アメリカはアジアや南太平洋を見る時、常にフィリピンを基点にしてものを見ているということである。その証拠に、アジアの管理においてマニラはアメリカ中央情報局（CIA）の「牙城」であり続けてきた。イギリスにとってのシンガポールのようなものだ。そのフィリピンは現在、南シナ海において中国と「喧嘩の真っ最中」である。

他方、新たな「ジャンザス体制」を確立するとしたら、アメリカはその「司令部」をテニアン島あたりに置きたいと思うかもしれないし、そこであれば日本にとっても非常に近いので、とても便利だろう。オーストラリアにしてみれば、南太平洋を管理するのに、北太平洋に位置するテニアンは少し遠いと思うだろうが、当面の脅威は北からやってくる中国であるし、テニアンは地政学的にも西太平洋全域（南北を含む）を俯瞰する上では理想的な場所と言える。

現在、北太平洋から南太平洋にかけて、機動力と打撃力を有する部隊は、アメリカ海軍第七艦隊と、沖縄とグアム、および将来オーストラリアのダーウィンに展開するアメリカ海兵隊、同じダーウィンに展開するオーストラリア陸軍一個旅団（上陸専門部隊に改変中。三個大隊でローテーション勤務）、それに長崎県相浦駐屯地の陸上自衛隊「西部方面普通科連隊」などがある。これらに加え、テニアンとフィリピン・パラワン島に自衛隊の監視部隊が将来進出すれば、それらはかなりの抑止力となる。目の前の強大な中国軍に押されっ放しのフィリピンは、そんな自衛隊の展開を心から歓迎するだろう。これらの部隊は、仮に大規模な紛争が南北太平洋の島嶼地域で生じ、「ジャンザス体制」に基づいて陸上部隊を派遣して共同対処すべきだとなった場合に、投入するべきだ。

一方で、中国が不気味な動きを続け、フィリピンなどに対してやってきた方法で将来必ず「進出」してくるであろう南太平洋周辺には、監視ポイントがまったくない。そのため、ジャンザス体制として監視のための実任務を行う拠点が必要だろう。その候補地としては、テニアン島から二五〇〇キロ南東に位置するパプアニューギニア領「ブーゲンビル島」に注目してみるのも面白いのではないかと思っている。

ブーゲンビル島は現在、パプアニューギニアの自治州であるが、第六章に説明した通り、パングナ鉱山の在り方を巡って一〇年に及ぶ血みどろの内戦を経た結果、二〇二〇年までに独立を問う住民選挙が予定されている。この島には世界最大の金銅鉱山のほか、石油や天然ガスがあるとされているが、それらは現在開発されていない。また、沖合にはマグロ類の豊富な天然漁場があるが、それすら手つかずである（外国の漁船が違法操業していなければの話であるが）。そのほかにまともな産業はなく、住民の失業率は七五パーセントを超えており、独立をするといっても、それら地下資源の開発抜きにしては、ほとんど国家収入を得るメドすらない。しかし、これにへたに手をつければ、再び混乱が生じる可能性は否めない。

一方で、もしそのうちの一つでも開発が進み、環境に対する充分な対策や配慮のほか、住民やコミュニティに対する富の還元がきっちりとなされるのであれば、人口わずか二〇万ほどのこの「独立国」は、東南アジアにおけるブルネイ王国のような「高福祉国家」に変貌する可能性さえ秘めている。そして、かつて干戈を交え、結果として多くの住民を殺害してしまったパプアニューギニア政府は、この独立について何を言うこともできないという政治力学が、すでにできあがっている。

この天然資源の宝庫のような島は、日本とオーストラリアを結ぶ航路の中間にあり、「南太平洋航路」のど真ん中に位置するのみならず、対岸のパプアニューギニアや隣国ソロモン諸島を含めた南太平洋一帯の状況を俯瞰できるという、地政学的にも理想的な位置にある。また、戦争中には日本軍将兵がここの住民と大変に良い関係を築いたので、日本人であれば入りやすい地域でもあるのだ。これもやはり、英霊たちの「遺徳」であり、「贈りもの」と言うべきだろう。これらの理由から、ここにジャンザスの「統合監視基地」を置くことは面白いかもしれないと思うのだ。つまり、テニアン島の司令部と、合同軍事演習を行うパプアニューギニア北岸（ウェワクからバニモのセピック地域）、そしてこのブーゲンビル島を結ぶ三角形の布陣が構築できれば、南太平洋の安全保障は一層強固なものとなるに違いない。

なお、このブーゲンビルにおける「ジャンザス統合監視基地」には、最初から過剰な軍事力の配備を想定する必要はない。なぜなら、それはいたずらに中国との感情的対立を高めるだけでなく、現時点で南太平洋は、まだ大規模な直接的軍事力による脅威には晒されていないからだ。予算の無駄づかいは、決して長続きしない。

では、ブーゲンビル島の「ジャンザス統合監視基地」に置くとすれば何だろうか？　私は、やはり「監視任務」を中心に行える人員と装備ではないか、と思っている。

まず、ここには海上自衛隊からＰ３Ｃ対潜哨戒機数機と航空気象隊を送る。これは、アフリカのジブチに現在派遣している陸海混合部隊（派遣海賊対処航空隊・ＤＡＰＥ）をモデルにすればよい。Ｐ３Ｃ対潜哨戒機の離陸滑走距離は一六七三メートルだが、ブーゲンビルの空の入り口であるブカ島には、現在一五〇〇メートル級の飛行場しかない。そのため、これを二三〇〇メートル以上まで拡張することは必要になる。この費用は日本が負担したって構わない。ブーゲンビル島の独立の有無にかかわらず、この島には新しい飛行場が必要になるが、それはしばらく先のことになるし、この拡張は航空貨物や乗客の受け入れ能力の増強にも繋がるから、現地民に対する民生向上にも役立つだろう。

幸運なことに、アメリカとオーストラリアは、両国ともＰ３Ｃ対潜哨戒機を運用しているので、彼らにも数機ずつ派遣してもらって、ローテーションで運用していけばよい。基本的には同じ機体なので、修理部品などの多くも相互に融通できるに違いない。これらの航空隊は、ブーゲンビルを中心にして、半径数千キロの範囲内を日常的に監視飛行するのだ。

この航空基地を警備するのは、ジブチにも派遣されている陸上自衛隊の部隊が担当する。もちろん、アメリカ軍からも警備隊を出し、共同で基地を管理するのだ。この警備要員以外では、他国軍との連絡調整要員を数名ばかり配置するとよい。ここに派遣された自衛官らは、そこで南太平洋の住民の暮らしや風習など、現地に行かなければ絶対に判らない部分を大いに学ぶことができるだろう。また、この部隊には先述のように陸上自衛隊の衛生隊を帯同させ、現地での医療支援にあたれば、これまた民生向上に資することもできる。

基地周辺では、米軍のみならず、陸上自衛隊の警備隊と衛生隊が活躍し、海では米豪軍艦艇や海上自衛隊の護衛艦が物資を輸送し、空ではＰ３Ｃが常時周辺の監視活動を行うという光景である。

ただし、一つだけ問題がある。何度も繰り返すように、この島はかつて独立を目指し、パプアニューギニア政府と激しい内戦を戦った。そして、その背後にいたのがオーストラリアであったことは島民なら皆が知っていることだ。そのせいで、今でも島民感情の中には、オーストラリア人だけは見たくない、というものも多い。すると、大きな銃を担いだ迷彩服のオーストラリア陸軍将兵が入っていくことで、また大きな混乱が生じる可能性もある。

例えば二〇一三年四月一七日、パプアニューギニア主要紙『ザ・ナショナル』紙上に出された「全面広告」における対豪批判論だ。ブーゲンビル自治政府の元閣僚二名が書いたその記事は、ブーゲンビルの鉱業法改正のため、オーストエイド（ＡＵＳＡＩＤ。オーストラリアの政府開発援助）が雇ったオーストラリア人の法律専門家が、実はパングナ鉱山を開発した資源メジャー「リオ・ティント」と浅からぬ関係を有している人物であるとして、強烈な非難を行っている。確かにこの専門家はかつて、内戦における民間人の死者について、以下のような驚くべきコメントをした。

「（ブーゲンビル内戦が起こって以来）治療を受けられないで死亡した島の病人や怪我人らの数が相当減っているといういくつもの証拠がある。それは、ブーゲンビル島に対する経済制裁が行われた結果、島民の健康が『回復』したからである。それには二つの理由があり、一つは内戦前に比べて加工食品や脂肪、過剰な塩分に糖分、それにアルコールがとれなくなったことであり、もう一つは、ガソリンが手に入らなくなったため、いっさいの車両は動かなくなり、結果として島民は素手で農作業を行い、また物資を手に入れるために徒歩で移動せざるを得ず、それが結果的に適度な運動を島民に課したからである」

これを聞けば、島民が怒り狂うのは目に見えている。当たり前だろう。彼らの愛する配偶者や両親、子供たちの多くがオーストラリアが支援するパプアニューギニア政府軍に撃たれ、または医薬品の不足で死んだのは間違いない事実だからだ。

日本もまた、欧米諸国から経済封鎖を受けた結果、あの戦争に突き進んだが、やがて多くの国民が空襲で家や身内を焼かれ、その結果発生した被災者や戦争孤児たちが道ばたで飢え死にし、また原爆後遺症を患った人々も原因不明の病気で命を落としていった。それに対し、後からやって来た「栄養満点」の進駐軍が、

「日本人の糖尿病は減った。肥満も減った。それはすなわち、経済封鎖によって欧米の食品を食べなくなったことが原因であり、また、交通インフラもすべて空襲で破壊されたため、皆が移動のために

歩かねばならず、それで国民はみな、ヘルシーになったからだ。もちろん、原爆のおかげで放射線医療は飛躍的に進化し、人類の健康に貢献している」

と発言するようなものだ。これを聞いたら、普通の日本人なら怒るだろう。そんな無神経な人間を、オーストラリア政府はなぜ、何百万円もかけて採用しているのかが判らない。これについては、さすがにオーストラリアの独立系メディアなども、厳しく批判をしている。

オーストラリアは、時おりこういう地元民の感情を逆撫でするようなことをするのだが、これは本当に困る。こんなことをしていれば、その全面広告が警告するように、「次の五〇年も戦争をやるつもりか」ということになってしまうのだ。こんな部分を緩和し、仲裁できるのは、おそらく日本だけだろうし、南太平洋の安定のためには、日本が積極的にその役割を買って出ねばならない。

とにかく、このような観点からも、残念ながら、オーストラリアがブーゲンビルに陸上部隊を置くのは、現時点では地元感情が許さないだろう。すると、オーストラリアの主兵力はマヌス島からニューギニア北岸地域に置き、ブーゲンビルでは日本が「ふんばる」しかないのだ。

海上保安庁巡視船の「無償供与」と「訓練協力」

対潜哨戒機は軍用機になってしまうが、それ以上に重要なのは、物理的に海上の治安を守る巡視船の供与と訓練の提供であろう。パプアニューギニア政府やブーゲンビル自治政府の法執行機関は、いずれもまともな装備を持っていないから、彼らに巡視船を無償で提供し、海上保安庁が現地人員への訓練を施せばよい。人材教育は日本人の得意分野でもある。

前述の通り、フィリピンがミスチーフ環礁を失ったのは、モンスーン時期とはいえ、領海周辺の海上パトロールを怠ったのが始まりで、中国に最初に一手を取られた後になっても、充分な装備と体制がなかったため、その後もずるずると相手の浸食を許さざるを得なかった。フィリピンは最近でも、同様の間違いを犯している。二〇一二年四月以来、ルソン島西方沖のスカボロー礁に中国艦船数隻が居座り始めているが、いまだに彼らはそれを追い払うことができないのだ。日本はすでにそんなフィリピンとの間で、外務、防衛、沿岸警備担当者が話し合いを持ち、巡視船の供与に関する検討を行っており、またベトナムも日本の巡視船を一〇隻ほど供与して欲しいと手を挙げているが、これが一つの参考となるだろう。

問題は、日本側には中古の巡視船がほとんど余っていないため、新造船を供与することになるという点であるが、これも地域安全保障に対して日本が果たすべき役割だと考えれば、やっぱり日本は頑張らねばならない。これと同じ枠組で、パプアニューギニア政府に対して巡視船を供与し、ニューギニア本島からブーゲンビル島近海におけるパトロールを実施すればよいわけだ。独立国なのだから、警察業務でもある沿岸監視要員は、基本的には現地人職員が担当すべきであり、日本とオーストラリアは、その人員に対する訓練を提供すればよい。警察権は国家主権の問題だ。彼らの主権はあくまで尊重し、それをサポートするという形を崩してはならない。

日本は「率先垂範」で、「持続的発展」の基礎作りをすべし

南太平洋島嶼国に対し、「ハード面」で何をすべきかは以上に記した通りであるが、それ以上に大

切なのが、各分野における「ソフト面」の協力である。これはある意味で、最も忍耐を必要とし、また難しいものであるが、それをうまくやるためのキーワードこそ「率先垂範」の精神、つまり率先してつらい仕事をやり、範を垂れるということである。

パプアニューギニアやブーゲンビル島、ソロモン諸島は、これからしばらくその豊富な天然地下資源に頼っていくことになるし、それによって国家的にも大きな繁栄を実現することができるだろう。ただし、そのやり方さえ間違えなければ、という条件が付く。さもないと、かつては豊富なリン鉱石の輸出によって、まさに「ユートピア」のような繁栄を享受していたのに、そのリン鉱石資源が枯渇したとたん、今度は「世界最貧国」にまで急降下した隣国ナウル共和国のようになってしまう。地下資源はいつか「枯渇」する。そうなれば、バブル崩壊という「宴の終わり」が必ずやって来る。

当然ながら南太平洋の人々は、生活習慣や考え方、行動様式がまったく違う。そこに日本人の考え方をいきなり持ち込んで、上から目線で「やれ！」と言ったって、うまくいくわけがない。一方で、彼らのやり方に任せていても、何も事が進まないであろうことは明白である。日本人が得意とするのは、細かいところまで目が届く人材教育であろうが、その強みを活かせばよい。

日本はかつてインドネシアやマレーシア、台湾、朝鮮半島などに対し、多くの教育者や官僚、軍人、警察官を送り、地元の人々を教育した。その結果、これらのアジア諸国が近代化へのきっかけをつかんだのは、歴史的な事実である。当時の日本人は、今ほどリスクを恐れることもなく、日本人としての矜持を維持しながらも、地元民と一緒に生活し、同じ目線で話をすることによって、彼らの生活習慣や物の考え方を深く身につけていった。それが最後には、大きな信頼に繋がったのだ。

一言で人材教育と言っても、地元民の習俗や考え方、歴史的背景を把握するのみならず、パプアニューギニアの人々が今でも忘れていないように、かつての日本兵らがやった、「彼らと同じものを食べ、同じ屋根の下で寝起きする」くらいの覚悟というものが必要だ。そして、部下がやりたがらない仕事をまず自分がやってみせるのである。つまり、「率先垂範」だ。これはなかなか大変だが、やってみると絶大な効果を上げることができる。こうして彼らの見本となって振る舞えば、自然と信頼されるようにもなるし、現地の生情報もどんどんと入ってくるようになる。

一方で、絶対にやってはいけないのは、自分だけ特別のものを食べたり、現地人に禁止をしているもの（酒など）を自分だけ楽しんだりするというような態度である。その最悪な例の一つは、第四章で紹介したフルーツジュース生産工場の「最期」だった。

すでに述べた通り、私と部下たちは現地で必死に働き、最終的には、当初実現不可能ではないかと思われていた目標生産量の倍近い成果を上げることができた。また、第一回の輸出を前にして、ジュースの最終充填作業をやった時は、途中で重機が故障したこともあり、三〇時間以上も全員で肉体労働をやることとなった。何人かが途中で疲労のために倒れたが、ほかの者がそれをカバーした。私自身も二〇時間連続の徹夜の重労働で、ついに明け方近くにはぶっ倒れてしまった。しかし、部下たちは私を起こさないようにしながらも必死で作業を続け、ついに翌日の船便に間に合わせることができたのだ。ジュースを詰め込んだコンテナを港に見送った時、私は部下たちと埠頭近くにたたずんで、日本に続く海を見つめながら、全員でコーラを開けて「乾杯」した。彼らのためなら、命を賭けられると思った瞬間だった。

そんな充実した毎日が続いていたある日、突然、私に対して日本への帰国命令が出された。そして、代わりに日本から、私の後任者とその交代を指揮する役員がやって来た。だが、彼らは驚くべきことに、毎日暑くてたまらないからと言って、職員らの前で昼間から浴びるようにビールや酒を飲み始めたのである。またその役員は、一緒にやって来た女秘書と「イイ関係」であったらしく、そのことも敏感な現地職員らには広く知られるようになった。もちろん役員や秘書、後任者はみな、現地人と同じ食べものにはいっさい手を付けず、まともな意思疎通さえできなかった。そうする意識すらなかったと言ってもいい。彼らがやったのは、時おり思い出したように現地職員を叱り飛ばしたりすることだけだった。

これに対し、現地の従業員たちは泣いて怒った。

「あんな態度は酷い！　もう私たちは、丸谷さんの言うことしか聞かない！」

と叫んだ。当たり前である。しかし本社命令を受けた私は、愛する部下たちの不満をまともに聞いてやる暇さえ与えられぬまま、日本に帰るしかなかった。そしてその会社はそれからしばらくして、完全なる内部崩壊を起こし、ついには閉鎖されることとなってしまったのである。

すべては「率先垂範」の欠如と、東京からすべてモノを見ていたことによる「現場感覚の欠如」、そして日本人である自分たちこそ無条件に偉いのだとする「上から目線」のせいであった（本書では何度も、一部オーストラリア人の心の中にある「白豪主義的感覚」を批判した。しかし、類似するものは確かに我々日本人にも存在するのだ。ここで私は、「人種的優越感」が、なにも一部白人の専売特許ではないことを認めなければならない）。

もちろん、私とて現地人に対してひたすら「甘かった」わけでは決してない。あまりに物事が動かないので、彼らを怒鳴ったことだって数えきれない。「なんで、ちゃんとやってくれないんだよ!」と叫び、頭を抱えたことも多々ある。しかし、その真意は常に相手には通じていた。

今から考えれば、それはつまり、日本将兵らがやった「ワンテムカイカイ、ワンテムスリプ、ワンテムトク（同じものを食べ、同じ屋根の下で寝起きし、同じ目線で話す）」を徹底していたからにほかならない。私が悩み苦しむと、部下たちはそんな私を見て、同じように悩み、何とかしようと努力してくれるのである。そして、結果的には部下たちは必ず期待以上の働きをし、最後まで付いてきてくれた。もちろん、第四章で述べた通り、裏切られたことも何度もある。しかしそれは、そんな相手を見抜けなかった自分にも落ち度があることであり、大切なのは、いつかはそんな経験を「勉強」とか「投資」だとして思い返すことだ。さすれば、そんな「投資」は経験として必ず「回収」できることになる。その「回収」がないと、そんな貴重な経験も、結局は「カントリーリスク」として処理されるだけになってしまうのだ。

メラネシアの人々には、ほかにも独特の考え方がある。例えば、道路工事や農園開発のためにバナナの木を一本切り倒しただけで、ウン千万円もの「補償」を要求するといった具合だ。これは確かに、かなり頭の痛い問題であり、国家の発展を大きく阻害してきた要因でもある。私は農園作業をやっていたから、こういう問題に何度も直面した。しかし、これも解決策がないわけではない。私の場合は、「金が取れる!」と期待している農園主と一緒に地面に座り込んで、土産に持参した食べものを一緒につまみながら、ここでバナナの木を切り倒さねばならない理由を延々と説明した。そして、こんなしつこい日本人に、相手もついに折れるということもあった。

メラネシア特有の「ワントーク」システムにも気をつけるべきだろう。ワントークとは、つまりは同じ部族に属し、同じ言葉を話す人々（身内）のことであるが、ワントークどうしであれば彼らは徹底的な相互扶助を行う。自分の子供でもないのに、貧しい他人の子供たちを学校に行かせたり、家で育てたりする。そうやって困っている身内は徹底的に助けるわけだ。パプアニューギニアにはホームレスと自殺者はほとんどいないと言われているが、それは、どこにでもバナナやイモがあるので食うには困らないし、いざという時には身内が助けてくれるからだ。だから一人で腹を減らしたり、くよくよと思い悩む必要がないのである。

一方で、これは究極の「縁故主義」にもなる。身内が出世すれば、周りもみんな豊かになるわけだ。ひどい時など、飛行機が予約で満席になっているのに、予約なしのワントークがガヤガヤ空港に来ると、カウンターの人間はほかの人間のチケットをキャンセルして彼らを乗せることもある。私も二回これをやられて憤然としたものだった。ただし、全否定してはならない。これにも対策がある。リーダー自らが率先して全員に対して公平に接し、彼らの中にある「多部族への無理解」を徹底修正することだ。

忘れてはならないのは、相手に対して常に「敬意」を表し、日本人からしたら信じられないかもしれないような彼らのやり方さえ、それを頭から非難することはせず、なぜそうなるのかを考え、文化的背景を理解しつつも、きっちりと指導していくということである。この時、絶対に怠ってはいけないのが、何度も言う通り、「率先垂範」の態度である。彼らの前で、まず日本人が身を律し、「汗をかいてみせる」、そしてそれを「継続する」ということなのだ。

その上で、彼らが長きにわたって持続的な成長を実現できるような支援をしていかねばならない。しかしその最初の第一歩は、現地人自身の覚悟にかかっている。特に、「政治的腐敗」をいかにして少なくしていくか、ということである。例えば、ここ数年で「未曾有の経済成長」を経験しているパプアニューギニアの場合、オーストラリアのケアンズに大邸宅を持っている政府閣僚や官僚はとても多い。実際、ケアンズの町なかを歩いてみると、意外にパプアニューギニアの人間が多いことに気付かされる。そこらの日本人よりはるかに裕福というわけだが、そんな「腐敗」をいかになくしていくか、ということが何よりも重要だ。もちろん、腐敗がいっさいない国というのはないし、それをゼロにしようとしても、それはどだい無理な話だろうが、しかし少なくとも国家のリーダーたちは、本物の「誇り」と「情熱」を持ち、自らの襟を正して国家を運営していかねばならない。

世界に誇る「交番制度」の輸出を

日本人が「率先垂範」の心をもってやれることは多岐にわたる。例えば治安の改善だ。パプアニューギニアなどは、貧富の差の激しさや、部族間どうしの争いのほか、もともと気性が荒い部族がいるなどの理由もあって、今でも治安はよろしくない。警察予算が足りないという問題もあるが、システムそのものにも問題がある。宗主国だったオーストラリアは、もちろん過去に何度も治安改善に取り組んだのだが、うまくいかず、しかも彼らはこの分野で一度、大きな「失敗」を経験している。

二〇〇三年一二月、パプアニューギニアの一部地域における犯罪の増加等を克服するため、豪パ両政府は、オーストラリア人警察官約二〇〇名をパプアニューギニア国内に派遣するという「強化協力プログラム（ＥＣＰ）」の導入を決定した。オーストラリア政府は、この政策を実施する予算として約七〇〇億円もの資金を準備し、まず一〇〇名強の白人警察官が現地に入った。当時、私も実際にポートモレスビーでオーストラリア人警察官が町を警邏《けいら》している姿を見たことがあったが、「この国の独立とはこんなものなのか。結局、いまだにオーストラリアの植民地なのだな」と思ったものである。

しかし、このＥＣＰに対してはすぐにパプアニューギニア国内で猛烈な反発が起きた。もちろん、感情面での白人嫌いはあっただろうが、最大の理由の一つは、これらのオーストラリア人警察官らに対しては、パプアニューギニア国内における完全な「治外法権」が認められていたことである。これは、今でも問題になっている日米地位協定のようなもので、要するにオーストラリア人警官は、非番の際に現地人をぶん殴ったり、ものを盗んだり、飲酒運転やひき逃げをしても、パプアニューギニア政府はいっさい彼らに手出しできない、ということなのである。つまり、独立国家としての主権などないということだが、これに気付いた現地人が怒るのは、ある意味で自然のなりゆきだった。

やがて、パプアニューギニアで最年少の最高裁元判事であり、その後にモロべ州知事となったルーサー・ウェンギ氏などを中心とした人々が、ＥＣＰは憲法違反であるとして告訴。パプアニューギニア最高裁は二〇〇五年五月、「ＥＣＰは違憲である」との判決を下し、オーストラリア人警察官は「即日帰国」した。私はちょうどその頃、ウェンギ知事と食事をしたことがあったのだが、その時に知事は、「我が国の治安が良くないのは私が一番痛感している。しかし、それと国家主権の問題は別だ。私は、我々の独立を踏みにじるようなオーストラリア人警察官の治外法権は、到底容認できなかった。だから、原告として最高裁まで戦ったのだ」

と言っていた。こんな過去があるから、オーストラリア人警察官を入れていくことは、やはり大きな問題だ。とにかく、現地人は「偉そうな白人」をこれ以上見たくない、という習慣的な反発心を持っているのである。

そこで出て行くべきなのは、やっぱり我が日本であろう。そして、その際に導入してもよいのではと思うのが、世界中に「輸出」して実績を上げてきた、我が日本の誇るべき「交番制度」である。

例えば、一九八〇年代に急速な工業化が行われたシンガポールでは、その発展に伴って治安を含む社会環境が悪化した。そんな国内状況を改善するために導入されたのが、日本の「交番制度」であった。その結果、シンガポールは今や世界で最も治安の良い国家の一つとなっている。

そして、「犯罪大国」という汚名を返上したいブラジルもまた、二〇〇五年から日本政府の協力を得てサンパウロ州に「交番制度」を導入。そのせいもあって、わずか数年で殺人や車上荒らしなどの犯罪が七〇パーセントも減少したという。この成功を受け、コスタリカ、エルサルバトル、グアテマラなどにも「交番制度」を普及させようとの動きが出ており、アメリカやインドネシアにも輸出されて大きな成果を上げている。治安の維持は、実は「日本のお家芸」なのである。

パプアニューギニアに交番を配置する場合、もちろん全土が望ましいが、最初は治安の悪い都市部やハイランド地方に集中配置するのもよいだろう。日本人警察官は極めて優秀であるし、黒人に対する差別意識もない。また、人当たりも非常によく、率先して範を垂れる人も多いだろう。もちろん、先にも述べた通り、治安維持の主役はあくまで現地警察であり、日本人警察官は技術的サポートという形だ。相手国の治安維持の主権を侵すようなことは、してはならない。この基本方針を貫けば、あのブラジルでさえ、大きな効果を上げたのであるから、パプアニューギニアや周辺国の治安状況もいずれ「劇的に」回復するだろう。

インフラ整備と「食べていける地元産業」の育成

南太平洋島嶼国のインフラはみな、非常に貧弱だ。日本はこれまでにODAなどで多くのインフラ整備支援を行ってきたが、これらは、これからも続けていかねばならない。気をつけなくてはならないのは、中国がこの分野で積極的に支援をやり始めていることで、彼らのインフラ支援は往々にして、軍事転用の可能性を有している。だが、その技術にしたところで、全然大したことはない。これは韓国についても言えることだ。

西太平洋には、パラオという「超・親日国家」がある。第二次大戦では日米両軍が激闘したところであり、日系の大統領も出ているし、今でも多くの日本語が現地語として根付いているところだ。一九七〇年代当時、このパラオの首都であったコロール島と、国際空港がある隣のバベルダオブ島を結ぶ橋を造ろうという計画が持ち上がり、国際入札が行われた。鹿島建設もこの入札に参加したが、最終的には韓国の企業が鹿島の提示した建設費の「半額」で落札した。

この橋は「KBブリッジ」と名付けられて一九七七年に開通したものの、完成当時から強度に問題があり、島民たちは「崩落の際に逃げ出せるよう」車の窓を開けて走行するなど、信頼性はまったくなかった。そして一九九六年、ついにこの橋は崩落し、たまたま通行していた住民数名が死傷する事態になったのである。この橋は二つの島を結ぶ電気や水道、電話なども通っていたため、この事故で国家機能が麻痺、政府は非常事態宣言を出すまでになった。ちなみに橋を建設した韓国企業は、一九九四年に崩落したソウル・漢江の「聖水大橋」にも関わっていたが、事故当時にはすでに解散していたため、その責任を追及されることもなかった。

結局、そんなパラオを助けるため、日本政府は事故の翌年に無償でパラオを支援することを決定、二〇〇二年に鹿島建設が新しい「日本・パラオ友好の橋」を建設したのであるが、こんなことからも、南太平洋島嶼国の本物の発展を助けるためには、中国や韓国ではなく、日本が積極的にインフラ開発支援を行う必要があるのだ。

一方、地元民らが最低限「食べていける地元産業」の基盤作りを支援するのも重要だろう。すると、水産業や農林畜産業の指導が重要になる。

水産業に関しては、日本の関連技術が世界で最も優れていることを今さら指摘する必要はあるまい。南太平洋は有望なマグロ資源その他の宝庫なので、膨大な水揚げ量に対応可能な急速冷凍施設の建設や、ロジスティックの整備を行いつつ、漁民に対する指導（魚の鮮度を良好に保つ方法など）を行っていけばよい。また、日本やオーストラリアの大学でも、様々な魚介類の養殖（畜養）技術のノウハウを持っているので、水質良好な南太平洋地域に合致したものを作り上げていけばよいのだ。

また畜産や農業に関しては、オーストラリアの経験が極めて有効に働くだろうから、それはそれで大いに導入すればいいし、日本にも、第一線からは引いたものの、良質の乳牛や肉牛、豚、鶏などを育て、また美味しい米や野菜を生産することで近年の日本の食糧自給の完全崩壊を食い止めてきた、

「一流のプロ」がたくさんいる。そんな彼らの力を活用すればよいのだ。一級の品質管理能力を持つこれらのプロは、後進国の人々がうらやむような技術と経験を持っているし、まだまだ体力のある年齢層も多い。その人たちに、日本人の若者を帯同させればよい。

もちろん、その若者たちは、向こうの人と一緒に「ワンテムカイカイ、ワンテムトク（同じものを食べ、同じ目線で話をする）」ができる人間を送り込むべきだ。その上で、現地の若くて優秀な人間を日本に留学させ、技術や経験を学ばせれば、効果は倍増する。日本の地方における労働者不足の解消にさえ資することができるだろう。

その一つの例として、かつて台湾に渡った農学者「磯永吉」を思い出せばよい。磯永吉は一九一二年に台湾に渡り、その後、台北帝国大学の教授に就任。台湾在来種の長粒米（インディカ種）と日本人が食べている短粒米（ジャポニカ種）の交配実験を重ねた結果、極めて味がよく、台湾の気候風土にも適した新種の米を発明した。それが「台中六五号」である。この米は一九四〇年には「蓬萊米」と名称変更され、その後の台湾の経済成長に偉大な功績を残している。

台湾の李登輝元総統によると、かつてサトウキビ栽培を収入源としていた台湾南部は、この「蓬莱米」の作付けによって、とても豊かになったという。やがて、地主らが稼ぎ出した巨額の資金は、当時台湾の中央銀行であった「台湾銀行」の預金量よりも大きくなり、ついには台湾における産業銀行の設立資金となり、その後の台湾の産業高度化を支え続けた。この構造は戦後も続き、台湾の奇跡的な経済成長は、この「蓬萊米」と砂糖で稼いだ外貨を工業化に転嫁した結果なのだという（ちなみに、磯永吉博士と、その磯を助けた農業技師「末永 仁《めぐむ》」の功績を忘れないようにと、二〇一二年、国立台湾大学内に二人の銅像が建立された)。日本人にはこの成功体験があるのだから、同じことが南太平洋でも、できないわけがないのだ。

ただし「米」に関しては、問題はそれほど単純ではない。実はオーストラリアにとって南太平洋諸国は、国内の倉庫に眠る大量の余剰豪州米を販売するための重要な輸出先であり、特にパプアニューギニアに対しては、「トゥルカイ・ライス」というブランドを作り、毎年三〇〇億円近い売上を上げ続けてきたのだ。オーストラリアはその利権を防衛するため、パプアニューギニアやフィジーにおける自前の稲作産業の興隆を、あらゆる手段を使って「封殺」「妨害」してきた過去がある。その一つが、「パプアニューギニアでは稲作はできない」とする、徹底的な情報操作であった。

これはパプアニューギニアのある政治家に聞いた話であるが、かつてパプアニューギニア政府はオーストラリアに対し、「果たして我が国は稲作が可能か否か」という調査を依頼したのだが、その時の答えは、「パプアニューギニアは、土壌が貧しくて、衛生的にも問題があり、稲作にはまったく適していない」というものであった。

しかしパプアニューギニア政府も馬鹿ではない。彼らは「念のため」、日本や台湾にも同じ質問をしていたのだ。そして得られた返事はいずれも、「パプアニューギニアは土壌も豊かで汚染されておらず、理想的な穀倉地帯になりうる」というものだったのである。事実、戦時中、ラバウルには一〇万人の日本兵がいたが、彼らは補給が途絶えた後も戦後にいたるまで、稲作や野菜の栽培を非常に効率的に行うことで、実に数年間にわたって完全自活をしていたのであるから、歴史を振り返ってもこのことは別に驚くに値しない。

一方、こんなオーストラリアの「調査結果」に対して怒ったのがパプアニューギニアだ。彼らは「また白人に騙された!」と思ったのである。以来、パプアニューギニア政府は小規模の稲作を推進しており、日本の公益財団法人「オイスカ」もこれに協力するため、すでに三〇年以上にわたってラバウルに展開し、「有機循環農法」を使って地元の人々に稲作を教えている。これは大変に立派なことで、日本人としても誇らしく思う。

ただ、当のオーストラリアにしてみれば、これまで国内の余剰米を効率的に処理し、かつ多額の利益を出すという「一石二鳥」の理想的な販売先を失うわけにはいかないとする気持ちが働くのは仕方がない。実際、台湾の「蓬萊米」でさえ、戦時中にはその安価で良質な味が日本でも好まれ、それが結果的に国内の稲作農家を圧迫、輸出制限をかける事態になったこともあるのだから、このことはオーストラリアに限らず、同じ状況に陥った国家が悩む問題だと言える。

しかし一方で、南太平洋島嶼国が経済的に発展し、各国内の所得水準が向上し、それで様々な生活物資の消費が増えたりすれば、それは長期的にはオーストラリアにとっても悪い話ではないはずだ。ただし、貿易収支を常に巨額の赤字になるよう設定することで、南太平洋諸国の財政健全化を防ぎ、いつまでもオーストラリアの援助に頼らせるという「借金漬け政策」を行い、それで「事実上の支配構造(属国化)」を維持したいとオーストラリアが考えているのなら、もちろん話は別である。

これ以上はもう、根本的な国家観とか人間哲学、地球規模における「正義論」の話になってしまうので、日本としては、オーストラリアが心の底で「まさか、そんなことを望んでいないだろう」と、祈るしかない。オーストラリアが真の南太平洋の管理者になるためには、やはり「王道」を進むことによって地域住民による本物の「親豪感情」を育てるのが、遠回りのように見えて、実は一番の近道であると思う。

環境技術では、オーストラリアと緊密な協力を

南太平洋島嶼国の多くが、これから地下資源開発によって成長していくだろうということは何度も説明した。しかし、特に鉱山開発にはつきものの「凄まじい環境破壊」をどう予防し、低減するかという問題に対する解決はなされていない。この問題が解決されない限り、真の発展はあり得ないと想定すべきだろう。

この点で、日本はオーストラリアとは緊密に協力することが可能だと思われる。中でも注目すべきは、「バイオマイニング技術」というものだ。『メタル・ウォーズ』という本の中で著者の谷口正次氏が詳しく指摘しているが、これは、何十億年も前から活火山周辺の極限状態の中で硫化物や化合物を食べて生きてきた「特殊な微生物」を見つけ、鉱脈に続くポイントに穴を開けてそれら微生物を流し込み、その中で金や銀、銅、亜鉛、ニッケルなどを食べさせ、それを回収することで鉱物資源を「採掘」しようとするものである。これだと、山を切り崩して大量の土砂を下流に流したり、選鉱に使用する猛毒のシアン化合物を垂れ流す必要もない。つまり、環境破壊を劇的に減少することができるのである。もしこれが実現すれば、環境問題は一気に解決する。まるで夢のような画期的技術だ。

実はこの研究は日本とオーストラリアが積極的に進めており、オーストラリアのある政府系研究機関は、この微生物（魔法の虫＝マジックバグ）を長年探し続けている。また、日本の企業や研究機関

も、マンガンを大量に採取できるカビや、酵母を使って溶液中のニッケルやモリブデンを七〇パーセント以上回収するアーミング酵母、そしてレアメタルの一種であるパナジウムを取り込み、体内で数百万倍に濃縮する「ホヤ」の研究が進められ、一部では実用化も見え始めているようだ。

こういう分野で日本がオーストラリアと共同で一致団結し、近い将来、鉱山による環境破壊を大きく食い止める技術を開発したら、それだけでも人類の発展にとっては極めて重要かつ意義深い貢献となる。さすれば、パプアニューギニアのみならず、世界中の国や企業、そして地主グループから引っ張りだこととなるので、日本やオーストラリアの経済にとっても、はるかにプラスとなるだろう。つまり、優秀でやる気のある人材と環境技術に資金投入することで、日本は新たな形でその地位を確立することができるし、資源を有する地域の人々の生活もまた豊かになるはずだ。これこそ、理想的な「共存共栄」というものであろう。

失われつつある部族の言葉を「カタカナ」で記録すべし

私がもう一つ提言したいのは、南太平洋諸国における部族言語の研究である。しかも日本語の「カタカナ」を使って、である。彼らが部族内で使っているのは、「オーストロネシア語族（太平洋島嶼部から台湾・東南アジア、アフリカのマダガスカルに広がる語族）」や、ニューギニア島周辺やソロモン諸島などでのみ使われている「パプア諸語」であるが、これらが最近の経済発展に伴って急速に消えていこうとしている。

経済発展が進めば進むほど、地方の若者はどんどんと都会に出て行ってしまう。そして、彼らの子

ラバウルの子供たち

供たちは都市部で生活するようになり、田舎との接点は急激に薄れていくのだが、そうして都市化した若者たちが自らの出身部族の言葉を解さないという状況がすでに出現しつつある。

例えば、パプアニューギニアだけでも八〇〇の部族が八〇〇の言語を有していると言われているが、彼らの言語は文字を持たないため、後世に記録されることがない。彼らの部族の伝承や知恵は、歌や踊り、そして祖父母からの口伝によって継承されてきただけである。

これらの地域には、人類学的にもまだまだ未発見のものが多く残されているはずであり、民俗学的にも大変に豊かな歴史を持っている。ジャングルの中で村人と半裸の生活を少しでもしてみれば感じられることだが、文字を持たない彼らがいったいどうやって独自の言語を発達させ、それで互いに意思疎通をし、外部の別言語と交渉をし、同時に一つの部族アイデンティティを形成してきたかを知ることは、とても興味深く、貴重な「文化体験」である。それらが、近代の波をまともに受け、金融資本主義に呑まれる形で消えていくとしたら、それは人類の財産の大変な喪失であると思う。

それらの記録を「カタカナ」でやるべき、と言ったのには、個人的な経験が根拠となっている。第四章に書いた通り、車の故障でオロ州ワセタ村の人々からタロイモの「接待」を受けた際、彼らが「犬＝イヌ」「魚＝イカ」と発音していることに気付いて以来、言語学のど素人であるにも関わらず、日本語と共通している現地語がいくつかあることに大変に興味を持つようになった。また、かつて「南海支隊」とオーストラリアの戦いを描いたドキュメンタリー作品『ビヨンド・ココダ』の撮影で、オーエンスタンレー山脈の「ココダ街道」周辺を取材をしていた頃によく感じたのが、「日本人の方が、オーストラリア人より現地語の発音が良いのではないか」ということでもあった。これは、決して奇妙な「愛国心」から言っているのではない。例えば、ココダという地名は、英語だと「ココーダ」という発音になるし、日豪の古戦場・イスラバについては「イシュラヴァ」となる。日本軍が到達した最後の地点であるイオリバイワは、「アイオリヴァイワ」と発音され、日本海軍陸戦隊が玉砕したブナは「ビュナ」と発音されるのだ。しかし、現地人の発音はいずれも、我々が「カタカナ」で発音するのとまったく同じものであり、彼らも我々の発音を「とても上手だ」と褒めてくれるのである。

もし、現地においてタロイモをかじりながら感じた私の経験が正しく、日本語の「カタカナ」が彼らの言語の発音を記録する上で有効だというのなら、文部科学省や民間の財団あたりから是非、大規模な奨学金を出していただいて、言語学や民俗学を専攻する日本の若くて優秀な学生や専門家を数年ほど南太平洋各地に派遣し、それら失われつつある言語や歴史、習俗、昔話、歌や踊りに至るまでを徹底的に収集し、辞書を作るなどしてその知識を体系的に研究集積していただきたい。なぜなら、これは日本語の起源にも関係する言語学の領域に影響を与えることになるし、同時に、こうして消え行く部族の言葉を残しておくことは、人類全体の偉大な財産になることは間違いないからである。

「ジャンザス体制」における共同の「遺骨収容作業」を

アメリカ軍は過去の戦争において、八万三〇〇〇名もの戦時行方不明者を出しているが、そんな自国兵士の遺骨を捜索し、収容するための専門部隊がある。ハワイに司令部を置く『統合戦時捕虜行方不明者調査隊（ＪＰＡＣ）』がそれだ。ここには四〇〇名もの専門スタッフがおり、「全員が故郷に帰るその日まで」というモットーのもと、数百億円規模の予算を編成し、パプアニューギニアを始めとして今も世界中で捜索活動を行っている。二〇〇九年からの三年間だけで、収容した多くの遺骨のうち、すでに二二〇名以上を、国家の栄誉礼と共に遺族のもとに返還している。

一方、オーストラリア陸軍にも同様の部隊がある。それが、キャンベラの陸軍司令部にある『未収容戦時行方不明者捜索課（ＵＷＣ‐Ａ）』だ。資金力豊富なアメリカ軍と違い、このＵＷＣ‐Ａは限られた予算とわずか十数名のスタッフしか有さないものの、すでにベトナム戦争で行方不明になったオーストラリア人の遺骨をすべて発見し、当時の所属部隊等の資料による照合と、人類学者や法医学者による確認、そして遺族からの提供を受けたＤＮＡサンプルとの照合を経て、やはり「最高の国家的栄誉礼」をもって遺族に返還している。この人類学者や法医学者らは、オーストラリア国立大学などの専門家だそうだが、彼らは基本的に「まったくの無償」でこのプログラムに参加しているというのだから驚きである。

彼らは数年前には、第一次大戦中にヨーロッパ戦線において戦死した自国兵士の遺骨を数百柱も発見し、オーストラリアに「帰国」させている。その小さな規模と限られた予算から考えると、このUWC‐Aの担当者らの熱意と研究意欲、そして実際に現場で汗を流しながら発掘作業まで行う努力こそ、大変な敬意が表されるべきものであり、私たち日本人は大いに参考にすべきだ。なぜなら、日本国政府のこれまでのやり方は、戦死者数のケタが違い過ぎるということもあるが、それでもかなり「雑」で「乱暴」な部分があり、時に現地人の価値観を乱し、また米豪軍に対して大きな迷惑をかけてもいるからだ。

二〇一二年、『新潮45』九月号に衝撃的な記事が載った。『日本兵の遺骨がカネで買われている』というものである。これを書いたのは、ジャーナリストの笹幸恵氏である。彼女の調査によって明らかになったのは、文字通り、パプアニューギニアの一部地域において、元日本兵の遺骨とされるものが金で売買されているという事実であったが、さらに驚くべきは、それを買っているのが日本人であり、しかも厚生労働省からの委託を受けた民間団体であるということであった。

記事をよく読んでみると、実はこれにはそれなりの事情があることが判るが、その最大の原因は、「遺骨収容」にほとんど積極的ではない日本政府に「明確な指針」が存在しないことにある。そのため、基本的に心ある人々で編成された遺骨収容班が、限られた時間の中で複数の地域を飛行機や車両で一気に駆け巡って、先述の米豪軍のような専門家らによる確認も何もないままに、現地の人々が「日本人の遺骨だ」と称するものを、ほとんどすべて持ち帰るからなのだという。収容班にしてみれば、政府の出した旅費で行っているのだから、「成果」は多い方がいい。だから、金を払ってでも多くの「骨」

を集め、明らかに獣骨と判るもの以外は、すべて回収してしまうことになるのだ。

そんな収容班に対して、一部の貧困地域の人々が金銭を要求したのも、やっぱり一〇年以上も前にやって来た「ある日本人」が数百万円単位の金を支払い、その地域で大量の「人骨」を買い占めたことが発端である。これにより、その地域の貧しい人々らは一時的に潤い、「人骨＝換金物」だと思うようになった。そして、限られた時間で「成果」を上げたい遺骨収容班に対して「当然のごとく」金を要求し、ある程度のところで折り合いがつくことになる。これが結果的に「需要と供給」という商売構造を作り上げ、気がつけばそれが当たり前のようになってしまったというわけである。

これが、例えば日本側だけの問題であればまだいい。「戦後の日本人というのは、なんと人間の尊厳を踏みにじって平気な連中なのだ。金で同胞の骨を買うのか」と笑われるだけでいい。しかしいけないのは、こんな「需要と供給」の関係が、米豪軍にも大きな迷惑をかけていることだ。なぜなら、戦没者の遺骨が金になると学んだ貧しい現地人らは、今度は同じ地域で行方不明者の遺骨捜索を行う米豪軍に対し、一体当たり数百万円単位の金銭を要求するようになったからである。その結果、米豪軍の捜索活動は一時的に中断せざるを得ない状況に陥った。もちろん、オーストラリア陸軍も大佐クラスの人間を派遣し、住民らに対して、遺骨収容は人道的なものであるべきで、換金対象ではないことを一生懸命に説いているが、「でも日本人は金を払ったではないか！　お前らはなんだ！」ということになってしまっている。

それにもう一つ、米豪軍にとって看過しがたいことがある。それは「戦没者のものとされる骨」の「国籍」である。前述の通り、日本の遺骨収容班には、法医学者や人類学者などの専門家はいっさい同行していない。また、千鳥ヶ淵に持ち帰られた遺骨についても、DNA鑑定等がなされることはない。収容班が遺骨を収容する根拠は、日本軍部隊が展開した地域の各種資料と戦友らの証言を照合する作業だけである。だから、現地人が「獣骨」を持って来ても、一つ一つ「これは違う」と完璧に見分けることもできないし、まして遺骨の「国籍」など、まったく見分けられないわけだ。

もちろん、そのほとんどは日本兵のものであっただろうし、そうと信じたい。しかし、ニューギニア戦線の一部には、日米豪軍が入り乱れて戦った地域がある。現在、現地人が金を要求している地域もまさにそういう場所であり、日本兵がたくさん亡くなった場所のすぐ隣に連合軍兵士の遺体があったりする。

米豪軍が恐れているのは、もしかしたら彼らの国の戦没将兵が、これまでに日本の遺骨収容班が「地引き網的な手法」で集めた正体不明の遺骨の中に混じっていて、東京の千鳥ヶ淵にまで持って行かれてしまったのではないか、ということなのである。これについては、もはや誰もまともに答えることはできないだろう。

この問題について、わずか数名の専門職員しか持たない厚生労働省援護局の担当者らを責めるのも筋違いだろう。彼らは毎日、私たち一般国民が何も知らない間に、世界中から上がる情報を少ない人数で処理してくれているのだから、むしろ感謝すべきでさえある。では一方で、私たちには、金を要求することを学んだ「がめつい」現地人を非難する資格があるだろうか？　または、米豪軍が恐れ、問題視するこれらの問題点を「いつまでそんなことやっているんだ」と一笑に付すことができるだろうか？　すべては歴代の日本政府にこれまでまともな方針がなかったことと、大金をちらつかせて大量の遺骨を買い占めた一部不良日本人の軽率な行為が招いた結果であるが、もっと言うならば、これは我々自身を含めた戦後日本人すべてのメンタリティの問題だ。大切なのは、同じ間違いを二度と繰り返さないことである。

オーストラリア軍のUWC‐Aは、これまでにパプアニューギニアなどで幾人もの日本軍兵士の遺骨を発見し、そのつど、詳細な場所情報や地主名などを日本大使館に連絡してきた。数年前にも、ココダ街道の古戦場において、塹壕の中でうずくまるようにして死んでいた兵士の遺骨を発見、これがオーストラリア軍の軍靴を履いていたため、当初は気の早いメディアによって『オーストラリア兵の遺体、発見!』などと大きく報じられたが、UWC‐Aの鑑定によって「何世代も前に満州あたりからやって来た北東アジア人」ということが判明した。この段階で、遺骨はオーストラリア白人のものではなく、日本兵のものだということが判明していたが、それでもUWC‐Aは遺骨を丁重に扱いつつさらに調査を続行、残っていた歯をスペインにまで空輸して鑑定し、ついに日本国内のご遺族を特定してくれたのである。これに対し、日本人はどう応えるべきなのだろうか?

戦没者の埋葬地などについては、敵方にあった方がよく知っている場合が多い。例えば、連合軍は戦闘終了後に「戦場清掃」をし、日本兵の遺体を集団埋葬してその地点を記録しているし、日本側にもまた、元兵士の日記や資料等で、連合軍兵士の遺体をどこどこに埋葬したという情報が残っているからだ。私自身、これまでオーストラリア陸軍から直接の要請を受け、日本側の生き残りの方の証言や日誌などを探すことで、何件かの遺骨収容ケースの情報収集・分析に協力しているが、その情報が先方にとっては予想以上に貴重なのだという。これまでは、互いにそれを開示し、協力し合える体制がなかったが、私自身の経験から言うならば、今後この情報交換システムの構築と運用を日米豪が共同で行うことが、さらなる効率的で正確な遺骨収容作業には欠かせないと思う。

つまり、日本は米豪軍と共同で「遺骨収容」作業を行うべきだし、このことに気付いている先方はそう希望している。しかし、日本側にはこれをまともに受けられるだけの窓口がない。だからこそ、私はこの問題を「ジャンザス体制」の中で協力し合えるもう一つの項目として考えるべきだと提案したいのである。厚生労働省にこの仕事を押し付けるのではなく、内閣府に専門の対策本部を作るとか、米豪軍なみに防衛省にこの仕事を担当させるということが必要だろう。

先述の『新潮45』の記事で、これらの専門的な指摘をした笹幸恵氏は、『何が誠意かを問われている』と書いた。まさに至言だと思う。オーストラリア軍はすでに、かつての敵である日本人に対し、「誠意」を持って遺骨収容作業を行っていて、戦没者の魂とご遺族の心を繋げようとさえしてくれている。つまり、日本人と日本政府が遺骨の「数」だけにこだわっているのに対し、米豪軍はその「人格」に敬意を払っているわけだ。それを前にして、私たちの「誠意」と「覚悟」が今、かつてないほどに問われている。

日本人よ、もっとリスクをとれ

日本の生命線でもある南太平洋島嶼国は、確かにカントリーリスクも高い。しかし、今、大きく成長しようとしているアセアン（ASEAN）諸国を見れば判る通り、南太平洋地域が繁栄してこなかったのは、戦後の日本が積極的に関与してこなかったからだ、とも言える。

第二次大戦で南太平洋戦線から、かろうじて生き残って帰った人々の中には、戦後になってもその地域で目撃した豊かさを忘れなかった人たちがいた。例えば、総合商社に入った人たちの一部は、パプアニューギニアの広大な森林資源に着目していた。そして、今と違ってリスクをどんどんと取っていった当時の商社は、従順とはかけ離れた本物の「商社マン魂」を持つ、まさに昔かたぎの多くの男たちをパプアニューギニアのジャングルに送りこんだのだ。そして彼らは、時にマラリアなどに倒れながらも、戦争中からまったく変わっていない未開の地を切り開き、そこで様々な開発を行って莫大な利益を上げた。

しかし、年月がたつにつれて、商社マンの質が徐々に変わってきた。世代が変わり、戦争を知らず、飢えることさえ知らない世代が増えたせいで、社員らが軟弱化し、やがて多くの「商社マン」がホームシックにかかって帰国するようになったのだ。また、危険で泥臭いジャングルに行くよりも、アメリカやヨーロッパに赴任する方が出世コースだというような風潮も一部で生じ始めた。商社マンの「コンサルタント化」である。その結果、パプアニューギニアからも商社などが一斉に撤退することとなり、その後にやってきたマレーシア系の華僑に、せっかく自分たちが苦労して整備した権益を、ごっそり持って行かれたのである。そんなマレーシア企業が今や、パプアニューギニアの政界を動かすほどの巨大企業になっているのは、前にも説明した通りだ。

この歴史は、かつて日本企業を現地で一生懸命にアテンドし、支援した、現地の華僑財閥の人々が「ため息まじりに」語ってくれた話である。彼らは言う。

「日本は最初にみんなで一緒にやってきて、一気に開発を進めたくせに、ちょっときついことがあると、またみんなで一緒に帰ってしまった。そのために一番美味しいところをアジア系に全部持って行かれたのだ。最初に来た日本人たちとは、よく口論もしたけれども、彼らはガッツがあって尊敬できた。しかし、その後がダメだった」

第六章でも紹介したが、資源関係のプロジェクトでパプアニューギニアに「長く」滞在したということで紹介された大商社の担当者の話をもう一度例に挙げよう。日本では、商社が何でも一番情報を持っている、というのが神話のようになっていたこともあり、この担当者に紹介された時は、ご本人も「私もパプアに、だいぶんといましてね」と豪語するので、こりゃ日本も捨てたものではないな、などと楽しみにしていた。ところが、実際に話を聞いてみると「エクソンモービルは現地人の問題を完璧に処理していて、まったく心配がない」とか、「ポートモレスビーは、一人でどこを歩いても大丈夫。とても安全な街」など、言うことが全部トンチンカンなので、びっくりした。

それもそのはず、よくよく聞いてみると、社内におけるその「パプアニューギニア専門家」が現地にいた「長期滞在」の日数はわずか三週間（！）であり、しかも打ち合わせも何も、自分の滞在する「最高級ホテルの中だけ」で全部こなしていたのだという。

天下の大商社ですらこんなものかと、口をあんぐり開けてしまったが、後でその会社の役員の方が、こう嘆いていた。

「うちは売上の大半が投資からのリターンになってしまって、完全に投資業になってしまっている。それで若い連中ももう、みんな『ホワイトカラー』のコンサルタントみたいになってしまったんですよ。昔の商社マンと違って、誰も危なくて厳しい環境のところなんて行きません。指にかすり傷を作っただけで、『コンプライアンス違反』だとか『家族に説明できない』などと言われるのでね。海外赴任だというと、じゃあ辞めますなんていうのもいるんですから」

つまり、商社自身もこの問題の深刻さによく気がついているということなのだが、だとすると、これは日本という国そのものが抱える問題なのかもしれない。

実は、ある大使経験者の方にもうかがった話だが、このことはなにも商社だけに限ることではなく、最近の若い外務省職員にも、海外異動の話が出ると、「自分は、ウォッシュレットと日本食があるところでないとイヤです」と言う者がいるらしい。かつてパプアニューギニアに取材でやって来た大手テレビ局のプロデューサーは、現地で出された食事を前にして、「私の体はG7仕様です。G8以上になっちゃうと、お腹を下しちゃう」と冗談半分に言っていたが、それがもはや冗談ではないところまで来ているのだ。

日本のビジネスマンが極めて優秀なのは間違いない事実だ。世界に冠たる人々だろうと思う。そして、日本のためにという熱い思いを抱いている人たちも、とても多いと聞く。一方で、最近の「株主至上主義」「新自由主義」の影響だろうか、とにかくリスクを恐れ、責任をできるだけ負わないところで安全安心を追及したい、という風潮もあるのではないだろうか。決して一人ひとりが臆病というわけではないだろうが、組織になった時に「臆病」になってしまうのだ。

その「臆病さ」の原因は、「妻子もいるから、安定を失いたくない」という気持ちのほかに、「自分ひとりならいいが、上司や同僚、その他の人たちに責任問題を生じさせて迷惑をかけてしまうのではないか」とする他者への「配慮」もあるような気がする。しかし、この考え方は、実は極めて内向きなそれであって、結局は「責任を取りたくない」という、我が身かわいさに対する言いわけだとさえ言える。この考え方は、今後も一層苛烈になる国際競争においては、不利に働くことの方が多い。

今でも、パプアニューギニアに対する日本企業の進出は引き続き相当に遅れている。リスクばかり怖れているのがここ十数年の日本の大企業の特徴となってしまったが、「リスクをとらないことが最大のリスク」という言葉もある。いつまでも「コワイ、イタイ、イヤダ」などと女学生のようなことを言っていたら、国益など何も得られない。このままだと、日本は引き続き、諸外国の何倍もの値段で資源を「買わされる」ことになる。実際、日本はアメリカ国内の何倍もの値段を支払って天然ガスを購入しているが、それはつまり「上流権益」を有さないからである。日本人がリスクを怖れた結果、我々はそれ以上の富を外国に吸われてしまっているのだ。

ある大手企業経営者が、「日本人がほかの国から高値で資源を買うからこそ、金が世界中に回ってうまくいくのだ」というようなことを言っていたが、とんでもない話だ。その日本の富が、世界の貧困層を救うために使われているというのなら話は判る。しかし実際は違う。結局は、欧米の一部の金持ちをさらに富ませるだけの話ではないか。しかも、百歩譲って日本が自らそれを望んだというのなら話は判るが、これも結局「敗戦国日本」が押し付けられた、ていのいい賠償金にほかならない。こんな状況を少しでも改善し、自国の資源権益を少しでも多く確保せねばならない。

私は二〇一二年一月に起こった「ササ大佐のクーデター未遂」をきっかけに『南太平洋島嶼研究会』というブログを立ち上げることとし、様々な事件を拾い上げ、できるだけその背景を探りながら、現地情報をレポートしてきた。そしてその結果、実際に南太平洋島嶼国の最前線で働く何人かの日本人読者の皆さんから、貴重な情報をいただくようになっている。それらは極めて正確であり、現場感覚を肌で理解しておられる方々による「第一級」の情報であった。その時に感じたのは、「これらの情報をまとまった組織で体系的に集積し、適切な情報を流す体制を作ることができれば、日本政府の南太平洋政策や、企業のビジネス展開にも極めて役に立つに違いない」ということだった。その思いは今でも変わらない。

日本にはまだまだ、今この瞬間も、誰も見向きもしないような南太平洋の最前線で戦っておられる日本人の方々がいる。彼らはわずかな数とはいえ、日本の将来のために戦っている。日本とそれらの国々をつなぐために、日夜奮闘されている。そのことを私たちは忘れるべきではない。

「政治的現実主義」によれば、財政が苦しいアメリカは、その国益を考えた上で、へたをすれば中国と組むという選択さえしかねないということを書いた。オーストラリアはすでに、経済的に大きく依存してきた中国にかなり配慮する姿勢を見せている。中国にしてみれば、目の前の「壁」が自ら勝手に崩れ始め、そこに喉から手が出るほど欲しかった「権力の空白」が突然姿を見せたようなものだ。

こんな時だからこそ、日本の「底力」が試されるのである。そしてその意思決定は、迅速かつ「徹底的な現実主義」を貫くことで維持される必要がある。例えば、日本が台所事情の苦しいアメリカを財政的、軍事的にバックアップし、オーストラリアの南太平洋管理体制継続を維持しつつ、自らも「海洋国家」としてその地域に出て行くということだ。それが、日本の将来の安全に繋がる「ジャンザス体制」の構築である。パートナーが何もできない時に、彼らの期待以上の仕事（ビジネス）を代行する。そこに商機（勝機）が出現するのだ。

今の日本の若い人の中にも、泥を食ってでも国のために戦い、より良き世界の構築に貢献したい、と願う人がたくさんいる。私の周りだけでも、男女を問わずそんな日本人が二ケタは下らない。彼らの多くは、大企業に入って、ひたすら間違いを起こさぬように暮らしていこうという旧態依然とした考えを持ってはいない。彼らは、もはや日本でも大企業の根幹が軒なみ揺らぎ始めていることを敏感に察知していて、それでもそんな日本を何とか守りたいと願い、体を使って働きたくて仕方ないのだ。

多くの日本人に欠けているものがあるとしたら、それはおそらく、幅広い「国際感覚」というものだろう。これには、もしかしたら言語の問題もあるかもしれないが、それ以上に、戦後日本にはびこった「軽薄さ」や「忘恩」、それに加わった「知的怠慢」の方が大きいだろう。第三章に書いた『週刊朝日』のエログロ与太記事を書き、『hidden Horror』などで日本人をオドロオドロしく描き、外国人に対して日本の悪口を言いつのることで、自らの脆弱な心に巣食う弱さを何とかしたいと思い、日夜蠢《うごめ》いている人たちがそれだ。

そんな「反日日本人」が、ただ自分たちだけいい子でありたいために、間違った情報や一方的な思い込みで日本の悪口を英語で発信する。その結果、そこには誤解や無理解が生じ、日本とオーストラリアの関係はますます悪化するというわけだ。オーストラリア人は、自分たちの戦時プロパガンダが正しいと信じ込み、日本人はそれに感情的に反発するか、もうどうでもいいと知らん顔をする。こちらが黙っていると、それはイコール「了解」の意味に取るのが欧米人だから、認識の相違はますます深くなる。

そう考えると、反日日本人の存在は、日豪関係を不必要に悪化させ、感情的対立を一生懸命に

「煽《あお》って」いる張本人であると言える。彼らがやっているのは、連合軍の「戦時プロパガンダ」の全面肯定に過ぎない。そのせいで、日豪関係の深化が図れないのだとしたら、それはやはり「犯罪」行為だ。そういう人間に限って、「恒久平和」「和解」「謝罪」「ジェンダー」「人権」などのキレイゴトを叫ぶのでタチが悪いのだが、彼らの心の中にあるのが、実は『自ら白くなりたい』とか『白人の愛を渇望する』という、みっともない「植民地コンプレックス」に過ぎない、ということも指摘しておいた。

しかし私は、それについてもあまり心配はしていない。なぜなら、そんな人たちは結局、日本でも海外でも「本物の一流」には相手にされないからだ。本物の国際人とか教養人というのは、国籍や言語を問わず、まずは「誠意」と「礼儀」、そして「仁義」の心をわきまえ、きっちりと約束を守る人のことだからだ。そしてどこの国の出身であれ、自分のアイデンティティをきっちりと持っている人でもある。これはある意味で、どこまでも日本人らしい姿のはずである。

目玉をひんむいてよく見渡せば、素晴らしい若者は世にあふれている。問題は、これからの日本社会が、そういう若者の資質をじっくりと見すえ、それぞれに合った活躍の場をきっちりと与えられるかということにかかっている。勝海舟ではないが、

「男児世に処する、ただ誠心誠意をもって現在に応ずるだけのこと。あてにもならない後世の歴史が、狂と言おうが、賊と言おうが、そんなことは構うものか」

ということだが、実は今、試されているのは、若者の力ではなく、そんな可能性に満ちあふれた彼らを理解しつつ、後ろから押してやれるだけの広い視野と教養を持ち、かつ、どこまでも肚《はら》のすわっ

た大人たちの「覚悟」なのかもしれない。

政府が肚をくくれば、民間は勝手に動き出すものだし、リーダーが変われば部下も変わる。同じように、大人が覚悟を持てば、若者は一気に羽ばたいていくものだ。そんな世代を超えたタッグを組めれば、日本は「絶対に」大丈夫なのである。

そうして一つにまとまった日本が、再び「海洋国家」としてあの大海に漕ぎ出し、そこで南太平洋島嶼国の人々と共に一生懸命に、真面目に働き、一つ一つの問題に対して周辺のパートナー国と共同で正面から対峙し、紳士的な態度で相手の言うことに耳を傾け、かつ主張すべきはきっちりと主張していけば、どんな問題でも解決できないことはない。そしてこのような態度を貫けば、かつて干戈を交えたオーストラリアとも真の相互理解に基づく強固な同盟関係を作ることができるだろうし、南太平洋島嶼国も安心して、新しい「ジャンザス体制」に協力してくれることだろう。

おわりに

本書を読み返してみると、自分が今の中国の在り方に対してかなり批判的であることに改めて気付く。それがなぜなのだろうかと考えてみるのだが、個人的な不満や恨みは何もない。そもそも、私は子供の頃から中国の歴史に憧れ、その思想を軸にして物事を考えてきた人間である。小学生の頃から『三国志演義』や『史記』を夢中になって読み、高校時代は『孟子』を読むのが大好きであった。「仁・義・礼・智・信」は、自らの生き方を常に支えてきた強力な精神的支柱であった。

私の憧れは『史記』の「李将軍列伝」の主人公、李陵であった。わずか五千の歩兵を率いて河西回廊からゴビ砂漠を越え、匈奴の王「単于」率いる三万と交戦し、敵に痛撃を与えた人物である。後に捕虜となっても敵のために働くことを拒否したが、誤情報によって李陵が敵に寝返ったと勘違いした漢の武帝が、彼の妻子を含む一族郎党を処刑したことに怒り、後に単于の「右校王」となって漢軍と戦った。しかし、その心中は望郷の念捨てがたく、同じく捕虜になりながら匈奴に降らず、最後まで「節」を通した親友・蘇武の生き方に自らを恥じながら、匈奴の地で寂しく没するのである。こんなものを読み続けていたこともあり、いつか中国研究を専攻するのも悪くないと思っていた。

一九八〇年代から九〇年代にかけては、中国を七回訪問した。最初に行ったのは、一九八八年のことである。きっかけは母の一言であった。戦中に東京の良家に生まれた私の母は、昔からとても先進的な人で、関西の、特にガラのよろしくない、ある意味で「この上なく荒々しく、男臭い」地域に嫁いでからも、都会風のハイカラさと武家の誇りを失わない人であった。幼い頃から私に対して、「日本人としての教養を持て」とか、「常に武士として、最後は腹を切る覚悟を持て」と説きつつ、「幅広い視野で外に目を向け続けること」を教え続けたが、私はわざと知らん顔をしていた。そんな母がある日、まだ中学生であった私に向かって、

「新聞にとてもいいプログラムの募集広告が載っているけど、行ってみない？　行き先は中国だよ」

と言ったのである。「李陵の国に行ける！」と思った私は、文字通り飛び上がるように喜んだ。その隣で、父がニヤニヤしながらこちらをチラッと見た光景を今でも覚えている。

やがてそのプログラムに参加した私は、内モンゴル自治区の大平原にあるモンゴル族の包（パオ）に宿泊し、北京では北京大学や精華大学、北京体育大学の学生たちと交流した。みんな、素晴らしいお兄さんやお姉さんたちだと思った。何も判らない中学生の子供に過ぎなかった私の肩を抱いて、

「中国はいずれ民主化する。そうなれば、もっと上手に日本に学ぶことができるだろう」

と言い、ニッコリと笑ったハンサムで長身の北京大生を覚えている。精華大学の女学生は、年下の私を見て「カワイイ、カワイイ」と言い、手をつないで一緒に遊んでくれたりもした。

帰国してからは、もう頭の中は中国のことで一杯だった。辞書を引きながら英単語を組み合わせ、一生懸命に鉛筆で手紙を書いて彼らに送り続けた。そして彼らもまた、実に達筆な文字で返信してくれた。そんなやり取りを半年ほど続けた頃だろうか。やがて、彼らから、

「今、みんなで毎日、天安門広場に来て『民主化運動』をしている。この国は必ず変わる。君が次に来る時には、この国はもっと良い国になっているだろう。また会えることを楽しみにしている」

という手紙が来るようになった。同じ時に天安門広場で運動をしていた精華大学の女学生からは、

「また北京に来てね。そうしたら、美味しいものを食べに連れて行ってあげます」

という手紙も来た。それを握りしめながら、私は毎日テレビで中国の民主化運動の様子を見ていた。そして、

「あの人たちは今、この人ごみの中にいるんだろうな。早く、会いたいなあ。早く大人になれれば、自由にどこでも行けるのに」

などと呑気に考えていたものであった。そんな夢想の中に遊んでいた時、「あの事件」が起こった。

一九八九年六月四日の朝、目を覚ましてテレビをつけた瞬間、私は腰を抜かしそうになるほど驚愕した。それまでに十数回も文通をしてきた人たち、つい数週間前にも手紙をくれた人たちがいるあの天安門広場に、人民解放軍の戦車部隊が突入し、銃撃をし続けている。それに追われるように、多くの学生たちが逃げまどっている。これが、あの憧れ続けた中国の姿なのかと思った。

それ以来、何度手紙を出しても、大好きだった中国の大学生たちから返信が来ることはなかった。彼らは、あの銃火の下に露と消えてしまったのだった。これが、私が国際政治とは何なのか、安全保障とは何なのかを初めて考えるきっかけとなった。私はまだ一四歳だったが、大切な人たちを喪《うしな》ったということだけは、よく判っていた。政治とは、一つ間違えれば何千何万もの人たちの意思を一瞬で破壊し、その命を奪っていくものなのだ、というような感覚が初めて芽生えた。

やがて大学生になった私は、オーストラリアの大学が休みになるたびに中国を旅した。北京や上海のみならず、山東省、陝西省、四川省、それに新疆ウイグル自治区の砂漠地帯をも訪れた。かつて、李陵将軍が兵馬を率いて歩いた河西回廊を列車で通った時や、匈奴の単于が漢軍を迎え撃つために越えてきた天山山脈の万年雪を下から眺めた時の感激は忘れられない。

そんな旅行の途中では、多くの地元の人たちと会い、大変に心を許せる友人もできた。西安に向かう夜行列車の中では、若い人民解放軍の中尉と、そのお供をしていた軍曹と乗り合わせ、彼らとは十数時間も意気投合して話し合ったものだった。この中尉は本当に教養のある、香港スターのような顔をした男前で、とても上手な英語を話した。蒸し暑い列車の中で、互いにぬるいビールを口にしながら、

「日中は、本当は喧嘩なんかしていちゃいけないんだ」

ということで、私たちは相互に了解した。中尉は言った。

「俺は、いつか日本で勉強したい。日本は立派な国だ。我々は見習わねばならぬ。しかしもし、日本と戦うことになったら、軍人である私は命じられるままに戦わねばならないだろう。その時は、私は最前線を志願する」

さすがだなと思ったが、私も負けじと、

「その時は、俺も志願する。その日が来たら、互いに男らしく、正々堂々と戦おう」

と言ったら、中尉は、

「その瞬間まで、俺たちは友だちだ。だから、この時間を大切にしよう」

と言って乾杯を求めてきた。私も気持ちよく乾杯したが、ふと上を見ると、酒にやられてしまった

お供の軍曹が、ちゃっかり私のベッドに入り込んで眠りこけていて、二人で笑い合ったりもした。

この頃、北京で知り合った精華大学の学生は、私と同い年の「好漢」であった。理工系であった彼とは、北京の前門の近くの汚い店に入り、そこで羊肉や犬肉を一緒に食べながら、侃々諤々の議論をした。穏やかな性格であったこの彼も、将来の中国を科学技術の面から引っ張っていこうという大きな理想を心の中に持っていた。こういう人たちを見ながら、一方で合コンとバイトに明け暮れていた我が国の大学生を思い出すと、「日本はいつか、彼らに打ち負かされる日が来るだろう」ということを考えずにはいられなかった。

私がその後、海外に出て死ぬ気で勉強してやろうと思った原動力の一つは、祖国中国のためと信じて民主化運動に身を投じ、大きな理想に燃えつつも、天安門で政府の銃弾に斃れるしかなかった、あの優秀きわまりない大学生たちや、そんな彼らの後輩にあたる私と同世代の中国人たちの、毎日いろいろな本に食らいつき、必死に勉強する姿に強烈な刺激を受けたことである。同じ時代に生を受けた人間として、自分も決して負けていられないと思ったのだ。

実はこの頃、本書でも書いた李克強首相にも面会する機会を得たことがある。私は当時、一九歳であった。「この方は、将来必ずリーダーになる方で、本当に清廉潔白で立派な方なのですよ」と言って紹介されたのだが、気さくに握手をしてくれた李氏は銀縁メガネの向こうから、実に温和な笑顔を送ってきて、「ニイハオ」と言ってくださった。それから一〇年ほど経ったある日、習近平氏のライバルとして日本のテレビニュースに登場した李克強氏を見て、びっくりしてしまった。まさか、李克強さんではないか！　本当にリーダーになられたのか、と思い、テレビに釘づけになった。

私が中国に対して極めて批判的であるとしたら、彼らが一党独裁のもとで、自らを御しきれぬままに、しかも自分たちがどこに向かっているか判らぬままに突き進み、また多くの人々が、いったん知り合いになれば大変に親切で、忘れ得ぬ人々なのに、知らない相手にはとことん「冷たい」、というところである。もちろんこれは、うわべだけで付き合うことも多い日本人に比べれば、ある意味では正直なのかもしれない。しかし、いったん外に出たら、そんなルールは通用しないのだ。

中国を旅行しながら、私はずっと、中国という国にとっての「正義」というものを知りたいと思っていた。彼らがやっているのは、「生存競争」にしか見えず、その「正義」の本質や「道徳心」の根拠がまったく見えなかったのである。もちろん、そんなことを、飽食して恵まれた日本人などに言われたくないと言うかもしれない。しかし、日本人の道徳思想の多くは、元々は中国の古典から得た教養であることもまた確かなのだ。

そんな時に、自分の中でふと浮かんだのは、中国はいったい誰と戦ってきたのか、ということであった。そこで私は、オーストラリアの大学図書館にこもって、その種の本をいろいろとめくってみた。そこで判ったのは、彼らは常に外から来る連中に苦しめられてきた、ということであった。その一つが周辺の「異民族」であり、もう一つが「近代」である。

よく考えれば、漢民族が統一王朝を支配したのは、前漢・後漢、宋、明の時代のみであり、ほかはほとんどが異民族によるものであった。そして一九世紀になって突然、西洋人が「近代」とその「ルール」を持ち込んできたのである。そう考えると、今の中国は、そんな異民族によって喪失した歴史を取り戻すために「中華民族の夢」を語り、また自分たちをさんざん苦しめてきた「近代」を超克するため、自ら強大な軍事力を擁することによってその「ルール」に立ち向かい、今度こそ、自らがそれを支配しようとしているのかもしれない。

実際、中国ほど、「近代」というものにメチャクチャに翻弄された国はないのではないか、と思う。日本はその近代の超克において、たとえば三島由紀夫の自裁によってその「魂」を文学的に残せば良かった。私たち日本人は、あの大東亜戦争を経つつも、比較的うまく近代とは付き合ってきたし、いつでも回帰可能な伝統や歴史を持っている。しかし中国は違う。

彼らにとっての「歴史」とは、異民族による支配とその否定、そして無力だった自分たちの過去に対する正当化の交差であり、また彼らにとっての「近代」とは、阿片による汚染であり、欧米に支配された国民党との血みどろの戦いであり、一方で、やはり「西洋種」に違いない共産党による一党独裁であり、また、それを正当化するために行われた「大躍進」や「文化大革命」、そしてあの「天安門事件」であったのだ。そして今、彼らは強大な軍事力をもって海洋に打ち出し、近代が作り出した「国際ルール」という名の「異民族ルール」を打ち砕かんとしている。しかし彼らの最大の弱点は、そこに「生存競争」という誰にも負けない動物的な本能はあれど、自らの行動と生き方を律する哲学や、政治思想を決定する「正義」が決定的に欠如している、ということである。

かつてパスカルは、「力なき正義は無能であり、正義なき力は圧制的である」と言った。今の中国のやり方に「正義」はない。同様に、これまでの日本には「力」がなかった。この不均衡の延長線上に「戦争」がある。それを抑止するため、日本人は我々にしかできない仕事をきっちりとしていくべきだ。そして、膨張せんとする中国を諭《さと》し、その生存を支援しながら、どこかに軟着陸させていくという努力も必要である。日本をして「海洋国家としての復権」をせしめんと願い、「南太平洋の防衛」を論じたのは、そんな国際紛争を未然に防ぐための、全人類的な努力の第一段階なのである。

◆　◆　◆

オーストラリア時代の私の親友は、同じ寮に住んでいた八歳年上の物静かな中国人であった。彼は内モンゴル自治区生まれの漢民族であったが、家族は元々陝西省の出身であった。つまり彼の祖父母らは、数千万人もの漢民族を内モンゴル自治区に「大量流入」させることで、土着のモンゴル族を圧迫して「少数民族化」せんとした中国共産党の政策に応じ、「新支配者層」として南から移住してきた人々であったわけだ。

しかし、文化大革命が始まると、一九世紀まで地主であったという「過去」があった彼の一家は、今度は一転して、「革命無罪、造反有理」を叫ぶ紅衛兵や周囲の人間から毎日のように罵声を浴び、殴打され、「罪の告白」を迫られるようになったという。親戚たちでさえ、彼の家族を裏切って当局に様々な密告をしたのだ。そんな彼は、子供の頃から、「自分はいつかこの中国を脱出するのだ」ということだけを願い、それを自らの人生目標に設定した。そして、温厚で真面目を絵に描いたような彼は、そこから血のにじむような努力を重ねて中央政府の官僚となり、ついに海外研修要員に選ばれ、そしてオーストラリア国立大学の大学院にやって来たのである。そんな彼を、私は心から尊敬し、実の兄のように慕っていた。

しかし、オーストラリアに来るまでにその力を燃焼させてしまった彼は、その後の行き先を見失ってしまった。ついに国を出たものの、彼の身分は官費留学生であり、数年後には帰国せねばならない。そうしてついに行き詰まった彼は、ある日誰にも相談することなく自らその命を絶ってしまったのであった。彼の遺体は、北京からやって来た朱鎔基首相（当時）の使者によって、その生まれ故郷である内モンゴル自治区に運ばれ、空と大地が重なる大草原の果てにひっそりと埋葬されたという。その悲報を聞いて、私は声を上げて泣いた。

彼は確かに、自分や家族を苦しめた中国から「脱出する」という目標を達成した。そういう意味では成功者に違いなかった。しかし、成功したはずの彼が次に見たのは、目の前に広がる「無機質で」「茫洋たる」目印なき大海原であったのだ。この大海原は、別の人間にしてみれば夢にたどり着くための希望の道であるはずだが、彼にとっては違った。彼は自らの「目標」の先にそんな大海が広がっていることにすら想到せず、したがって、そこに漕ぎ出していこうとするいっさいの計画を持たなかったばかりか、方角を知るためのコンパスさえ持っていなかったのだ。そこが、彼の限界であった。

そんな彼の生き方を見つめてみると、それがまさに今の中国の在り方と重なっている気がする。中国の「軍拡・膨張主義」は、まさに自らの思い出したくない過去を「否定」し、今度こそ、その生存と生き方を「自らの手で支配したい」と願い悶えた彼の苦しみと本質的には何ひとつ変わらない。そして、私が心配しているのは、そんな「過去からの決別」と「近代の超克」をついに達成した中国が、その後の「計画」をいっさい持たぬせいで、最後にはすべての力を失い、自らの故郷に引き戻されるしかなかった我が親友の最期と似た結末に至るのではないか、ということである。

私は本書を、「自らの過去」に悶え、「近代」という波に翻弄された結果、最後には死を選ぶしかなかった今は亡き我が親友、李小林《リ・シャオリン》に捧げたいと思う。彼なら、私が本書に記した真意をとことんまで理解してくれるに違いない。私はついに、あの草原に寂しくたたずむ彼の墓前に額ずくことはできなかったが、本書を捧げることをもって、その代わりとしたい。

一方で、批判的かつ論理的な物事の考え方を徹底的に鍛えてくれたオーストラリアという国にも、心から感謝をしたい。オーストラリア人とは随分と議論をしたが、言い合えば言い合うほど、仲良くなっていくのも不思議なことであった。向こうでの厳しい時代がなければ、こんな本すら書けなかったことと思う。

何を置いても、私は自分が決して優秀な学生ではなかったことを告白すべきである。正直なところ、オーストラリア国立大学に入って最初の一年から二年は、右も左も何がなんだか判らなかった、と言う方が正しい。もし私に物事を別の角度から見られる能力が少しでもあるのだとしたら、それはあのキャンベラにおける学生生活のつらさや、オーストラリア人と議論しながら浴びるように飲んだ酒の量に比例する。向こうで会ったいろいろな人たち（それには、とんでもない人種差別主義者もいたが）のおかげで、今の自分があるのだ。

パプアニューギニアで共に危険な目に遭い、それでも互いを信じて一緒に戦ったのは、スティッグ・シュネルというオーストラリア人であった。彼に対する感謝は尽きることがない。また、オーストラリア軍の関係者や研究者の皆さんは、こんな未完成の私と個人的な付き合いまでしてくださり、実にいろいろなことを教えてくださった。私ができたのは、彼らを前にして酒を片手にベラベラ喋り、彼らの焼いてくれたステーキなどをおかわりすることくらいだったかもしれない。ここに、改めて心からの感謝を捧げたい。

その上で、今からちょうど一〇年前に下した私の「決心」を最初から最後まで「徹底的に」試し続け、忘れ得ぬ三〇代を過ごさせてくれたパプアニューギニアという国と、そこで「身内同然」となった素晴らしい仲間たち、そしてこんな現地人との関係や過去の日パの歴史を完全に理解して下さり、今もなお、力強く支援をして下さっている方々に向かって、この本の完成をここで報告したいと思う。

かつて、多くの日本軍将兵が、言葉の通じない現地民と良い関係を築き、それに応えた現地人らが、最後の最後で彼らを救おうとして、自らを犠牲にされた。そのことを、日本人は絶対に忘れるべきではない。そして、こういったことをすべて理解された、心ある人々の存在なくして、この本は書けなかったであろう。

そして最後に、本書を執筆させていただくという貴重な機会を与えてくださったハート出版の皆様に、改めて心からの御礼を申し上げたい。今は亡き英霊の魂を忘れてはならないとする日高裕明社長や、編集を担当してくださった是安宏昭氏の強い思いとまったく同じものを、私も中学生の頃から四半世紀の間、ずっと持ち続けてきた。周囲の人間から変わり者扱いされ、「お前は右翼だな」と笑われたことなど、数えきれない。しかしこの感情は、強烈な悲しみや悔しさを根本に持っていて、自分にはそれをごまかすことは、とてもできなかったのだ。一方で、ふとすると単なる「独りよがり」なのではないかと自省しがちなその種の思いが、実は決して恥ずべきことでも時代遅れでもなく、むしろ今こそ積極的にこの国の人々に問いかけねばならないことなのだ、と背中を押してくださったのは、ハート出版の皆様である。その一押しがなければ、私は今日でもこのような文章を書いて、どこかに発表するというようなことは、まさに「身のほど知らずの大それたことだ」として、考えもしなかったに違いない。

その身を捨ててもなお、南太平洋諸国にあれだけの「信頼」と「親日の情」という偉大な遺産を私たちに残してくれた英霊のご遺骨の多くが、いまだにパプアニューギニアやソロモン諸島の冷たい土の下に放置されたままになっている。そんな英霊の魂に向かい、今はただ静かなる祈りを捧げようと思う。そのご遺骨を本気で収容する気持ちがあるのかどうかは、私たちの「心」の問題である。

祖国の「弥栄《いやさか》」を信じて散っていった英霊のご遺骨が、やがて日本政府によって「最高の栄誉」と共に収容され、喜びに包まれた彼らの魂がついに安らかなる永遠の眠りにつける日が来る時、我が国は本当の意味で、再び「世界に冠たる国」に回帰することができるだろう。そしてその日は、もう、すぐそこまで来ているはずだと信じている。

◇著者◇
丸谷元人（まるたに・はじめ）
1974年生まれ。オーストラリア国立大学卒業。同大学院修士課程中退。オーストラリア国立戦争記念館の通訳翻訳者を皮切りに、長年、通訳翻訳業務に従事。この間、パプアニューギニアでいくつかの現地企業を設立。また、コーディネーターとして海外大手テレビ局の番組制作にも参加した。2004年には、ニューギニア戦に関するドキュメンタリー番組『Beyond Kokoda』を共同制作。同作品はその内容を高く評価され、2009年度のドキュメンタリー部門で最優秀作品賞を受賞した。著書に、このドキュメンタリーを書籍化した『ココダ　遥かなる戦いの道』（ハート出版）がある。現在は東京都練馬区に在住、ジャーナリストとしてテレビや雑誌などのメディアで活躍している。

「南太平洋島嶼研究会」http://blog.livedoor.jp/raspi2012/

日本《にほん》の南洋戦略《なんようせんりやく》

平成25年7月25日　　第1刷発行

著　者　丸谷元人
装　幀　フロッグキングスタジオ
発行者　日高裕明
発　行　株式会社 ハート出版

〒171-0014 東京都豊島区池袋3-9-23
TEL03-3590-6077　FAX03-3590-6078
ハート出版ホームページ　http://www.810.co.jp

乱丁、落丁はお取り替えします。その他お気づきの点がございましたら、お知らせください。

ISBN978-4-89295-927-1
印刷・製本 中央精版印刷株式会社

ココダ 遙かなる戦いの道

ニューギニア南海支隊・世界最強の抵抗

クレイグ・コリー／丸谷元人 共著　丸谷まゆ子 訳

ISBN978-4-89295-907-3　本体 3200 円

特攻 空母バンカーヒルと二人のカミカゼ

米軍兵士が見た沖縄特攻戦の真実

マクスウェル・テイラー・ケネディ 著　中村有以 訳

ISBN978-4-89295-651-5　本体 3800 円

硫黄島《いおうとう》 日本人捕虜の見たアメリカ

〈アフター・イオウジマ〉の長い旅

K・マイク・マスヤマ 著

ISBN978-4-89295-588-4　本体 1600 円

世界が語る大東亜戦争と東京裁判

アジア・西欧諸国の指導者・識者たちの名言集

吉本貞昭 著　〈日本図書館協会選定図書〉

ISBN978-4-89295-910-3　本体 1600 円

世界が語る神風特別攻撃隊

カミカゼはなぜ世界で尊敬されるのか

吉本貞昭 著

ISBN978-4-89295-911-0　本体 1600 円

東京裁判を批判したマッカーサー元帥の謎と真実

GHQの検閲下で報じられた「東京裁判は誤り」の真相

吉本貞昭 著

ISBN978-4-89295-911-0　本体 1600 円